暗殺世界史

從四千年的暗黑殺手行動
窺探人性中的陰謀算計
歷史也因此改變

Assassins' Deeds: A History of
Assassination from
Ancient Egypt to the Present Day

約翰・維辛頓
John Withington 著
林資香 譯

獻給 安（Anne）

目次

第二章 羅馬帝國與黑暗時代 P.65

序

死寂的夜晚，刺客悄悄潛入飯店房內，隨即遇上了一個難題：他來此要暗殺的敵方軍火供應商正躺在一頂蚊帳裡，他應該冒著吵醒這個沉睡之人的風險把蚊帳掀起，還是應該直接刺穿蚊帳？

在黑暗中，他的目標是個模糊不清的暗影，除了有一隻腳伸出了蚊帳緊挨著他站立之處，窗外的光線照亮了這個軍火商身軀所躺臥的小角落。

突然的一陣聲響讓刺客吃了一驚，他被發現了嗎？不，那只是外頭街道上的汽車喇叭聲。他思忖著，外面像是屬於另一個世界，與他即將犯下謀殺罪行的這一個世界截然不同。

接著，擔心被捕、折磨、處決的恐懼消失了，重要的是他應該在這個軍火商反擊或呼救之前殺了他。他摸索著他的口袋，右邊口袋裡是一把剃刀；左邊口袋裡是一把匕首，這又是另一個難題，他該用哪一把武器？他覺得剃刀更牢靠些，但不知為何，剃刀讓他感到嫌惡。

房間裡全然的寂靜讓他僵住了，彷彿他正驚懼某物件會突然倒下來驚醒他的目標，但什麼也沒發生。

他想知道，當他用匕首戳刺時，它會輕易地刺穿對方的血肉，還是會遇上若干阻力？他不由自主地把匕首的刀尖抵在自己的手臂上。

那個熟睡之人伸出來的一隻腳突然移動，現在幾乎就要碰觸到他了，更令他毛骨悚然的是，他感覺有隻昆蟲正爬過他的皮膚，不，那只是血液在肌膚下緩緩流淌，他的血液！

刺客的眼睛開始適應了室內的昏暗，看見軍火商只穿著一條短褲側躺著，但這種姿勢使他難以瞄準對方的心臟。

軍火商又過於肥胖，以致於他無法辨認出其肋骨的位置，這意味著，他必須利用對方的乳頭為標記，為他指出進行致命一擊的位置。

當他擺弄著匕首，想著該如何找出最佳的攻擊角度時，軍火商的喉嚨突然發出一陣宛若窒息般的咯咯聲，但隨即又恢復了正常呼吸，刺耳的咯咯聲響變成了鼾聲。

接著，刺客突然開始行動了，他猛地刺出足以劈開木板的一擊，用匕首刺穿蚊帳並刺入軍火商的身軀。

軍火商的身軀從彈簧床上猛然彈起，撲向刺客，刺客則奮力壓住他，只見他的雙腿宛如摺刀般往自己的胸口摺攏，接著用力一蹬變得僵直。

刺客想著應該再戳對方幾刀比較保險，但他能把匕首拔出來嗎？他不敢鬆手，現在，他的肩膀開始痛了。從他手臂流下的鮮血，混合著從受害者胸膛的傷口流出的鮮血，彷彿他自己的痛苦也跟對方的痛苦交融在一起。

終於，兩個人都靜止不動了，刺客感覺房裡唯一的動靜，就是他自己的心臟劇烈跳動的砰砰聲響。

他現在確定這個人已經死了，但是當他握住那把匕首時，他的手臂開始顫抖，一股強烈的嫌惡感伴隨著鮮血的氣味朝他襲來，同時，這股嫌惡感逐漸在床單上的死人旁成形，彷彿是有著尖耳朵的神祕形體，它是惡鬼嗎？

刺客並不迷信，但現在，恐懼讓他無法動彈。

然後他聽到喵喵聲，是隻不知從哪兒溜進來的野貓，牠現在逃到陽台上了，刺客跟著牠，然後發現自己回到了大街上。

但十分鐘之後，刺客意識到他把一份本來打算偷走的重要文件落下了，他得回去拿。

回到那個房間感覺像是進了監獄，但儘管他做了那件可怕的事，房裡似乎沒有任何改變，那個男人的衣服仍然掛在床邊，就像之前一樣，他看到唯一一方來自某個深夜賭窟的燈光，他認為那份文件應該是在枕頭下，但他確定自己真的殺死了那個人嗎？刺客得先閉上雙眼，才能鼓起勇氣用力將那份文件從枕頭下抽出。

等到他拿到了文件，他看到軍火商確實是死透了：雙眼圓睜，沒了呼吸，床單上濺滿鮮血。

於是刺客找到鑰匙、走出房間，給門上了兩道鎖，然後搭電梯下樓。他在鏡中檢查自己的儀容，確定這項行動沒在他的臉上留下某些可怕的罪惡標記。他確定沒有，他看起來就跟之前一樣，或許疲累了些。

這名刺客是一位年輕的中國革命分子。

一九二七年發生於上海市的一樁謀殺，為安德烈·馬爾羅（André Malraux）獲獎的小說《人類的命運》（La Condition Humaine，一九三三年）開啟了序幕。

談到真正的刺客時，我們沒有小說家的全視之眼得以窺見他們的靈魂，但我們可以檢視馬爾羅筆下神經質、緊張不安、缺乏信心，甚至相當笨拙的年輕人，是否比那些冷酷無情、自信滿滿的虛構殺手，像是知名的詹姆士·龐德（James Bond）或豺狼（the Jackal）更接近真實刺客的剖繪寫照。

這是本書在講述四千多年的暗殺故事時，試圖解開的謎團之一。

雖然馬爾羅筆下的刺客行動發生在二十世紀，但他仍選擇了一項四千年前即可取得的武器。

四千年來，我們看到殺人方式無數巧妙的發展改變了多少暗殺的作法，還有動機。

馬爾羅塑造的角色是由實現政治志業與理念的決心所驅使，但在真正的刺客中，這種動機是否常見呢？與宗教、個人野心、金錢或獎勵、復仇、恐懼等其他動機比較起來又如何呢？刺客是哪一類的人？馬爾羅的刺客是個反叛分子，但統治者與政府在暗殺計畫中有多重要呢？

馬爾羅小說中的受害者似乎沒有採取任何的預防措施，這是常見的情況嗎？幾個世紀以來，那些可能成為目標的人是否時時戒慎恐懼呢？他們採取的預防措施是否有效？暗殺行得通嗎？

馬爾羅筆下的角色雖然遇上了好些問題，還是迅速地了結了他的目標，但這種情況常發生嗎？殺手通常會被抓住還是會脫逃？更廣泛的影響呢？

長遠來看，暗殺行動是否有助於達成刺客的目標？這些行動多常帶來意想不到的後果？這些後果有多嚴重？當暗殺有正當理由時（如果有的話），那麼神學家、哲學家、政治理論家又都說了些什麼？

馬爾羅的年輕刺客，僥倖在暗殺軍火商之後成功脫逃了，後來更企圖刺殺中國國民黨的領袖蔣介石。

他下定決心，認為達成這個目標的唯一方法就是透過一項自殺任務，於是，他找出蔣介石的座車每天會行經的路線，然後揣著個炸彈等著。

當座車出現時，刺客把自己扔向車前並引爆了裝置。

片刻之後，他恢復了意識，發現自己的身體已然支離破碎，雙腿被炸飛了，他隱約瞥見一名警察走近，儘管傷勢嚴重至極，他仍然設法從口袋裡拿出一把手槍放進嘴裡，在警察使勁踢他時，他開槍結束了自己的性命。

但是，蔣介石並沒有死，為了預防起見，他有許多輛一模一樣的座車，而當刺客引爆炸彈時，他並未在那輛座車之中。

最後，我們需要一個定義。

所有的暗殺可能都是謀殺，但反之則否。

那麼，如何定義「暗殺」呢？

《劍橋詞典》（Cambridge Dictionary）提供了一個令人讚賞的簡潔答案：「謀殺名人或要人」，而《牛津英語詞典》（Oxford English Dictionary）的補充則是，暗殺涉及了「有計畫的攻擊，通常伴隨著政治或意識形態的動機，有時是由雇用的或職業的殺手來執行。」

大體上，我遵循上述答案來定義一項「刺客行動」必須具備的條件，因此，不論批評家可能對此多麼不滿，我通常會把經過某種法律程序判處的死刑，以及殺戮被俘虜者的謀殺之舉排除在外。舉例來說，我不將「塔中的王子」（Princes in the Tower）視為被暗殺之例（假設他們是被謀殺的，但關於這個結論尚有若干疑點），我也略去了被暴民所殺的受害者。此外，因幫派之間的爭鬥而引發的黑社會廝殺，有時也被描述為「暗殺」，但它們亦不佔本書的任何篇幅。

在每一章之末，我們都對發生於該時代若干存疑之暗殺案件進行了分析，但並無意以這些案件作為代表性之例。

我書中所檢視的案例，都是我們有足夠的資訊能回答以下問題，諸如：誰是刺客？是什麼樣的動機驅策了他們？他們使用了什麼方法？他們發生了什麼事？他們的行動帶來了什麼樣的後果？他們成功了嗎？

以受害者已死的意義上來說，顯然所有的暗殺都是成功的，但我試圖以刺客是否對整體結果感到滿意的觀點來得出結論，無可諱言的是，這樣的結論往往取決於高度主觀與推測的判斷。

最後，本書還有一章是關於那些在暗殺行動中倖存下來的知名人物。

第一章　古代世界

有鑒於人類的天性，打從任何型態「有組織的社會」存在以來，就有暗殺的發生，這可能是一項很合理的假設。

芝加哥大學（University of Chicago）的人類學家勞倫斯．基利（Lawrence Keeley）調查了古時共同社會的暴力程度，確定了答案是：「非常暴力」。

他在挖掘史前加州的一座印第安村落時，發現疑似遭受暴力致死的居民比例，是現代美國與歐洲的四倍之多，同時，在可回溯至一萬兩千年至一萬四千年前的古埃及公墓中，他發現百分之四十的被埋葬者明顯為尖銳石塊所傷，其中一些被埋葬者的頭頸部甚至有多處受傷的痕跡。

埃及

特提（Teti）

「第一個為人所知的暗殺受害者」之最佳人選，是一位死於西元前二三三三年名為特提（Teti，有時也稱為Othoes）的埃及法老王。

根據古埃及歷史學家曼涅托（Manetho）在西元前三〇〇年所寫（或許是汲取自已佚失的素材），說特提是「被他的護衛所謀殺」。

這位法老王被稱為「平定兩地之人」（He who pacifies the Two Lands），有些歷史學家認為，這是暗示他在衝突爭鬥時期繼承了他的王權。

他無疑是一個新王朝的第一位法老王，因為第六位法老王（他的前任）烏納斯（Unas）死後並未留下男性的繼承人。

特提娶了烏納斯的女兒安普特（Iput）作為他的妻子之一，他在統治期間顯然試圖增強防禦，他大幅增加守衛與哨兵的人數，並且制定了一項名為「國王所有房室警戒監督者」的新職務。

特提的統治時期據估約莫十二到二十三年之久，並非所有的歷史學家都相信他是被暗殺的，畢竟，曼涅托撰寫這個事件已是事發之後兩千年，但還有其他證據可茲佐證：許多高級官員的紀錄都被塗污了，包括一位大臣、主治醫生及武器看守者，他們的名字被抹除、圖像被鑿除或是遺體被移除。

這種悲慘的命運，通常會施加在令人憎恨的罪犯身上以作為懲罰，因這意味著他們在來世將無家可歸，注定永世無盡地漂泊流浪。

這些懲罰是否意味著發生了一場重大的謀叛活動？這些陰謀策劃者是否因特提的王位寶座搖搖欲墜而壯大了膽子？

事實是，特提的王權是建立在妻子的血統世系上，而不是他自己的血統世系。

一如過往的法老王，特提有許多妻妾子女，從而滋生出許多家族之間的敵對與猜忌，而這正是野心勃勃、一心想篡位的人可加以利用的。

我們知道一個叫烏瑟卡拉（Userkare）的人短暫接替過他的位子，有些人認為，烏瑟卡拉或許是特提的兒子，為安普特以外的妻子所生。

烏瑟卡拉是主謀者嗎？或者，他其實是特提的人馬，只是為這位死去的國王看守王位，以便日後讓特提與安普特的兒子佩皮一世（Pepy I）順利繼任？

可以確定的是，佩皮最後追隨了父親的腳步，統治了埃及四十年甚或更久的時間。

拉美西斯三世（Ramesses III）

「他是否被謀殺？」這項類似謎題也包圍著另一位法老王。

拉美西斯三世（Ramesses III）在特提逝後一千多年統治了埃及，在位三十年之後，死於西元前一一五五年。

多虧具有三千年歷史以紙莎草紙製成的法庭紀錄保存至今，讓我們得知有三十多個出自宮廷的「重大罪犯」，因共同參與背叛拉美西斯三世的陰謀而受審。我們也知道，拉美西斯在統治期間麻煩不斷，經濟與政治問題與日俱增，到最後，埃及經歷了一次已知的最早罷工。當時，在德爾麥地那（Deir el-Medina）皇家墓地（Royal Necropolis）工作的技術工人拋下了工具，因為他們已有兩個月沒拿到工資了。

除此，拉美西斯還有其他難題，他娶了一個敘利亞女人當妻子，這可能引發了不和，他沒有指定的首長或大皇后（Great Royal Wife），因而留下了一個懸而未決的問題：哪個兒子將繼任他的王位？

這場暗殺陰謀發生在重大慶典「山谷節」（Festival of the Valley）之時，這項慶典在盧克索（Luxor）附近的梅迪內哈布（Medinet Habu）舉行。帶頭教唆的煽動者似乎是泰伊皇后（Queen Tiye），她是拉美西斯的妻子之一，她的目的是殺死拉美西斯為她的兒子彭塔瓦爾（Pentawere）保住王位。

所有的皇室成員都被指控涉案，包括僕役長梅沙索爾（Mesedsure）、議院首長（Chief of the Chamber）佩貝卡門（Pebekkamen），而在法庭文件中所記錄的上述姓名，剛好也是辱罵人的用語，譬如梅沙索爾（Mesedsure）意思是「拉（Re，太陽神）厭惡他」（Re hates him）。

佩貝卡門策動了皇家牧群的看管人，要他提供可使人的四肢變得軟弱或傷殘的巫術蠟像，類似之物也透過另外兩個來源採購取得，因為謀反者認為，這些超自然的物品可使拉美西斯的守衛失去能力。

梅沙索爾與佩貝卡門取得了十位後宮官員之助，包括一位金庫的督管者，他們也策反了三位皇家抄寫員與一位軍隊指揮官。

六位看守後宮大門官員之妻也被吸收進來以傳遞訊息，就連陰謀策劃者於後宮之外的親友們也被說服加入這場叛變，一位名叫比娜姆維斯（Binemwese）的後宮婦女，寫了一封信給在努比亞（Nubia）當弓箭手隊長的兄弟，敦促他煽動人們起來反抗法老王，這些陰謀策劃者或許希望當他們殺死拉美西斯時，人民可以同時掀起一場暴動。

我們知道，當這些謀反者接受審判之時，拉美西斯早已身亡，然而，有些歷史學家認為這些法院文件只能證明這項陰謀的存在，無法證明它確實被成功地執行了。

接著，二〇一二年，一個來自義大利博爾扎諾歐洲學院（European Academy of Bozen-Bolzano）木乃伊研究所（Institute for Mummies）的研究團隊，利用電腦斷層掃描（CT Scan）揭露了拉美西斯的喉部有一道深而寬闊的傷口，可能是由一把鋒利的刀鋒造成，這致命的傷勢使他當場身亡。

進一步的調查顯示，他還受到不同武器殺傷，意味著有好幾名攻擊者。

謀叛者的審判相當駭人，兩名法官與兩名守衛被控與某些女囚「狂歡作樂」，被判處割下鼻子跟耳朵；還有一人自殺了。

審判文件以密謀「反抗他們的國王」之罪名對某些人起訴，這彷彿是現代英國反恐立法精神的先驅，亦即，如果你對一項攻擊行動事先知情而不通知警方，即屬違法，有十個人（包括六名前後宮巡查員及三名管家）被指控忽略上報他們所聽到的煽動性言論，一共有超過三十個人被宣告有罪。歷史學家相信，他們的懲罰是被處以死刑，有些人則經法院同意而「結束了自己的生命」。

彭塔瓦爾的命運似乎正是如此。

發現拉美西斯喉部傷勢的研究人員，檢視了另一位大約十八歲到二十歲的年輕男性屍體，從遺傳證據看來，這位死者似乎是拉美西斯的兒子。他的屍體被埋在一張「被儀式汙毀」的山羊皮中，或許可視為是一種懲罰。研究人員相信，他的死因可能是絞殺。

泰伊皇后的命運並沒有記載，但我們知道拉美西斯的長子繼承了王位，成為拉美西斯四世（Ramesses IV）。

貝倫妮絲三世（Berenice III）與托勒密六世（Ptolemy XI）

據費城的賓夕法尼亞大學考古學與人類學博物館（Penn Museum）估算，在西元前三一五〇至西元前三一年間，埃及大約有一百七十位法老王，其他官方來源甚至估算有一百九十位以上。

我們只知道大約有六位法老王被暗殺身亡，當然，有些謀殺可能已在古代歷史的迷霧中消失得無影無蹤了，而在法老王時代結束之前，殺戮的腳步似乎加快了。

西元前九十年，托勒密四世（Ptolemy IX）娶了他的女兒貝倫妮絲三世（Berenice III）。這樁婚事的安排雖不尋常，但並非絕無僅有，因為法老王們始終致力保持皇室血統純淨。拉美西斯大帝（Ramesses the Great）據說至少娶過他的三個女兒；而娶貝倫妮絲的安排，可能純粹是一項從政治角度出發的考量。

根據羅馬學者、政治家及演說家西塞羅（Cicero）所述，貝倫妮絲在亞歷山卓（Alexandria）極受愛戴，而托勒密在地方動盪不安之際，亟需穩固自己的地位。總之，當他在西元前八〇年去世時，貝倫妮絲是他唯一僅存的合法子嗣，於是她繼承了王位，並單獨執政了五個月之久（從三月到八月）。

埃及也曾經有過女王掌權，但她們都發現自己很難獲得認同與接納。

當時，羅馬人對埃及的事務興趣漸增，他們依賴這個王國所生產的玉米，於是決定安插他們的人來當貝倫妮絲的丈夫。

當時埃及王室唯一合法的男性後裔就是貝倫妮絲的表親，也就是托勒密五世（Ptolemy X）的兒子亞歷山大（Alexander），他在與托勒密四世一連串的權力鬥爭當中，不斷被拱上、拉下王位。

對羅馬來說，幸運的是二十多歲的亞歷山大對其唯命是從，他從小就被本都（Pontus，位於現代的土耳其）國王密特里達提（Mithradates）抓到科斯島（Island of Cos）上，以皇室人質的身分在本都宮廷被撫養長大，但他設法逃脫並得到羅馬人的庇護，而正是羅馬的執政官蘇拉（Sulla）安排他去娶貝倫妮絲並成為托勒密六世（Ptolemy XI）。

但這樁婚事顯然並不怎麼成功，或許貝倫妮絲只希望亞歷山大安於她的下位。不論原因為何，幾天之後，亞歷山大殺了貝倫妮絲並成為唯一的統治者，但此舉激怒了亞歷山卓人，十九天之後，他們以私刑處死了他。

貝倫妮絲四世（Berenice IV）

托勒密六世的繼任者是他的表親托勒密七世（Ptolemy XII），他在西元前五八年一場人民掀起的暴動中被推翻，並逃往羅馬，於是他的女兒貝倫妮絲四世（Berenice IV）繼任了王位。她暗殺了她的丈夫，但原因顯然是出於個人的厭惡而非對王位的野心。

歷經兩次失敗的婚姻，她後來嫁給了一位非婚生的敘利亞小王子塞琉古（Seleucus）。塞琉古被亞歷山卓人取了一個綽號叫「鹹魚販」（Seller of Salt-Fish），無論問題是出自他的氣味還是粗俗的舉止，總之，貝倫妮絲和他結婚後沒幾天就絞死了他。

西元前五五年，托勒密七世（Ptolemy XII）賄賂了羅馬人，提供一支軍隊幫他重新坐上王位，接著，他便處死了貝倫妮絲。

順帶一提，這支軍隊的羅馬騎兵指揮官就是馬克．安東尼（Mark Antony），他在這場軍事行動中初見貝倫妮絲的姊姊，也就是被稱為「埃及豔后」的蛇蠍美人克麗奧佩脫拉（Cleopatra）。

波斯、敘利亞以及中東其他地區

暗殺在埃及或許並不多見，但如果你是阿契美尼德（Achaemenid）王朝的波斯國王，你會有超過一半的機會因暗殺而結束生命。

居魯士大帝（Cyrus the Great）

在西元前五五〇年至前三三〇年之間，即位的十三位國王中，有七位被謀殺、五位自然身亡，而居魯士大帝（Cyrus the Great）到底是平靜地死在他的床上，還是因交戰身亡，我們無法確切得知。

這一位大帝對暗殺的危險思慮周延，古希臘歷史學家色諾芬（Xenophon）曾經記載，這位皇帝「深知一個人在用餐、飲酒，或是在床上及睡著時，比其他時候更容易成為暴力的犧牲品。」而居魯士的一位繼任者就是在睡著時嚥了氣。

薛西斯大帝（Xerxes the Great）

居魯士大帝的孫子薛西斯大帝（Xerxes the Great），在居魯士大帝死後統治了半個世紀，他因野心勃勃但未能成功征服希臘而聞名於世，在進攻希臘的戰事中，他的大軍被三百名斯巴達人所阻。

薛西斯在偉大的帝國首都波斯波利斯（Persepolis）結束了他的一生，他對這座城市的建設付出了諸多心血。

關於他被謀殺的細節，古代資料的記載眾說紛紜，但故事大致如此：來自裡海（Caspian Sea）南岸希爾卡尼亞（Hyrcania）的皇家護衛指揮官阿爾達班（Artabanus），其權力與影響力愈來愈強大，可能強大到他開始萌生推翻薛西斯王朝讓他的家族取而代之的野心。

到了西元前四六五年，他已設法將七個兒子安插在宮廷裡的重要職位上，有了他們與薛西斯的內侍即閹人阿斯帕密索羅斯（Aspamithres）的協助，他成功地在國王的寢室中暗殺了薛西斯。

雖有居魯士對暗殺的尖刻評論，及馬爾羅所撰《人類的命運》揭開序幕的暗殺故事，但事實上，暗殺的受害者極少在睡夢中斷氣身亡的。

伊馬德丁·贊吉（Imad ad-Din Zengi），一位與十字軍奮戰的穆斯林領袖，一一四六年時在酩酊大醉的情況下被殺；亞歷山德羅·德·麥地奇於一五三七年時及阿爾布雷希特·馮·華倫斯坦（Albrecht von Wallenstein）於一六三四年都是在睡夢中被攻擊，但都是先被驚醒才嚥下最後一口氣。

根據某些記載，阿爾達班試圖說服薛西斯的兒子阿爾塔薛西斯（Artaxerxes）相信他的哥哥王儲大流士（Crown Prince Darius）謀殺了國王，於是，阿爾塔薛西斯將大流士處死。其他記載則是說，阿爾達班在謀殺薛西斯之前就先殺了大流士。

不管是哪一種情況，阿爾達班一直掌控著大局。

有些人說阿爾達班自立為王，有些則是說當阿爾塔薛西斯繼位成為阿爾塔薛西斯一世（Artaxerxes I）時，他一直是幕後的掌權者。

不論真相為何，幾個月後，薛西斯的兒子終於得知他父親被謀殺的實情，這時，阿爾達班決定發動政變，但一位重要的將軍背叛了阿爾達班的密謀，阿爾塔薛西斯遂得以倖存下來。

後來，阿爾達班被處決，可能是被阿爾塔薛西斯所殺，或者是在樹倒猢猻散時被同黨結束了生命。

薛西斯二世（Xerxes II）

阿爾塔薛西斯統治了四十年，他的眾多妻妾為他生了十七個兒子，其中只有一個是合法的子嗣，這個繼承人在西元前四二五年繼任，成為薛西斯二世（Xerxes II），但他的父親統治了四十年之久，他卻只勉強撐了四十天。

根據西元前五世紀希臘歷史學家克特西亞斯（Ctesias，也是波斯王阿爾塔薛西斯二世（Artaxerxes II）的御醫、阿爾塔薛西斯一世的孫子）之記載，薛西斯二世在登基後的六週半時間裡，都「醉癱在他的宮殿之中」。

後來，薛西斯二世被他同父異母的弟弟塞基狄亞努斯（Sogdianus）密令的刺客所殺害。

塞基狄亞努斯（Sogdianus）

塞基狄亞努斯（Sogdianus）是阿爾塔薛西斯和一個叫阿基涅（Alogyne，意為「玫瑰色」）的巴比倫女人所生的兒子，他後來成為國王。

塞基狄亞努斯另一個同父異母的兄弟，亦即希爾卡尼亞的管轄者歐丘斯（Ochus），聽到這個消息時十分惱火，認為自己比塞基狄亞努斯更有權利繼承王位，因為他不僅是阿爾塔薛西斯一世的兒子（由另一個巴比倫的妾所生），還娶了另一個同父異母的姊妹，也就是薛西斯一世的女兒（也是由另一個巴比倫的妾所生）。

歐丘斯組成了一支強大的軍隊，並在六個月之內就廢黜了塞基狄亞努斯，但歐丘斯答應這位同父異母的兄弟，不會用刀劍、毒藥殺死他，也不會餓死他，因而歐丘斯讓他在灰燼中窒息而死。

歐丘斯隨後成為皇帝大流士二世（Darius II），並統治了十九年。

除了塞琉古可能是因為令人嫌惡的氣味而被暗殺，貫穿所有古代殺戮的動機皆是源自個人的野心，出於為自己或黨羽奪權的欲望。

正如居魯士大帝的告誡所示，明智的做法是，密切注意那些容易接近你的人，譬如家中的工作人員或是護衛。

諷刺的是，他們原本是雇用來保護你免於暗殺的，而你最懼怕的人往往是你最親密、最摯愛之人，包括你的另一半、你的子女、你的兄弟姐妹。

的確，在亞述帝國中，「弒父」似乎一直是為達政權交替目的，而深受青睞的一種手段。

圖庫爾蒂－尼努爾塔一世（Tukulti-Ninurta I）

極富文化涵養的皇帝圖庫爾蒂－尼努爾塔一世（Tukulti-Ninurta I），曾經委託人創作一首史詩來述說他的功績，這首詩是此類作品中唯一從古代亞述流傳至今的作品。他還興建了一間巨大的圖書館，因這位令人畏懼的征服者大幅擴展了亞述帝國的版圖，因此，圖書館藏存了許多他從戰爭中劫掠取得的戰利品。

當他拿下巴比倫時，他洗劫了這座城市、掠奪了神殿廟宇，俘虜都變成了階下囚。一幅碑銘中這麼說：「他用屍體堆滿了山洞與溝壑」，那些屍體就是反抗他的人。

至於巴比倫國王，尼努爾塔則「把他當成腳凳，用腳踩在他那尊貴的脖子上」，然後把他「赤身露體地用鏈鎖住」，一路遊行到亞述的首都。

亞述人與巴比倫人所敬拜的神祇，以及書寫的楔形文字字母系統皆同出一脈，因為他們曾經歸屬於同一個帝國。

有鑒於此，亞述的國王在雙方產生衝突時，處置措施都會斟酌再三，保留退讓餘地，因此，尼努爾塔宮廷中有許多人認為他的行徑太過分了。

西元前一二〇八年，根據巴比倫編年史（Babylonian Chronicles）記載，「他的兒子與亞述貴族們起義造反」，他們「把他從寶座上丟下……然後用一把劍殺了他」。

史學家們咸認他的兒子亞瑟－納丁－阿普利（Ashur-Nadin-Apli）就是刺殺他的人，或是主謀者之一。

尼努爾塔被殺使亞述帝國陷入了持續一段時間的內戰，最後才由亞瑟繼位為新的皇帝，恢

這幅來自西西里島（Sicily）的微型圖，年代約為西元一三〇〇年，顯示西拿基立在向他的異教神祈禱時，被他的兩個兒子刺殺。

復了帝國的秩序。

西拿基立（Sennacherib）

西元前六八一年，尼努爾塔的繼任者之一也成了自己兒子的受害者。

在拜倫（Byron）的著名詩作中，是這麼描述尼努爾塔的繼任者西拿基立（Sennacherib）的：「亞述人下來如同狼入羊圈」，這首詩講述了一場神祕的災難摧毀了西拿基立的大軍。

這位皇帝於西元前七○一年對巴勒斯坦（Palestine）發動的第一場戰役大獲全勝，當時他奪下了許多城鎮，但當他於西元前六八九年之後再度入侵時，怪事發生了：儘管「不是刀劍擊潰」，他的士兵卻全在睡夢中成了死屍。

《聖經》中說到「耶和華的使者」在亞述營中殺了五千多人，是霍亂使這麼多人喪命嗎？不論原因為何，都迫使西拿基立在混亂中撤退了，他的聲望也從此一蹶不振。

《聖經》中繼續描述，當西拿基立「一日在他的神，尼斯洛（Nisroch）廟裡叩拜，他兒子亞得米勒（Adrammelech）和沙利色（Sharezer），用刀殺了他。」雖然還有一個更生動的版本是說，這位皇帝被壓倒在一座有翼的巨大公牛雕像下。

雖然亞得米勒與沙利色比較年長，但西拿基立已指定他的兒子以撒哈頓（Esarhaddon）為繼任者，這可能是出於以撒哈頓母親的陰謀策畫，她已被擢升為皇室後宮的第一夫人（Chief Lady）。

在事件發生約十年之後，以撒哈頓在碑銘上寫說，他的兄弟開始密謀反對他，並向父親說他的壞話，使得他這位繼承者不得不逃走。

巴比倫編年史中則記載，西拿基立死後開始了一場歷時四十二天的戰爭，最後以撒哈頓打敗了他的兄弟奪回王座，並在接下來的十一年統治帝國。

有些歷史學家相信，謀殺西拿基立的人其實是以撒哈頓，因為他擔心自己失去了父王的寵愛。

中國‧暗殺的擁護者

約在西元前五〇〇年，出現了第一位可說是精通暗殺的理論家。

在最早的軍事戰略著作《孫子兵法》中，中國將領孫子對暗殺推崇備至，曰：「凡興師十萬，出征千里，百姓之費，公家之奉。」

因此，更好的選擇就是盡可能的重金招募「間」（Spies），他們的任務之一即為「人之所欲殺」，這個人必是一個關鍵之人，或可透過賄賂敵軍的「守將、左右、謁者、門者、舍人」來進行。

這比起戰爭，可說是經濟實惠多了。

吳王僚與專諸

有些人質疑，孫子是否真為《孫子兵法》的作者，不論如何，他看來的確是一位優秀的將領。

統治吳國的公子光，是孫子所侍奉的君主之一。

在王位繼承權的爭執中，公子光宣稱被他的叔伯吳王僚欺騙，他急切地想奪回王位，但吳王僚始終保持著嚴密的戒備，走到哪兒都帶著他的軍隊（包括一百名訓練精良的護衛）同行，同時，他自己必然身穿三層的盔甲。

西元前五一五年，公子光的得力助手大將伍子胥，告訴公子光他已尋得一人可以除掉吳王僚。

伍子胥推薦的刺客是一名叫專諸的高大壯漢，專諸一心只掛念著他的母親，公子光承諾他，如果他能成功除去吳王僚，他的母親將會衣食無虞地頤享天年。

達成協議之後，專諸開始準備刺殺吳王僚，就在此時，他的母親上吊自殺了，留下遺言告訴專諸，她之所以這麼做，是為了讓他不因此而分心。

這個毀滅性的轉折與演變，讓專諸的決心更為堅定，但他知道，要除去吳王僚，他需要的不只是蠻力，因此，他精進烹飪，並設法謀得吳王僚家中主廚一職。

他為宴會準備了一條色香味俱全的魚，當他呈上這道菜餚時，護衛先對他進行了詳細的搜身，沒發現任何可疑之物，護衛就退下，讓專諸上前。

正當吳王僚享受著這道鮮魚佳餚的誘人香氣，隨從們也一時為之心醉神迷時，專諸將手伸入了魚身，拔出了一把匕首，接著，在一眨眼間，以可畏的力量刺穿吳王僚身上的層層盔甲，並刺入了他的心臟！

數十名護衛急忙衝上，朝專諸湧來，把他剁成了肉醬。

自此，公子光成功奪回他的王位，自立為「闔閭王」。

慶忌與要離

用這樣的故事來講述或美化刺客，無怪乎在西元前第二世紀的中國偉大歷史學家司馬遷的作品中，刺客能贏得一整卷的篇幅。

司馬遷或許是第一個美化刺客的人，他強調了刺客的自我犧牲與榮譽感，就像專諸，明知不會從這項任務中獲得任何報酬，而且執行任務意味著必死無疑，但這並未讓他卻步。

巧的是，闔閭王坐上他的王位不久，就發現他又需要一名刺客了，因為他聽聞了吳王僚的兒子慶忌正打算組成一支軍隊來奪回他父親的王位。在《戰國策》這本由不知名作者於西元前第三世紀彙編的選集中，描述了闔閭王的反應。

曾經力薦專諸的伍子胥，再一次說他知道合適的人選，但是當闔閭王看到一個骨瘦如柴、醜陋不堪的傢伙走進來時，他感到有些驚訝。

這個人叫要離，幾乎不足四英呎高，然而，伍子胥向他保證，這個人擁有鴻圖大志，足以彌補他矮小的身材，他堅忍不拔的勇氣會克服所有阻礙他達成目標的危險與艱辛。

當這個年輕人要求闔閭王砍下他的手，並殺了他全家人時，闔閭王對要離的決心存有的懷疑，馬上就煙消雲散了。

這名刺客認為，一旦慶忌得知闔閭王對他施加這些可怕的懲罰，慶忌才會完全相信闔閭王是要離的死敵。

果然，當要離出現並意欲投靠慶忌時，慶忌僱用了他。

當慶忌打算渡過長江展開攻擊闔閭王的行動時，要離也在船上，並就站在慶忌身後，這時，大風吹來，慶忌被這陣猛烈的風吹得睜不開眼，說時遲那時快，要離用他剩下的那隻手，將長矛刺入了慶忌的後背！

慶忌馬上意識到大勢已去，他平靜地讚揚要離的膽識，把長矛從自己的身體中拔出來，並下令他的軍隊不得懲罰這位殺手，然後嚥下了最後一口氣。

但是，要離在這勝利的一刻卻滿懷悔恨，他認為自己犯下了三次可怕的背叛：背叛他的家人，他們是應他的要求而被殺害；背叛慶忌，他是他承諾要服侍的主人；背叛父母，因為他讓自己斷臂殘廢，對父母來說是種侮辱。

因此，要離投入翻騰的江水中自盡，從此再無蹤影。

俠累與聶政

另一個體現自我犧牲的著名刺客，出現於西元前四世紀初的中國。

聶政殺人之後為了躲避仇家，以屠戶為業，後來，身為政府官員的老朋友嚴仲子向君王舉報一位重要政客俠累變節背叛，嚴仲子確定俠累會報復，擔心自己的安危，於是尋訪聶政，並提供他豐厚的酬勞，請他去殺俠累。但聶政婉拒了，因他必須照顧母親。

過了些時日，聶政的母親過世了，於是他去見嚴仲子，說他現在可以行動了。

聶政執行任務完全不施巧計或謀略，他直接闖入了俠累的宅邸，擊殺每個擋路者，然後成功地刺殺了俠累。

聶政雖然想當個英雄，但他並不想連累家人，於是他用刀割傷自己的頭臉，直到面目全非再也無法辨認，然後自盡。

官府把他的屍體陳列在鬧市，懸賞千金給任何能認出他身分的人。

聶政的姊姊聶榮猜想這名刺客就是她的弟弟，她認定聶政應該名留青史，於是前往鬧市，大膽地宣布這名刺客就是聶政，並述說了聶政的故事，關於他一開始因為要盡孝道而拒絕執行這項任務，等到他不必再擔負奉養母親的責任，他才出於對嚴仲子的忠誠而刺殺了俠累。然後，她因為悲痛欲絕而死在弟弟身旁。

呂后

中國的第一位女皇帝著實精通暗殺之道，但完全無關乎自我犧牲與榮譽感。

西元前二〇六年，內戰之後，一個農民崛起成為漢朝的第一位皇帝，有些諷刺的是，他以「高祖」（意指「崇高的祖先」）為其稱號，他的妻子（同樣出身低微，但比她的丈夫略高一些）成了陰險毒辣的呂后。

當時在中國，男人如果負擔得起，三妻四妾是常見的事，其中一個是髮妻（大老婆），在皇宮中就是皇后，但這是一個岌岌可危的位置，因為它是屬於被視為擁有確定繼承權者的母親，因此，新的法定繼承人顯然就意味著有了新的皇后。

一開始，高祖指定了呂后的兒子為他的繼承人，但隨著呂后的魅力日漸消退，他開始有了別的念頭，琢磨著是否要以他的新寵戚夫人的兒子來取代呂后的兒子。因此，呂后一直玩弄著權謀，爭取飽學之士與宮廷顧問的支持，旨在讓高祖打消這個念頭。

然而不知何故，當高祖在西元前一九五年駕崩時，他仍未做出廢黜舊太子、另立新太子的決定，因此，高祖一死，呂后馬上就毒死了戚夫人的兒子，其他高祖曾經極為寵愛的女人也都一併被她處死。

至於戚夫人，根據司馬遷的記載，呂后砍下她的手腳、挖出她的眼睛、燒掉她的耳朵、用藥把她毒啞，然後將她扔進豬圈，變成眾人皆可觀賞的「人彘」畸形秀。

呂后遂如實地成了中國的第一位女性統治者，代替她的幼子行使統治實權。

當她的兒子因自然因素身故時，她便策劃讓另一個幼兒登基，等到這個小皇帝長大到足以構成威脅時，她就謀殺了他，讓另一個更年輕的幼帝來取代他。

如此不斷地如法炮製，她就可以始終大權在握。在此同時，她也不斷地擢升、重用自己的家族至親，並藉故處死殷富者，以便將他們的家產分送給呂氏族人。

呂后在西元前一八〇年駕崩之後，高祖倖存下來的兒子們遂聯手誅殺了呂氏整個宗族。

吳起

上述中國古代的暗殺之例，主要的動機皆出自當時為奪取王位的野心或恐懼，但另一個暗殺之例，則是由一項改革計畫所致。

據說吳起小時候咬著自己的胳膊、用自己的血發誓，除非他功成名就、衣錦還鄉，否則絕不回到家鄉。

日後，他成了戰功彪炳的將軍，以軍紀嚴明、治軍嚴謹聞名。

有一次，當他的部隊列隊準備與敵軍交戰，一名士兵脫隊跑到敵軍前線，殺了兩個人之後又快步奔回，吳起下令將他立即處決。當他的將領向他抗議，說這名士兵是個好士兵時，吳起回答：「沒錯，他的確是個好士兵，但他違抗了我的命令。」

後來，吳起投奔楚國，被楚悼王重用為宰相，在楚國進行大刀闊斧的變法，打擊貪腐、改革政府財政，並削減公卿貴族爵祿以將權力與財富集中於國庫。

在西元前三八一年，楚悼王駕崩後，往昔被藐視輕慢的貴族們，便密謀在楚悼王的葬禮上刺殺吳起。

他們把吳起逼困至楚悼王的遺體旁，再以雨點般的箭朝他射去，但其中有些箭也射中了死去的悼王，悼王的兒子因父親的屍身受到如此褻瀆而怒不可遏，於是下令將這些人抓起來全部處死。

印度·另一位理論家

考底利耶

在同一世紀，印度導師、哲學家及皇室顧問考底利耶（Chanakya，有時也被稱為 Kautilya）發展出一套更為詳盡縝密的暗殺新理論，呼應了孫子的主張。

他寫道：「一個孤身犯難的刺客，可以利用武器、毒藥或是火來達成他的目的，他可以完成一整支軍隊才能做到的事。」

這位哲學家提供了應有盡有的暗殺方法，譬如利用美女挑起敵方將領之間的敵對不和，然後刺客就可展開攻擊，而人們會以為受害者是被嫉妒的情敵所殺；或是找個假醫生對遭到迷惑的敵軍將領下毒，假稱那是一種愛情魔藥。

如果國王懷疑某個將軍的忠誠度呢？考底利耶建議，讓刺客滲透進入他的軍隊，這樣就能在作戰時暗殺他，假裝他是與敵人交戰時被殺。

這位哲學家主張，暗殺比逮捕與審判更可取，因為若是將受害者關押起來，他的支持者往往會製造麻煩，而暗殺則可以避免這類的風險。

這些方法聽起來可能不甚光彩，但考底利耶為暗殺辯護了其道德正當性。他說，謀殺敵方的將領好過與他的軍隊交戰，殺一個王也好過長期圍攻他的城市。

旃陀羅笈多雕像，勒克什密那羅延寺（Laxminarayan Temple），印度德里。

基於這個論點，後來的理論家們認為，暗殺比戰爭或革命更人道，可能付出的生命代價較少，受害者也都是位高權重者而非卑微低下的平民階級。

旃陀羅笈多（Chandragupta Maurya）是考底利耶的學生之一，他於西元前四世紀在印度與巴基斯坦建立了一個偉大的帝國，迫使侵略印度的亞歷山大大帝（Alexander the Great）不得不撤軍。

旃陀羅笈多安排了暗殺行動，目標是那些亞歷山大任命的馬其頓總督，這個方法被描述為砍倒希臘統治的「高罌粟花」（Tall Poppies）。

希臘

古代的暗殺，大多是改朝換代或是在朝代之間權力鬥爭的產物，儘管民族主義與解放運動也在旃陀羅笈多挑起的動機之中。

厄菲阿爾特（Ephialtes）

我們看到的第一場暗殺發生在西元前五世紀的雅典，看起來就像對政治體制的意識形態產生歧異的結果。

根據亞里斯多德（Aristotle）在一個世紀之後所述，厄菲阿爾特（Ephialtes）是「一個有著廉潔與公德聲望的人」，領導著城市中激進的民主派系。

西元前四六二年，厄菲阿爾特趁貴族派系的領袖客蒙（Cimon）出城前往斯巴達（Sparta），幫助地方勢力鎮壓農奴的叛亂，厄菲阿爾特褫奪了雅典貴族議會亞略巴古（Areopagus）大部分的權力，遞交給更為民主的機構，譬如公民大會（Popular Assembly）、五百人議會（Council of Five Hundred）以及法院。

以偉大的歷史學家與傳記作家普魯塔克（Plutarch）在五百多年後所記述的觀點來說，此舉有助於「將這座城市轉變為徹底的民主制度」。當客蒙回來後大勢已去，他無法扭轉定局，並被新的政權流放到外地。

然而，厄菲阿爾特享受民主的勝利沒多久就被暗殺了。根據亞里斯多德所述，兇手是一個名叫亞里斯多德科斯（Aristodikos）的人，來自雅典北部的城鎮塔納格拉（Tanagra），但另有來源指出了「殺手們」，暗示了其實不只一人涉及這場暗殺事件。

安提豐（Antiphon）撰寫的年代比其他人更接近該事件發生的時間點，他也使用了複數，說殺手們「仍尚未被找到」，同時補充了他們並未試圖隱藏屍體的細節。

至於亞里斯多德科斯，除了他的名字及他所居住的城鎮之外，我們對他一無所知。他或其他任何人都不曾因這場謀殺而被審判。

然而，無論殺手或殺手們的身分為何，動機是什麼呢？

顯而易見的一個解釋是，厄菲阿爾特成了雅典貴族派系的受害者。西西里的狄奧多羅斯（Diodorus Siculus）在西元前一世紀寫下了不朽的四十卷通史，其中將厄菲阿爾特的死亡描述為「激發群眾怒氣，以反對貴族的一項「懲罰」。

但是更早之前，在厄菲阿爾特死後大約一百五十年，在一項或許是暗殺陰謀理論的首例當中，一位名叫伊多墨紐斯（Idomeneus）的希臘歷史學家聲稱，事實上厄菲阿爾特是民主派系內訌的犧牲者，是民主派系中的一位領袖伯里克里斯（Pericles）安排了謀殺，動機則是因為他忌妒深得人心的厄菲阿爾特。

伯里克里斯的確在厄菲阿爾特死後成為雅典的重要人物，帶領雅典進入一段黃金時期，不但興建了帕德農神廟（Parthenon），更讓這座城市崛起成為教育、藝術、文化、哲學及醫學的中心。他的影響是如此地無遠弗屆，以致於這個時代甚至被稱為「伯里克里斯時代」（Age of Pericles）。

不過，伊多墨紐斯並未被視為特別可靠的來源，普魯塔克就把他的伯里克里斯理論斥為一種「惡意的指控」，但由於厄菲阿爾特的死眾說紛紜，到底是誰在煽動這種說法，仍然無法得知。不過，可以確定的一點是，這位政治家所致力的支持民主之政治變革，並未因此被影響或破壞，伯里克里斯也繼續在未來將其發揚光大。

哈爾摩狄奧斯（Harmodius）、阿里斯托革頓（Aristogeiton）與希帕克斯（Hipparchus）、希庇亞斯（Hippias）

在厄菲阿爾特被謀殺之前的半個世紀，雅典曾經發生過一場影響深遠的暗殺事件，它所激起的漣漪迴盪了數個世紀之久，並催生出誅殺暴君（Tyrannicide）是合理而正當的觀念。

這個觀念並不像它看起來那麼地簡單，因為「暴君」有兩種含義，它可能是現代的意思，意指某人以殘忍刻毒、不公不義的方式使用權力；或者，它可能是僭主的意思，意指某人以違反憲法的方式取得權力。

亞里斯多德將第一種歸類為以壓迫為手段的暴君，第二種則是以篡位為手段的暴君。總之，故事來到西元前五一四年，哈爾摩狄奧斯（Harmodius）與阿里斯托革頓（Aristogeiton）這兩位貴族，決定要在一場公眾慶典上刺殺雅典的暴君希帕克斯（Hipparchus），他們成功了，但被希帕克斯的兄弟希庇亞斯（Hippias）捕獲並處死。

不久，他們成了英雄，他們的雕像被放在雅典衛城（Acropolis）、肖像則出現在錢幣上。經過兩千多年之後，美國作家埃德加・愛倫・坡（Edgar Allan Poe）頌揚他們是「自由冤屈的復仇者」，他們的名字將流芳「萬古」。

這是一個鼓舞人心的故事，為了公眾利益勇於自我犧牲，但緊接著事發之後的那個世紀，以採用嚴謹、循證的研究方法為榮的古希臘偉大歷史學家修昔底德（Thucydides），揭穿了這樁暗殺的許多真相。

經歷了長期動盪不安的雅典，在西元前五四六年讓（以篡奪為手段的）暴君庇西特拉圖（Pisistratus）掌控了大權。他用二十年的法治回報了他們，修昔底德寫道，他的政權一點也不「可憎」，他「和任何君王一樣努力培植智慧與美德，從未向雅典人收取超過他們收入二十分之一的稅金，把這座城市妝點得富麗堂皇，讓他們得以繼續征戰，並為神廟提供獻祭。」

此外，雅典「完全享有它現行的律法」。

哈爾摩狄奧斯與阿里斯托革頓的澆鑄作品，莫斯科普希金博物館（Pushkin Museum）。

當他去世後，他的兒子希庇亞斯（希帕克斯的兄弟）繼任了王位。

因此，故事中的第一大瑕疵出現了，修昔底德指出，被刺殺的並不是那位暴君，而是他的兄弟，也就是他政權中地位較低的搭檔。

刺客本來是打算殺死這兩個兄弟，但當他們看到共謀小團體中的人與希庇亞斯友好地閒聊時，一時慌了手腳，以為他們的密謀已被人出賣了，因此，當希帕克斯趨近時，哈爾摩狄奧斯與阿里斯托革頓馬上用他們的匕首殺了他。

哈爾摩狄奧斯當場被希帕克斯的護衛殺死，阿里斯托革頓也旋即被捕，「並以毫不慈悲的方式被處死」。

修昔底德也說，刺客的主要動機並非出於政治考量，而是個人動機。哈爾摩狄奧斯當時「正值青春貌美年華」，而阿里斯托革頓則是「一個中年的公民」，兩人本是愛侶，但希帕克斯試圖奪走這個年輕人。他們出於恐懼，深怕希帕克斯會濫用他身為希庇亞斯兄弟權勢強大的地位，用武力將哈爾摩狄奧斯強行帶走，才萌生了暗殺的動機。

有句古老的俗話說：「別讓事實糟蹋了一個好故事。」修昔底德提出這些令人感到困擾的說法，當然並未使這兩位誅殺暴君者的傳說失色半分。的確，這樣的說法更為可信，因為暗殺發生之後，希庇亞斯的確成了以壓迫為手段的暴君，處死了許多人，三年之後，他就被廢黜並放逐了。

誠然孫子與考底利耶都寫道暗殺可以如何為統治者所用，其他人考慮的則是使用暗殺來反抗統治者的道德觀，像是哈爾摩狄奧斯與阿里斯托革頓的作為。

齊旺（Chion）與克利阿科斯（Clearchus）

西元前五世紀，據說蘇格拉底相信，暴政使生活於其中的人豁免了所有服從的義務，並在極端的情況下，誅殺暴君有其正當性。

蘇格拉底的學生、偉大的柏拉圖，更進一步闡述了這個想法，一個暴君的腐敗會毒害整個政治體系，因此，他喪失了活著的權利。

柏拉圖的一位學生齊旺（Chion）成為克利阿科斯（Clearchus）的宮廷哲學家，克利阿科斯是在西元前四世紀以篡位為手段，並壓迫黑海上的赫拉克萊亞（Heracleia）的暴君。

西元前三五二年，齊旺領導了一個後來殺死克利阿科斯的團體，與克利阿科斯相處甚歡的齊旺，似乎是希望人民起來反抗這位暴君，但他與他的夥伴們並未試圖與對克利阿科斯的統治不滿的人建立聯繫。

結局是，齊旺與他的夥伴們當場被克利阿科斯的護衛撲殺，而權力順利地移交給這位死去暴君的兄弟，但有些人聲稱，他的兄弟比克利阿科斯更糟。

亞里斯多德也是柏拉圖的學生，他的觀點是，人是政治的動物，因此，他相信，人只有在政治體系中才能充分發揮他們的潛能，但暴君的統治阻礙了這項正常運作，政治體系會變成只為統治者的利益而運作。

因此，這位哲學家認為，如果沒有其他的解決方案，那麼誅殺暴君就是正當合理之舉，而且這項任務應該由高層菁英來擔負，因為他們更容易接觸到統治者，雖然，潛在的危險是他們的行動並非出於為公眾謀利的動機，而是另有所圖。

古希臘歷史學家色諾芬評論，希臘城邦「賦予誅殺暴君的人莫大的榮譽」。

在中國，誅殺暴君之舉也深受西元前四世紀的孟子（被眾人認為重要性僅次於孔子）等哲學家支持。孟子認為，暴君應該被「流放」，因為他「殘害」了仁義。

西元前一世紀，西塞羅（也許是所有羅馬演說家中最偉大的一位）認為暴君就像瘟疫一樣敗壞了整個政治體系，必須藉由誅殺暴君之舉將其除去，他將以畢生之力捍衛羅馬共和國（Roman Republic），反抗他所見的任何暴政之威脅。

尤利烏斯・凱撒

西元四八年，尤利烏斯・凱撒（Julius Caesar）被任命為羅馬的獨裁官，這是一項被賦予巨大權力的正式職務，通常是在國家處於危機期間才會被派任的職位，而且任職的期間不超過六個月。

然而，凱撒首次被任命了十年的獨裁官，接著在西元前四四年他五十六歲時，又被任命為終身獨裁官。他的生日成了公眾節日，他的雕像被置放在每座寺廟中，他也開始像羅馬早期的伊特魯里亞國王般穿著紫色長袍與月桂冠。

在凱撒接掌大權之前，羅馬因內戰與斯巴達克斯（Spartacus）的奴隸叛亂，經歷了多年的動盪不安，而這位獨裁官周圍的阿諛奉承之聲，開始讓共和國的支持者深感擔憂。

凱撒是個精明的政治家、也是個偉大的將軍，而且他在深孚眾望的公眾政策上耗資甚鉅，譬如擴建馬克西穆斯競技場（Circus Maximus）以容納十五萬名觀眾。比起大部分富裕的羅馬人，凱撒過著相當節制的生活，他很慷慨大方，也很狡猾、好色、殘酷，而且野心勃勃。

儘管如此，凱撒似乎還是和冠上國王頭銜這件事劃清了界線。對羅馬來說，「國王」仍然是一個多少有些不擇手段、缺乏正當性的字眼，即使自從最後一任國王─暴君盧修斯．塔克文．蘇佩布（Lucius Tarquinius Superbus）被逐出羅馬已然過了四百五十多年了。據稱這位暴君謀殺了他的前任，然後對元老院展開恐怖統治，處死了多名元老。

普魯塔克對西元前四四年這些事件的記述，是寫於一個半世紀之後；莎士比亞則從其記述中汲取了大量素材，創作出他的著名悲劇《凱撒大帝》（Julius Caesar）。這位歷史學家說，在一場公開慶典上，馬克．安東尼三次向凱撒獻上象徵王權的冠冕，但凱撒三次都拒絕接受，儘管如此，這位獨裁官的雕像卻被飾以王冠，同時，他還把那些將王冠從雕像上取下的護民官們給免了職。

這讓人不禁懷疑，他是真心拒絕接受安東尼獻上的王冠嗎？當獨裁官的這位好友獻上王冠時，真正的用意是否在測試政治的溫度？

一位占卜者曾經警告凱撒要留意提防三月十五日（Ides of March），這是一個古羅馬清償債務的傳統截止日期，普魯塔克也提到了某些凶兆的出現。而在莎士比亞的《凱撒大帝》中，對逼近這一天時所發生的凶兆有著栩栩如牛的描繪：猛烈的暴風雨、著了火的人奇蹟般地毫髮未傷、凱撒獻祭的動物沒有心臟、凱撒的妻子卡爾普妮亞（Calpurnia）夢到自己抱著死去丈夫的屍體。

西元前四四年三月十五日，這位獨裁官原本要出席一場元老院的會議，卡爾普妮亞試圖說服他別去，凱撒或許也聽說了某個即將對他不利的陰謀傳聞，自己也「有些疑懼」，但凱撒信任的德西謨斯・布魯圖斯（Decimus Brutus，不是那個著名的布魯圖斯）對這些擔憂不安嗤之以鼻，他說，元老院打算賦予凱撒更多榮耀，但「如果有人在會議上告訴他們，他們現在先離開，等到卡爾普妮亞做了吉兆的夢之後再回來，那麼，政敵會說出什麼好話？」

事實上，德西謨斯・布魯圖斯正是意欲不利於凱撒的共謀者之一。

當他們還在說著話時，德西謨斯・布魯圖斯牽著這位獨裁官的手，將他領出屋外前往元老院。一位哲學教授傳遞了警告的便條給凱撒，但在極為擁擠的人群中，凱撒沒機會讀到這張便條。

在前往元老院的路上，他們經過了那個占卜者，普魯塔克說凱撒「開玩笑地」和他打招呼，然後說：「嗯，三月十五日到了。」占卜者則輕聲地說：「哎，它們到了，但它們還沒過去。」

當他們抵達元老院，德西謨斯・布魯圖斯拉住凱撒的好友馬克・安東尼「一個結實健壯的男人」，然後與他進行了「冗長的會談」。

獨裁官走進去，元老們站起來向他致敬，然後，謀叛者聚集在凱撒身旁，表面上是支持圖利烏斯・辛伯（Tullius Cimber）代表他被放逐的兄弟所提出的請願，凱撒「嚴厲地拒絕」了他們的懇求。

於是他們一擁而上，而且態度愈來愈堅持，遂激起了凱撒的怒火，接著，「圖利烏斯雙手抓住凱撒的寬外袍，把袍子從他的脖子上拉了下來。這就是發動襲擊的信號。」

卡斯卡（Casca）在凱撒的脖子上戳下了第一刀，「不是一道致命傷，傷口甚至也不深，因為他太困惑了，這在展開如此大膽的行動時是很自然的反應。」凱撒甚至在對卡斯卡叫嚷時，還設法抓住了那把刀，而卡斯卡正在號召共謀者加入攻擊的行列。

那些並未秘密參與這項陰謀的人都不知所措，既不敢逃走，也不敢去幫助凱撒。這位獨裁官被謀叛者從四面八方包圍住了，「不論他轉往哪個方向，都有武器對準他的頭臉與雙目擊來，逼得他像頭野獸般到處奔逃……因為所有人都必須參與這場屠殺的獻祭與滋味。」

接著，馬庫斯・朱尼烏斯・布魯圖斯（Marcus Junius Brutus）進來了（這才是那個著名的布魯圖斯），他是另一個布魯圖斯（幾百年前曾經幫忙廢黜暴君盧修斯・塔克文・蘇佩布）的後裔，也是凱撒最信任的朋友之一，凱撒曾經大力提拔他，他的母親是凱撒最喜愛的情婦，也有些人甚至說（或許並不正確）他是凱撒的兒子。

文森佐・卡穆奇尼（Vincenzo Camuccini），《凱撒之死》（The Assassination of Julius Caesar）油畫，一八四〇－五年。

到這時為止，凱撒仍設法在攻擊下保護自己，但據說當他看到布魯圖斯也拿著一把出鞘的匕首時，他放棄了，並用他的袍子蓋住了臉，讓他的朋友拿刀刺了他。

接著，凱撒垂死地倒在龐培大帝（Pompey the Great）雕像的腳下。龐培曾經是凱撒的好友與女婿，但後來成為他的對手，並在一場內戰中成為凱撒的手下敗將後被殺。

普魯塔克寫道，這就像是「龐培自己在主導著這場對敵人的復仇」。

二十三名謀反者與所有的元老，每個人都出手攻擊了他人，在這場混戰中，確實有許多人讓別人掛了彩。

隨後，布魯圖斯試圖向元老們發表演說，但大家都迫不及待地衝出大門，四處奔跑逃命，整個城市也隨之陷入了恐慌。人們鎖上家門，商店也關起了門不營業，凱撒的朋友們都藏身於別人的家中。

謀叛者則遊行到主神殿（Capitol），手中仍然揮舞著血淋淋的匕首。普魯塔克說，「不像逃犯，而是滿臉喜悅、充滿信心，召喚眾人爭取自由。」儘管其他記載是說，他們為考量自身的安全而不得不逃亡，但根據普魯塔克敘述，第二天，元老院如履薄冰、謹慎行事，一方面表彰凱撒，一方面也獎賞了殺害他的那些人。

目標已被成功地處理了，但奇怪的是，這些共謀者似乎缺乏殺手的本能，他們本該把凱撒的屍體扔進台伯河（Tiber），但他們沒這麼做，反而允許馬克・安東尼為凱撒舉行了一場公開的葬禮。

布魯圖斯的連襟卡西烏斯（Cassius）說，他們應該把安東尼也一起殺了，但布魯圖斯認為，一旦凱撒死了，羅馬共和國就會以某種神奇的方式重申其主張。宛如三百年前的齊旺之例，他們沒能和反對敵人的其他人結成盟友，所以就像那位希臘哲學家一樣，他們也付出了代價。

在公開凱撒的遺囑時，出現了出乎意料的轉折，凱撒的遺囑交待要贈予每一位公民三塊金

布魯圖斯的大理石半身像，羅馬，西元前三〇－十五年。

子，因此，「當民眾看到那被抬著穿越廣場的屍體傷痕累累時，他們再也無法遵循秩序與紀律的約束，或克制自己的怒氣」，民眾奔向謀叛者並試圖抓住他們「把他們撕成碎片」，但他們真正抓住並撕成碎片的唯一一個人叫辛納（Cinna），他其實是凱撒的朋友，而且和這項陰謀完全無關。

布魯圖斯與卡西烏斯一起逃離了這座城市。

這場暗殺點燃了長達十四年之久的內戰，布魯圖斯與卡西烏斯旋即被擊潰並雙雙自殺，以普魯塔克的話來說，這些謀叛者都被窮追猛打，「直到無一倖存，就連那些不論以何種方式涉及或參與這項陰謀的人，也都受到了懲罰。」

有些人認為，凱撒的暗殺不該被視為對抗暴政之舉，而是更像是羅馬上層菁英之間的派系之爭，無論誰是對的，這場暗殺並未重振羅馬共和國，反而催生出羅馬帝國（Roman Empire），凱撒的養子屋大維（Octavian）成為第一任皇帝奧古斯都（Augustus）。

那些謀叛者鐵定在他們的墳墓裡輾轉反側、無法安息，西塞羅哀嘆：「暴君雖死，暴政長存。」他在西元前四三年公開反對屋大維之後被處死。

儘管布魯圖斯的崇高計畫失敗了，他成了或許是史上最著名的刺客。普魯塔克認為，卡西烏斯是由於「私人理由」而憎恨凱撒，但布魯圖斯儘管與凱撒有著真摯的情誼，卻基於他所深信的理念「為了拯救羅馬」而反對這位獨裁官。他寫道，布魯圖斯「反對的是統治方式，但卡西烏斯痛恨的是統治者。」

莎士比亞於一千六百年之後，在劇中讓馬克・安東尼描述他的死敵布魯圖斯為「他們之中最高貴的羅馬人」，並宣稱儘管其他謀叛者的動機都是出於「妒忌」，布魯圖斯的動機卻是出於他對「公眾利益」的信念。

接下來的兩千年中，布魯圖斯的名字經常被援引來證明暗殺的正當性，或者譴責暗殺的行為，辯論的結果跟他到底是英雄還是惡棍一樣，始終沒有定論。

＊＊＊＊＊＊＊＊＊＊＊＊＊＊＊＊＊＊

關於「古代世界」的暗殺，有許多已知的未知存在，亦即儘管我們知道這些謀殺事件，但是沒有足夠的資料來分析，同時毫無疑問地，也有更多未知的未知存在，亦即所有紀錄皆已佚失的謀殺事件。不過，我還是找出了十九起有足夠細節的暗殺，可以得出一些統計上的結論：一半以上（十起）的暗殺發生在現在所說的中東地區；四起發生在中國、兩起在印度、兩起在雅典、一起在羅馬。

七位受害者是國王或法老王，還有一位皇帝、一位皇后（十九位之中唯一的一位女性）、一位皇后的丈夫及一位王子；此外，還有三位政治家、兩位暴君、兩位管轄者以及一位將軍喪生。

最常見的動機，在至少十起謀殺案中看到的是對於王位的野心，兩起與驅逐外來入侵者的民族解放運動有關，三起或四起似乎是由政治原則與信念所激發，但超乎了僅僅是對誰該領導的爭論，而有一次，那些嚴厲打擊腐敗卻失敗的人，其實是陰謀的幕後推手。

至少有十二起暗殺涉及謀叛，而對王位的野心是最強烈的動機，因此，不令人驚訝的是，許多殺手或那些指使他們的人是來自受害者的家族之中，有三個兒子、兩個妻子（刺客或教唆者中僅有的兩位女性）、一個丈夫、一個兄弟及一個姪兒。

有五次的暗殺採用聘僱的殺手，有三次則是貴族階層或上層菁英的成員用自己的雙手完成了刺客的工作。

居魯士大帝若得知在兩次襲擊中的刺客都是護衛，也不會感到驚訝。

每一次的暗殺，只要動機是民族解放運動，刺客就是來自下層社會，亞歷山大大帝在印度的一位總督，就是被他的本地傭兵所殺，而另一個總督則是被他的臣民所殺。或許最不尋常的行兇者是齊旺，一位宮廷哲學家。

在十起暗殺中所知的暗殺方式，最受青睞的方式是用刀刺殺，有七、八起暗殺是用這個方法，其他則有使用弓箭、勒死或是被沉重的雕像壓死。

至於在十幾個例子中所知的刺客命運，至少有七個是在當場或行動後不久就被殺了，兩個在大規模處決中被殺，中國的刺客要離與聶政則是自殺。

以長期的影響與後果來說，兩組的謀殺者被視為烈士，有五起暗殺導致了嚴重的混亂失序或內戰（以尤利烏斯．凱撒的例子來說，這場衝突甚至延續了十四年之久）；而齊旺誅殺克利阿科斯這位暴君的結果，則是眼睜睜看著另一個更糟的暴君接任了王位。

另一方面，刺殺慶忌有助於止戰，兩起暗殺似乎都推動了民族解放的奮戰。

我們知道只有一例產生附帶損傷，就是當聶政在逼近他的受害者時，擋他路的人也都一併被他殺死了。

最後，暗殺到底有沒有用？行兇者是否滿意最終的結果？

在我認為能做出判斷的十四起暗殺中，我的評估是六起成功，但八起失敗了。

第二章
羅馬帝國與黑暗時代

羅馬帝國

在十九世紀初，俄羅斯貴族應該會這麼描述俄羅斯的政治體制：「經暗殺鍛鍊而成的專制統治」。倘若這句話適用於俄羅斯帝國（Russian Empire），它無疑也完全符合羅馬的真實情況，而這個模式很快就被建立了起來。

屋大維（Octavian）與莉維亞（Livia）

正如我們所見，尤利烏斯．凱撒被暗殺之後，隨之而來的是長達十四年的內戰，最後他的養子屋大維成為羅馬的第一位皇帝，稱號為「奧古斯都」。

在那場內戰中，有個叫莉維亞．杜路西拉（Livia Drusilla）的女人，她那身為元老的丈夫支持的是奧古斯都的敵人，因此當奧古斯都於西元前四二年在腓立比（Philippi）取得決定性的勝利之後，他自殺了，之後，莉維亞不得不逃離義大利，但三年之後因為有了大赦，她得以與家人重返義大利。

就在那時，屋大維第一次遇見了莉維亞，高貴而美麗的她使這位皇帝深深著迷，即使當時她已經懷了第二個兒子德魯蘇斯（Drusus），皇帝仍然決定要娶她為妻，她的丈夫可能也很識時務地同意了離婚。

奧古斯都與莉維亞的結合沒有生下任何子女，所以，奧古斯都只有一個孩子，也就是前次婚姻所生下的女兒茱莉亞（Julia）。這個新的帝國並未訂下任何適宜的繼承規則，但奧古斯都認為他必須任命一位男性的繼承人，才能確保他死後的政權可以和平地轉移。

他的首選是他的外甥馬克盧斯．克勞迪烏斯．馬塞勒斯（Marcus Claudius Marcellus），也是茱莉亞的丈夫，但在西元前二三年，馬塞勒斯神祕死亡。眾所皆知，莉維亞不但與毒藥專家交好，而且一直希望她自己的兒子能繼承王位，因此被懷疑謀殺了馬塞勒斯。

茱莉亞的第二任丈夫阿格里帕（Agrippa）曾經擔任過屋大維的副手，西元前一七年，皇帝領養了他的兩名幼子蓋烏斯（Gaius）與盧修斯（Lucius），就像尤利烏斯．凱撒以前領養屋大維一樣。同時，莉維亞的兩個兒子德魯蘇斯與提貝里烏斯（Tiberius）也都位居要職，阿格里帕在西元前一二年死了，如果奧古斯都在蓋烏斯或盧修斯尚未年長到足以繼承王位前去世，提貝里烏斯就被指定為攝政王。如此一來，王位的繼承似乎萬無一失了，而接下來，蓋烏斯與盧修斯又分別於西元前二年與前四年神秘死亡。

羅馬歷史學家與元老塔西佗（Tacitus）在大約一個世紀後寫道，他們的死是出於「命運或是繼母莉維亞的背叛」。所以，到這時為止，可能已經有三具屍體是莉維亞的傑作了。

這時，在莉維亞的催促下，奧古斯都領養了她的兒子提貝里烏斯（德魯蘇斯在西元前九年從馬上摔落身亡），但他也同時領養了阿格里帕最後一個倖存的兒子阿格里帕．波斯杜姆斯（Agrippa Postumus），正如他的名字所示，他是他父親死後才出生的遺腹子（「遺腹子」的英文為 Posthumous）。

再一次，被任命為奧古斯都可能繼位者的詛咒又應驗了。沒過幾年，波斯杜姆斯遭到放逐。有些人說，這是因為他既無能又粗暴，除了釣魚之外，對其他事物都不感興趣；有些則認為，他曾參與一項反叛奧古斯都的陰謀。但塔西佗再次主張，是因為他察覺到莉維亞掌控了一切，她結結實實地「將她的鎖鏈釘牢在年老的奧古斯都身上」。

儘管如此，西元前一四年時，令莉維亞深感不安的一則傳言說，奧古斯都密訪了波斯杜姆斯被放逐的那座島嶼。根據塔西佗的說法，「雙方涕淚縱橫，都展現了明顯而深厚的思慕之情」，暗示了和好的可能性。

之後，這位歷史學家寫道，皇帝的健康每況愈下，「有些人懷疑是他的妻子以不正當的手段造成」。莉維亞給提貝里烏斯發了緊急訊息，要他火速趕至拿坡里（Naples）附近的諾拉（Nola）皇家莊園，奧古斯都正躺在那裡的病榻上。我們無法確定提貝里烏斯是在皇帝嚥下最後一口氣之前還是之後抵達，因為莉維亞始終冷酷地封鎖住消息，直到她得以宣布提貝里烏斯繼任王位時，才發布了奧古斯都的死訊。

根據歷史學家卡西烏斯・狄奧（Cassius Dio）在塔西佗之後的一個世紀所述，奧古斯都曾經向莉維亞表達他的恐懼，他害怕自己的生命可能會結束於他最親近的那些人手中，他說，統治者「處於最不利的地位……我們不只和其他人一樣懼怕敵人，還要懼怕我們的朋友。遭到朋友密謀反叛的統治者，比遭到和他們毫無關聯的人密謀反叛的統治者，數量要多得太多了。」這話彷彿是在呼應居魯士大帝所言。

他更補充，統治者總是易受攻擊而難以防範，「不論是在白天或黑夜，當他在鍛鍊身體、睡覺、飲食的時候」，那些飲食又是他身邊的人幫他準備的，「儘管他可以藉由部署朋友們來對抗他的敵人，以保護自己免受敵人的傷害，但他沒有任何相對應的盟友可以依靠，以保護自己免受這些密友的傷害。」

的確，卡西烏斯・狄奧寫道，有些人說莉維亞在無花果上塗抹毒藥，殺害了奧古斯都，那無花果是奧古斯都在諾拉時喜愛摘採的。

但並非所有的現代歷史學家都相信莉維亞是個連環殺手，沒有任何證據可證明奧古斯都遭到謀殺，蓋烏斯在戰爭中受傷，有些人說馬塞勒斯死於傷寒，但卡西烏斯・狄奧寫道，提貝里烏斯繼位不久之後，波斯杜姆斯就被一名百夫長殺死了，雖然過程不怎麼順利，新皇帝宣稱，這名百夫長是奉奧古斯都遺留下來的命令行事。儘管如此，這位歷史學家相信，提貝里烏斯與莉維亞才是真正的幕後主使者。

提貝里烏斯（Tiberius）

提貝里烏斯似乎並未因為成為皇帝而欣喜若狂，早在西元前六年，他已經從公職生活中退休了，部分原因是奧古斯都的女兒茱莉亞在阿格里帕死後嫁給了提貝里烏斯（提貝里烏斯當時被迫與摯愛的妻子離婚、再娶茱莉亞），而茱莉亞在外總毫不忌諱地與他人打情罵俏。

奧古斯都死後，提貝里烏斯拖延了一個月，才終於讓元老院任命他為皇帝。提貝里烏斯為人勤勉但個性靦腆，有些人說他是鬱鬱寡歡，總之，當他即位之後，他對莉維亞不斷的干涉深感憎惡，以致於當莉維亞死時，他甚至拒絕參加她的葬禮。

這場表演的重頭戲逐漸轉移到羅馬禁衛軍（Praetorian Guard）指揮官盧修斯・埃利烏斯・塞揚努斯（Lucius Aelius Sejanus）身上，羅馬禁衛軍是組成皇帝貼身侍衛的部隊。

在提貝里烏斯掌權之前，這支軍隊原本駐紮於義大利各地，但他將他們全集中到羅馬周圍，

在位十二年之後，提貝里烏斯再次引退，他移居到卡布里（Capri）。

根據相當煽情的歷史學家蘇埃托尼烏斯（Suetonius）所述，他縱情於「秘密的狂歡」之中，男男女女「被選為異常性交的專家……在他面前交媾以興奮他那萎靡不振的激情」；男孩則被訓練成在游泳時「來到他的雙腿間輕啄他」。

但是，陪伴他去到島上的飽學之士很多，其數量之多，讓一些歷史學家認為，他其實是去追求更多的學術興趣。

塞揚努斯勾引了提貝里烏斯的獨子德魯蘇斯之妻莉維拉（Livilla），並據稱與她共同密謀毒死她的丈夫，當然，德魯蘇斯也和之前的其他皇室成員一樣，神秘地死了。

提貝里烏斯仍然在卡布里島上退隱，因此，塞揚努斯開始看起來愈來愈像真正的皇帝，他的生日被宣告為公眾節日，他的黃金雕像被豎立了起來，但接下來，提貝里烏斯突然公開指責他，接著逮捕並絞死了他，莉維拉不久後也自殺了。

於是，這位皇帝在位的最後幾年採取了恐怖統治，同時他也領養他的大姪兒蓋烏斯·凱撒（Gaius Caesar）作為自己的兒子，蓋烏斯·凱撒曾經在卡布里陪伴他，並據稱從小就和他一樣縱情酒色，後來在歷史上以「卡利古拉」（Caligula）為人所知。

提貝里烏斯承認，他是「在羅馬的懷裡養一條毒蛇」，但似乎將他的養子視為一堆爛蘋果中最好的一個。

西元三七年，這條毒蛇終於反噬了。

當提貝里烏斯肩膀受傷後昏迷在床，可能也離死期不遠了，卡利古拉據說為了確保他必死無疑，就用枕頭把他悶死。

另一個版本的故事是說，羅馬禁衛軍的指揮官才是謀殺提貝里烏斯的人，因為在侍衛高呼卡利古拉為皇帝之後，提貝里烏斯又令人為難地恢復了意識。

提貝里烏斯是羅馬帝國連續八位（被懷疑）慘遭毒手的統治者之一。

卡利古拉（Caligula）

「權力導致腐化，絕對的權力導致絕對的腐化。」歷史學家阿克頓勛爵（Lord Acton）的這句話可說是為卡利古拉而寫。

提貝里烏斯或許是對這位二十四歲的年輕人能否勝任皇帝一職缺乏信心，於是頒布命令，要求他與他的表親提貝里烏斯．吉梅盧斯（Tiberius Gemellus）共同治理國家，但是不到一年時間，卡利古拉就把他的親戚給處理掉了。

不論吉梅盧斯是被殺還是被迫自殺，我們都不清楚，但根據蘇埃托尼烏斯所述，卡利古拉跟提貝里烏斯一起待在卡布里的那段時間，他「無法控制他那殘酷與邪惡的天性」；他是「那些遭受懲罰、被施以酷刑與處決的人最急切而渴望的見證，夜間則縱情於暴食與通姦，以假髮與長袍作為偽裝。」

多虧了蘇埃托尼烏斯，我們對卡利古拉更多離奇的驚人表演知之甚詳，譬如讓他的馬當上執政官；讓他的軍隊在岸上蒐集貝殼，以證明他戰勝了海神涅普頓（Neptune）；以自己的雕像取代了諸神的雕像；據說，他還以歌手、角鬥士及戰車手的身分出現在馬戲團裡。

卡利古拉的羅馬雕像，約於西元四〇年。

當他的頭逐漸變禿時，任何人只要看著他就是觸犯了刑罰。他還設計出巧妙的酷刑，譬如用蜂蜜塗滿人們的身體，然後放出成群的蜜蜂去叮螫他們。

如果名聲顯赫的市民膽敢批評他的某項表演，可能會被烙上印記、扔給野獸大啖、送去礦坑工作，或是關在籠子裡匍匐蜷曲著受罪。

他與他的妹妹德魯西拉（Drusilla）亂倫後使她懷孕，然後，因為他等不及要看他的孩子，就撕裂了她的子宮把孩子拿出來。

蘇埃托尼烏斯愉快地敘述著八卦傳聞，但即使以歷史學家對於故事的出處與準確性應更為謹慎縝密的態度來說，卡利古拉的統治可歸結為過度慾望的勝利。他深知什麼是對他最有利的事，因此，他縱容並增加羅馬禁衛軍的人數，並藉著讓富有的羅馬人因叛國罪受審，為的是沒收他們的資產來裝滿他的金庫。

到了西元四〇年底，卡利古拉又想出了另一個瘋狂的計畫：他將引退到埃及，被眾人當成活生生的神來崇拜。

大約在同一時間，據說他開始取笑羅馬禁衛軍的指揮官卡西烏斯・切里亞（Cassius Chaerea），他覺得切里亞的聲音很像女人，這對切里亞來說是特別殘酷的嘲弄，因為他是在跟隨卡利古拉父親的期間，生殖器受了傷。

如果蘇埃托尼烏斯的說法可信，這位皇帝大部分時候的行為都像個淘氣的學童，「當切里亞不管為了什麼事要向他致謝時，他會握住他的手親吻，以一種猥瑣的方式在手上摩娑撫摸。」但是，大部分淘氣的學童當然無法只因為他們想要，就把你處死。

卡利古拉收到他相信是來自命運女神的一個警告，要他小心「卡西烏斯」，所以他立刻下令處死一個名叫卡西烏斯・朗基努斯（Cassius Longinus）的亞洲殖民地總督，但他挑錯了卡西烏斯。

若說奧古斯都或提貝里烏斯是否被暗殺尚須存疑，那麼無庸置疑的是，卡利古拉絕對是被暗殺的。

西元四一年一月二十四日，這位皇帝考慮著是否要起床用午膳，因為前一晚的暴飲暴食讓他飽脹到現在。蘇埃托尼烏斯說，他終於決定起床，正在和一些「從亞洲召喚來登台演出的好男孩」閒聊，這些男孩正在排演著節目。這時，卡西烏斯·切里亞出現在皇帝身後，大聲喊著：「受死吧！」然後持刀深深砍入他的脖子，接著，另一個同謀者也持刀刺進了他的胸口。

另一個版本中出現的場景則讓人聯想起尤利烏斯·凱撒的謀殺，一大群的刺客蜂擁而上、亂刀砍死了卡利古拉，造成了三十道傷口，「有些人甚至用刀刺穿了他的私處」。

為卡利古拉抬椅的隨從試圖用他們的竿杖來保護他，後來，還有一些忠誠的德國侍衛衝了過來，儘管他們殺了「數名」刺客及「一些無害的元老」，但已經來不及拯救卡利古拉了。卡利古拉年僅二十八歲，統治了不到四年的時間。

為了杜絕後患，謀叛者們也殺了他的妻子，並且抓他女兒（還是個小嬰孩）的腦袋去撞牆。有些元老認為，卡利古拉的死意味著帝國的終結以及共和國的回歸，但是，羅馬禁衛軍迅速任命了卡利古拉的舅舅克勞狄烏斯（Claudius）成為新皇帝，他們發現他躲在窗簾後面嚇得直打哆嗦。切里亞被判處了死刑，並以他殺死卡利古拉的那把刀來處決他。

克勞狄烏斯（Claudius）與阿格里皮娜（Agrippina）

克勞狄烏斯小時候罹患小兒痲痺，給他留下有著大肚腩的可笑體態，而且他還會口吃、流口水、抽搐、不斷撞到東西。然而在卡利古拉統治的時期，他仍然精明到足以知道要保持低調，把心力專注在學習上，並且刻意避免讓自己看起來像是王位的候選人。

克勞狄烏斯在娶妻上也運氣不佳，西元四八年，當時他已在位七年，他的第三任妻子，也就是淫亂的瓦萊瑞亞．麥瑟琳娜（Valeria Messalina），試圖與新歡元老蓋烏斯．西盧斯（Gaius Silius）同謀，發動一場對抗克勞狄烏斯的政變。後來陰謀失敗時，麥瑟琳娜自殺了，西盧斯則被處決。

幾個月之後，克勞狄烏斯又娶了他的外甥女，也就是卡利古拉的妹妹，美麗的阿格里皮娜（Agrippina）。她比克勞狄烏斯小了二十五歲，而且絕非純潔無瑕。她已經結過兩次婚，也當過她姊夫的情婦，甚至有謠傳說，她跟卡利古拉亂倫，並且毒死了她的第二任丈夫。

阿格里皮娜已經有一個十二歲的兒子尼祿（Nero），比克勞狄烏斯與麥瑟琳娜所生的兒子不列塔尼庫斯（Britannicus）年長三歲（取名為Britannicus，是為了慶祝克勞迪烏斯征服了不列顛(Britain)）。阿格里皮娜要克勞狄烏斯收養尼祿為自己的兒子，將尼祿的繼承順位提升到不列塔尼庫斯之上，並將克勞狄烏斯的女兒奧克塔維婭（Octavia）嫁給尼祿（在她原先許配的男人被迫自盡之後）。

克勞狄烏斯相信，卡利古拉當了皇帝之後會如此徹底失敗，原因之一就是提貝里烏斯並未為他作好適當的準備，因此，他要確保尼祿在繼承王位之前能獲取豐富的治政經驗。

剛開始，一切似乎很順利，但是到了西元五四年十月，當尼祿十六歲時，阿格里皮娜開始擔憂，害怕克勞狄烏斯三心兩意，又想讓不列塔尼庫斯成為他的繼承人，又或許她只是心焦地想看到尼祿在年幼尚可控制時登基。

不管動機是哪一個，根據塔西佗所述，她雇用了一個名叫蘿庫斯塔（Locusta）的女人，這女人是一個因為「聲名狼藉的罪行」正在監獄服刑的毒藥「藝術家」。

蘿庫斯塔調配了一劑「藥水」交給閹人哈洛特斯（Halotus），哈洛特斯的工作是在皇帝飲食前先行品嘗食物以確保皇帝的安全，他遂在克勞狄烏斯享用之前，將這有毒的物質先行撒在「格外美味的蘑菇」上，但使阿格里皮娜大為驚愕的是，儘管藥水讓皇帝生了病，但看來似乎不致於讓他送命。

因此，她又請來了一位也參與這項陰謀的醫生，這位醫生「深知第一流的罪行始於險境、終於獲利」，他表面上是要幫克勞狄烏斯嘔吐，卻將一根塗上某種「迅速致死毒藥」的羽毛放進克勞狄烏斯的喉嚨深處。

這一次，毒藥終於發揮了預期的作用。

尼祿（Nero）與不列塔尼庫斯（Britannicus）

在羅馬禁衛軍的守衛下，召開了一場危機會議以解決王位的繼承問題。與奧古斯都死後的情況如出一轍，這位王室的寡婦不但不洩漏半點風聲，甚至放出克勞狄烏斯病情好轉的假消息。

當阿格里皮娜與占星家判斷時機對了，她緊緊地抱住她的繼子不列塔尼庫斯不放，拖延了許久時間，讓他無法離開房間，因此，在禁衛軍指揮官（阿格里皮娜的黨羽）陪同下出現的只有尼祿，有些士兵開始歡呼，但有些則質問：不列塔尼庫斯在哪兒？後來，因為完全看不到克勞狄烏斯之子的蹤影，他們決定還是加入歡呼的行列為妙，而且，年輕的尼祿答應發給禁衛軍豐厚的酬金，他們於是歡聲雷動地高呼尼祿為皇帝。

若說沒讓新皇帝做好準備，是讓卡利古拉失敗的原因，那麼，就算讓新皇帝做好準備，卻也沒能讓尼祿更成功。這位年輕人對唱歌、演戲、追求女人，仍然比對治理國事更感興趣。

有段時間，阿格里皮娜是如此重要，她的頭像甚至被烙印在錢幣上。但是當她的星光逐漸黯淡下來時，塔西佗述說的故事是，她試圖勾引她的兒子，同時還開始對不列塔尼庫斯下工夫。結果，尼祿再次利用蘿庫斯塔為他服務，讓克勞狄烏斯的兒子不列塔尼庫斯在痛苦中死去。

當第一次的嘗試沒能成功時，尼祿親自鞭笞了她一頓，於是，第二劑毒藥就奏效了。根據蘇埃托尼烏斯所述，蘿庫斯塔得到了赦免與「鄉間大莊園」的酬謝（在尼祿的繼任者加爾巴

（Galba）給她戴上鐐銬、遊行羅馬、處決之前，她享受了十四年的時光）。

尼祿的其他潛在競爭對手也都極為痛苦地送了命，同時，阿格里皮娜被禁止進入皇宮，但她對此無能為力，只能繼續密謀。故事是這麼說的：據說，占星家曾經告訴阿格里皮娜，尼祿將會統治帝國，而且會殺了他的母親；而她應該是這麼回答：「若是他可以當上皇帝，就讓他殺了我吧！」

這個預言的第一個部分已然在西元五四年應驗了，第二個部分隨後也在西元五九年發生。

當時，尼祿瘋狂地愛上了一個名叫波佩雅（Poppaea）的女人，她是尼祿朋友的妻子。當皇帝拖延著與妻子離婚，並說妻子是一個相當誠實的女人，波佩雅開始嘲諷他，說他只是一個被阿格里皮娜擺布的「受監護的未成年人」。

最後，尼祿終於放逐了善良貞潔、深受歡迎的奧克塔維婭，後來還謀殺了她。

接下來，就輪到他的母親了。

尼祿認為，如果在不列塔尼庫斯被毒死之後又馬上對她如法炮製，可能會惹來麻煩，而且，根據塔西佗所述，阿格里皮娜「對犯罪知之甚詳，始終提防著他人的背叛」，甚至「服用解毒劑以加強她身體的抗毒能力」。因此，密斯拿（Misenum）船隊的指揮官想出了一個點子，利用船上的一種複雜機關，在他們於某個夜晚出航拿坡里灣（Bay of Naples）時，把阿格里皮娜丟進水中。

他們萬萬沒想到，這項裝置竟然出了錯，讓皇帝的母親與一名侍從比計畫更徐緩地落入水中。密謀者以為那名不幸的侍從是阿格里皮娜，設法用篙竿、槳櫓及其他隨手可得的武器殺死她，但真正的目標逃脫了，而且被一艘小漁舟救起，帶她上了岸。當地居民對她能倖免於那場他們以為是海上的意外都鬆了一口氣。

因為懼怕阿格里皮娜可能採取某些可怕的報復，尼祿更加急切地想除掉他的母親。這一次，船隊指揮官採取了一個更實在的方法，他和幾個同夥闖進阿格里皮娜的寢室，先用棍棒毆打她的頭，然後，其中一人拔出劍來要置她於死命，這時她要求他刺入自己的子宮，那是孕育尼祿的地方。這一道傷口，是她眾多的致命傷口之一。

圖密善（Domitian）

九年多來，尼祿愈來愈像卡利古拉。當他以戰車手或音樂家的姿態公開露面時，他會派遣他的打手去鞭笞那些鼓掌鼓得不甚熱情的人，未來的皇帝維斯帕先（Vespasian）因在一齣尼祿的表演中打盹，還差點送了命。

當羅馬在西元六四年遭逢大火燒毀時，尼祿並沒有在演奏小提琴（當時這項樂器尚未被發明出來），但他可能不經意地說出某些漠不關心的評論，像是這是個重建羅馬的大好機會之類，而當他展開野心勃勃的重建計畫而耗盡國庫、入不敷出時，他就謀殺富人以奪取他們的財產。

查爾斯－古斯塔夫．豪斯（Charles-Gustave Housez），《維特里烏斯之死》（The Death of Vitellius），一八四七年，油畫。

他最重大的失誤就是沒能讓軍隊與禁衛軍謹守分際。西元六八年，在一連串叛亂發生之後，他逃出羅馬，最後被一個忠誠的僕人結束了他的生命。

緊接著他的死亡，就是「四帝之年」（Year of the Four Emperors）：首先是加爾巴，被羅馬禁衛軍謀殺；其次是奧托（Otho），自殺；維特里烏斯（Vitellius），被自己的軍隊殺死；最後是維斯帕先，終於嶄露頭角成為優勝者，並設法攀爬在這難以附繫的高位上長達十年，最後自然死亡。

維斯帕先逝後由他的兒子提圖斯（Titus）繼位，但提圖斯只在位了兩年。他和他的弟弟圖密善（Domitian）之間情感深厚，也沒有任何證據能證明圖密善是他死亡幕後主謀的謠言，儘管如此，圖密善仍迅速採取行動，宣布自己繼任王位。

但是，經濟蕭條對圖密善並無幫助，雖然他不得不貶值貨幣並提升稅收，卻並未節制鋪張浪費的習性，給自己蓋了一座新的宮殿並添購其他奢侈物適。因此，又是故技重施：皇帝對富人進行了一連串的肅清行動，把他們的財富沒收充公。

西元九六年時，圖密善處死他的表兄弟是最後一根稻草，似乎證明了沒有人在羅馬是安全的，就連圖密善極為鍾愛的妻子多米蒂雅（Domitia）也加入了他的內侍與禁衛軍指揮官，醞釀一項反叛他的密謀。

他們安排圖密善和一名像是手臂受了傷的管家會面，但事實上，他在綳帶裡藏了一把匕首，他就用這把匕首刺了圖密善八刀，才被內侍僕從們制服。

圖密善死後，元老院下命將他的名字從羅馬的歷史上抹除，並熔化了有他頭像的硬幣，還拆除了他的雕像。

康茂德（Commodus）

當你讀到在第一個世紀席捲羅馬帝國之混亂與騷動局勢，你會發現，暗殺不僅是促成政權交替的首選方式，更是上層統治菁英的標準戰術。

令人驚訝的是，偉大的歷史學家愛德華．吉朋（Edward Gibbon）直到將近一個世紀之後，才看清暗殺的「衰亡」之始，他把責任歸咎於康茂德（Commodus），他是於西元一八〇年（年方十九時）承繼他父親哲學家皇帝馬庫斯．奧里略（Marcus Aurelius）王位的「無用男孩」（worthless boy）。

在這個如今已為人熟悉的故事中，我們知道儘管他父親已盡了最大的努力，康茂德（雷利．史考特(Ridley Scott)所執導史詩電影《神鬼戰士》(Gladiator)中的反派角色）仍然對國務朝政興趣缺缺，競技場對他來說更具吸引力，尤其是因為他深信自己是海克力斯（Hercules）轉世。他身著獅皮、揮舞棍棒或刀

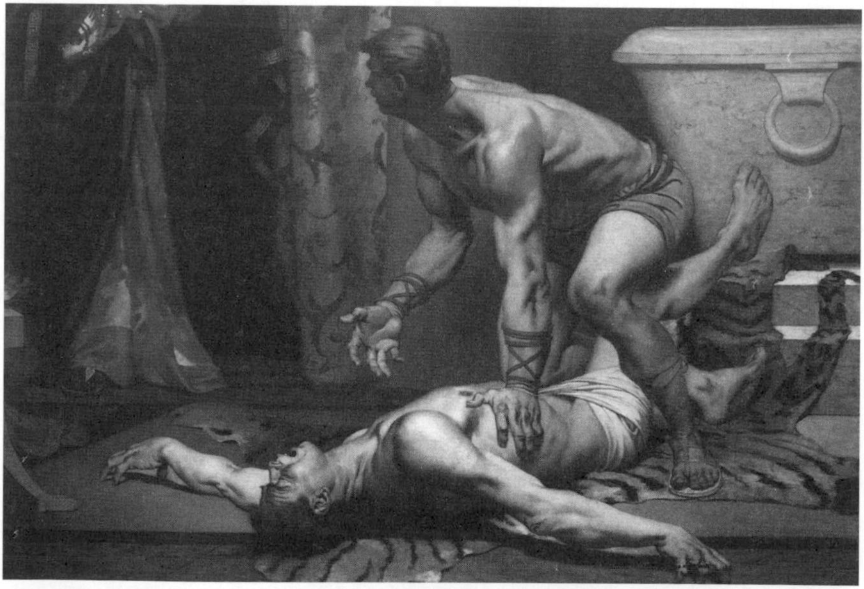

康茂德被摔角手謀殺身亡，由費爾南德·佩雷斯（Fernand Pelez）進行細部處理，《康茂德之死》（The Death of Commodus），一八七九年，黏在硬紙板上的油畫。

劍，上場多達七百三十次，並且制定了「過高」的角鬥士津貼，從而變成了一項負擔沉重的稅金。

吉朋承認，康茂德的確擅長使用武器，但即使如此，他的對手也都會先被弄傷致殘，以確保皇帝不會被他們打傷，據稱，受傷的士兵與被截肢的人是最理想的對手人選。宛如呼應了提貝里烏斯的時代，吉朋寫道，康茂德「除了沉迷於聲色之娛，無節制放縱之外，完全不珍視君主的權力」；他的後宮有三百名女孩與三百名男孩，讓他發揮並滿足自己的幻想。

在一次涉及他姊姊的暗殺事件發生之後，不出所料，他開始了風行鶴唳的恐怖統治。西元一九二年，由於擔心他們自身的生命安危，康茂德的內侍大臣、禁衛軍指揮官與皇帝最寵愛的妃子開始密謀一項暗殺行動。妃子給他斟了一杯藥酒，待他昏昏欲睡時，一名摔角手進來，在他的浴池中勒死了他。

這些密謀者雖然殺了康茂德，但帶來的結果卻是更多的內戰與「五帝之年」（Year of the Five Emperors），而西元二三八年創下了最混亂的皇帝登基紀錄，也就是「六帝之年」（Year of the Six Emperors），有三位皇帝被暗殺、兩位橫死。

卡拉卡拉（Caracalla）／埃拉加巴盧斯（Elagabalus）

總的說來，將近有四十位羅馬皇帝是已知或被懷疑遭到暗殺，其中或許有十二起涉及了羅馬禁衛軍。舉例來說，西元二一七年，卡拉卡拉（Caracalla）這位殺害了自己兄弟的皇帝（儘管母親竭力保護著他的兄弟），在路邊小解時被自己的侍衛刺殺。

其他有著類似命運的羅馬皇帝，也許只有卡拉卡拉的繼任者；也就是他的表親埃拉加巴盧斯（Elagabalus）多彩多姿的故事堪能比擬了。

當禁衛軍前首領柏柏爾・馬爾庫斯・歐佩里烏斯・馬克里努斯（Berber Marcus Opellius Macrinus）在卡拉卡拉被害後自行稱帝而被處決，埃拉加巴盧斯隨後登上了王位的寶座。當時，十四歲的他因強迫維斯塔貞女（Vestal Virgin）為妻，並採用敘利亞太陽神之名使羅馬蒙羞。令人髮指的是，他還把頂級的羅馬葡萄酒倒在外國神祇的祭壇上。

但事實上，埃拉加巴盧斯真正想做的是成為一個女人。

他塗畫他的臉頰與眉毛，在小酒館、妓院甚至皇宮裡賣身給男人。根據卡西烏斯・狄奧所述，他要求醫生們「藉著切出一個開口的方法，在他身體創造出一個女人的陰道，並保證給他們大量金錢作為報酬。」

當他和母親一起被禁衛軍暗殺時，他才十八歲。他殘缺不全的屍首被拖到街上，並扔進了台伯河。

瓦倫丁三世（Valentinian III）

除了卡利古拉可能親自悶死了提貝里烏斯，其他想除掉擋路之人的羅馬皇帝，通常會委派他人來完成這項任務，但西羅馬帝國最後幾位皇帝之一的瓦倫丁三世（Valentinian III）卻不一樣。

瓦倫丁三世在西元四二五年登基，當時年方六歲，他統治了三十年，從不為國事憂煩，而把心力都花在吉朋所謂的「不正當的戀情」上，大多數時候都過得相當愜意，先是母親幫他治理國務，母親死後，則是另一位叫埃提烏斯（Aetius）的好將軍代為執行這項繁瑣任務。

當汪達爾人（Vandal）、哥德人（Goth）及匈奴人（Hun）從四面八方逼近攻擊這個凋零的帝國時，埃提烏斯英勇地抵抗，甚至戰勝過可怕的匈奴王阿提拉（Attila the Hun）。但這位「軟弱而放蕩」的皇帝開始害怕將軍會變得愈來愈自負，於是在西元五四五年九月二十一日，瓦倫丁突然拔出他的劍（根據吉朋的說法，這是他生平第一次拔劍）插入埃提烏斯的胸膛。宮廷中的閹人與廷臣也都加入，於是將軍被亂刀砍得遍體鱗傷地氣絕了。

埃提烏斯遭到暗殺之後，他的朋友與支持者也被一併清算血洗。但瓦倫丁並未寬心多久，在殺害將軍之後，他愚蠢地招募了一些粗野的士兵擔任他自己的侍衛，第二年，當瓦倫丁在戰神廣場（Field of Mars）觀賞軍隊的賽事時，兩名侍衛殺了他，「他的眾多隨從毫無抵抗之意，他們似乎都歡欣鼓舞於這位暴君之死。」

英國的第一起暗殺？

羅馬時代或許見證了英國歷史上的第一樁暗殺事件。

卡勞修斯（Carausius）

第三世紀時，馬庫斯．卡勞修斯（Marcus Carausius）這個來自萊茵河口的米納庇亞人（Menapian），以吉朋的話來描述，有著「最卑賤的出身」但吹噓自己「熟練如舵手，英勇如士兵」。

卡勞修斯被羅馬人雇用與英吉利海峽（the Channel）上的撒克遜海盜作戰，而他的慣用伎倆就是讓海盜進行劫掠，然後在他們帶著戰利品滿載而歸時，再把他們攔截下來。

這種手法讓卡勞修斯得以中飽私囊，卻讓皇帝馬克西米安（Maximian）十分惱怒，下令將他處死。卡勞修斯於是先發制人，在西元二八六年發動了一項攻擊，並利用他的財富賄賂設在該區的羅馬軍團與外國援軍支持他，然後宣布自己為「不列顛的皇帝」。

卡勞修斯統治了七年，巧妙地保衛他的領土以對抗來自北方的蘇格蘭入侵者，但羅馬的新皇帝君士坦提烏斯（Constantius）開始對他施壓，佔領了卡勞修斯位於濱海布洛涅（Boulogne）的陸上基地，並擄獲了他的許多船隊。

正當皇帝打算入侵不列顛時，他接到消息，說卡勞修斯被他的司庫（Treasurer）亞列特烏斯（Allectus）謀殺（我們無從得知如何發生等細節）並奪取了他的頭銜。亞列特烏斯在位三年多，直到羅馬人戰勝並殺了他，隨後收回這片與祖國分離已久的領土之控制權。

有時，羅馬帝國中那些支持暗殺的人，的確是出於意識形態的動機而採取行動，因為他們深信這些謀殺將使羅馬恢復以往的共和國榮景。然而大多數時候，為自己或親人奪取王位的野心才是主要動機，而且結果往往是「新老闆和舊老闆如出一轍」。

當統治者像卡利古拉一樣嚴重偏離常軌時，誅殺暴君有其道理可循，但有時候，譬如在圖密善與康茂德的例子中，刺客的動機似乎更偏向自衛而非個人野心，他們害怕如果不先殺了皇帝，皇帝就會要他們的命。

此外，羅馬帝國也見證了關於暗殺的某些新事物崛起，譬如第一個看起來類似現代恐怖組織的團體。

西卡里

「西卡里」（Sicarii）所採取的方法，基本上就是披風與匕首。

以歷史學家約瑟夫斯（（Josephus，原為猶太反抗軍領袖，後來變成熱衷於探究羅馬的學者）

的話來描述，他們「於白日在城中殺人，主要在節日慶典時進行，混入人群之中，把匕首藏在衣服底下。」

當他們刺殺了受害者，不管是一人或多人，他們會融入群眾或加入那些神情驚恐的圍觀者，「藉由這種方法，他們看來就像是有聲譽名望的良民，而且他們的真實身分絕不會被發現。」

加利利的猶大（Judas of Galilee）

他們之所以被稱為「西卡里」，是來自拉丁字「西卡」（Sica），即為「匕首」之意。根據約瑟夫斯的說法，西元六年對抗羅馬人的一次叛亂失敗之後，出現了由加利利的猶大（Judas of Galilee）所領導的這個團體，猶大堅稱，向羅馬人納稅違反了猶太人的宗教律法，因為以色列應該只有上帝而沒有國王。因此，有些猶太人拒絕繳稅，「西卡里」也用恐怖手段來對付那些屈服於羅馬人的猶太人，「彷彿他們就是敵人，不但掠奪他們的財物、趕走他們的牲口，更放火燒毀他們的屋舍。」反叛失敗後，猶大也被殺了。

也有故事說，猶大・伊斯卡里奧特（Judas Iscariot）就是一個「西卡里」，但這種說法大多不為現代歷史學家所採信。

梅納赫姆（Menachem）

的確，在加利利的猶大死後，這個團體也從歷史上消失了半個世紀之久，後來在猶大的孫子，也就是宗教導師梅納赫姆（Menachem）的帶領下，他們又用同樣的手段重新出現。

當他們進行謀殺時，對象不是羅馬人，而是「合作者」，也就是那些被視為與這股佔領勢力合作的人，像是祭司或是富裕的猶太上層菁英階級。其中最引人注目的一位受害者就是大祭司（High Priest）約拿森（Jonathan），被謀殺於西元五五年左右，雖然有些人認為羅馬總督安東紐斯．腓力克斯（Antonius Felix）才是幕後的主使者。

不論這是否為真，約瑟夫斯寫道，約拿森死後，「每天都有許多人被殺」，「西卡里」是如此敏捷而狡猾，但這位歷史學家指出，他們所製造的驚恐比謀殺本身更具殺傷力，因為人們開始變得偏執妄想、疑心疑鬼，覺得周遭都是敵人，也無法信任自己的朋友。

當「猶太奮銳黨」（Jewish Zealot）在西元六六年發動一場對抗羅馬人的全面性叛亂時，「西卡里」並未現身帶頭起義，但他們很快隨後加入，梅納赫姆領軍突襲了羅馬的軍械庫，有了這些武器，叛亂者遂得以將羅馬人驅離耶路撒冷（Jerusalem）。

但猶太叛軍沒多久就開始內鬨，尤其是當梅納赫姆「吹噓」著自己的成功，變得「野蠻殘酷」，「不比一個讓人無法忍受的暴君好」。

於是，「西卡里」的領袖被其他的叛軍抓了起來、被折磨並處死，他的許多信徒也難逃厄運，至於該團體中的殘餘黨羽，則逃往位於馬薩達（Masada）的大本營，西元七三年，守在馬薩達的人，大部分選擇了集體自殺而不願屈服於羅馬的統治之下。到那時為止，羅馬人已經重新奪回了耶路撒冷。

但約瑟夫斯說，有些「西卡里」逃到了亞歷山卓。在這座城裡，他們繼續暗殺「有聲望的猶太人」，並堅持主張羅馬並無權力，因為人們應該「視上帝為他們唯一的王（Lord）與主（Master）」。

羅馬元老院召集了一場「所有猶太人」參與的集會，嚴厲地譴責「西卡里」，並且「極其暴力地」圍捕，並刑求其中的六百多人，試圖讓他們承認羅馬皇帝的權威。但是，不怎麼熱愛「西卡里」的約瑟夫斯描述，「想得出來的各種折磨與讓人煩惱之事都用在他們身上了，還是無法讓他們任何一人屈服順從。」

的確，看來像是「西卡里」對他們所遭受的痛苦感到「十分欣喜」，就連孩童也奮力抵抗。這股「勇氣，或我們是否該稱之為瘋狂或對其主張的堅忍不退縮，令每個人都為之驚愕不已。」

約拿森（Jonathan）

一個名叫約拿森（Jonathan）的「西卡里」，是個「卑劣的人」，以前當過織布工，他逃到利比亞（Libya）並開始招募窮人，承諾會讓他們看到「神蹟與異象」。

有些富裕的猶太人向羅馬總督卡圖盧斯（Catullus）告發他，卡圖盧斯於是逮捕了約拿森並殺害了他的許多信徒，後來，這個「卑劣的人」告訴總督，是富有的猶太人主使他去作亂，卡圖盧斯則要約拿森去誣陷他所忌恨的某些猶太人以換取活命。其他的「西卡里」也加入告發，到最後，根據約瑟夫斯所述，卡圖盧斯處決了三千多人，並獲取了額外的好處：他得以沒收他們的財產以充實羅馬的國庫。

隨著指控不斷延燒、波及無辜，約瑟夫斯發現自己也被推上了火線，但幸運的是，皇帝維斯帕先開始對這個事件起疑，結束了這場獵巫行動，同時對約拿森刑求之後，將他活活燒死。

此後，「西卡里」的活動再次銷聲匿跡，而「西卡里」之名則以「西卡里奧」（sicario）這個字流傳至今，在拉丁美洲為「殺手」或「刺客」之意。

暗殺與基督教

隨著「西卡里」暗殺事件落幕，一種新的信仰逐漸滲透、壯大，最終並征服了羅馬帝國，這種信仰就是基督教。

沒多久，基督教的神學家就開始針對誅殺暴君的是非曲直進行了辯論。

第七世紀時，聖依西多祿（St Isidore of Seville）即聲明，維護正義是統治者之職責，因此，一個沒能擔負起這項責任的暴君，沒有立場要求人民服從他。

但或許早在兩個世紀之前，基督教早期最重要的思想家聖奧古斯丁（St Augustine）的態度更為謹慎，他說，一個基督徒對他的統治者和對上帝一樣都負有責任，當然，對上帝的責任是至高無上的，但若是兩種責任產生了衝突，那麼，臣民應該把自己侷限於被動抵抗，並接受因而產生的任何懲罰。

對於這項規則，奧古斯丁認定的例外標準極高，也就是在暴君干涉或妨礙到對上帝的敬拜時，這項規則才能被打破。

但奧古斯丁對暴力的指責，對基督教統治者來說並非一定有所助益，甚至對當時統治羅馬一個重要角落的教皇來說，也是如此。

若望八世（John VIII）

西元八八二年，若望八世（John VIII）成了首位被暗殺的教宗。

他在西元八七二年出任教宗後，在擔任主教、抵抗撒拉遜人（Saracen）、促成斯拉夫人（Slav）改信基督教，以及平息與東正教（Eastern Church）之間的紛爭等各方面，都做得相當成功。

遺憾的是，歷代教皇已成為義大利貴族敵對派系之間的玩物，若望八世也樹立了好些危險的敵人，像是被他逐出教會的未來教宗福慕（Pope Formosus，福慕與眾不同之處在於，他死後，屍身身著羅馬教皇的盛裝受審，並被判決犯下偽證罪與其他罪行。）

若望八世或許是被自己的家庭成員先下了毒，然後再用棍棒打死，我們並不清楚這場暗殺是否有更大人物在背後主使。在他死後，接下來的這一段時日是羅馬教皇史上最黑暗的時期，也就是所謂的「淫婦統治」（Rule of the harlots）時期。

根據吉朋的形容，美麗交際花瑪洛齊亞（Marozia）的「私生子、孫子、曾孫」全都佔據了聖彼得（St Peter）的寶座，謠傳那個私生子的父親就是色爾爵三世（Pope Sergius III）。瑪洛齊亞也當過教宗若望十世（Pope John X）的情婦，她後來把若望十世關進監獄並用枕頭悶死。

西元八九七年時的斯德望六世（Stephen VI）與西元九〇三年時的良五世（Leo V），也都是在監牢中被謀殺。

早期的伊斯蘭教

儘管「西卡里」摻雜了若干民族解放運動的成分在內，在他們的暗殺行動中，宗教狂熱也是一個重要的動機，而在伊斯蘭教的早期歷史中，「暗殺」扮演了重要的角色。

歐瑪爾（Umar）

穆罕默德（Muhammad）的岳父歐瑪爾（Umar）在西元六三四年（穆罕默德死後兩年）成為第二任的哈里發（Caliph）。歐瑪爾是一位富裕的商賈，他原本是這個新興宗教的激烈反對者，據說他甚至策劃過一個謀殺穆罕默德的計畫，但沒能成功。

歐瑪爾在西元六一六年改信伊斯蘭教，這被視為是一項關鍵性的突破，因為他打贏了一連串對抗伊斯蘭教反對者的戰役。

吉朋說，歐瑪爾的生活就是建立在「節制與謙卑」的基礎上，他吃大麥麵包或棗子，喝白水，穿著破爛而襤褸的長袍講道，有時會睡在麥地那（Medina）清真寺台階上的乞丐群中，「不關心自己的薪酬」，對他人十分慷慨大方。

不管歐瑪爾的私生活多麼像個苦行者，他猶是一位偉大的征服者，佔領了波斯、美索不達米亞（Mesopotamia）、敘利亞，甚至在巴勒斯坦與埃及也有所斬獲。

當這些新領土的財富不斷湧入時，這位阿里發開始擔心隨之而來的影響，說道：「當上帝把財富賜給一個民族時，它的人民就會生出羨慕與妒忌之心，從而在這個國家的社會階層中滋生敵對仇恨與不公不義。」因此，他下令將寶石與珠寶變賣成金錢，以便分發給所有人民。

一個名叫皮魯茲·納哈萬迪（Pirouz Nahavandi）的人，也被稱作阿布·魯魯·費羅茲（Abu Lulu Feroze），在歐瑪爾征服波斯期間被士兵俘虜，之後，他被安排為木匠的工作，並向哈里發的一個朋友租了間房子。

歐瑪爾不僅征服了新大陸，而且還是一位法學專家，是個公正、周全的司法行政官，享有卓絕聲譽。西元六四四年，這位木匠對哈里發抱怨他的房租太高了，歐瑪爾仔細檢視證據之後，做出了租金合理的裁決。第二天早上，當歐瑪爾在清真寺帶領拜禱時，阿布・魯魯躲在某個角落，宛如一個「西卡里」般在長袍下藏了一把劍，接著躍向歐瑪爾猛刺了五刀。

阿布・魯魯拒絕投降，並刺傷了十幾個人，他必然是個難以對付的劍客，因為據說當歐瑪爾的侍衛圍困住他時，他殺了九名侍衛後才自我了斷。

第二天，歐瑪爾傷重不治。

有些人斷言這名木匠的動機並非出於個人的怒氣，事實上，他是敵國波斯的間諜，雖然沒有任何證據可以證明這一點。

奧斯曼・賓・阿凡（Uthman ibn Affan）

歐瑪爾在臨終前任命了一個委員會來決定他的繼任者，穆罕默德的女婿奧斯曼・賓・阿凡（Uthman ibn Affan）與阿里・賓・阿布・塔利卜（Ali ibn Abu Talib）脫穎而出成為第一人選，但有些人似乎認為阿里過於年輕而缺乏經驗，因此，年齡大約七十歲的奧斯曼遂雀屏中選。

奧斯曼虔誠、博學、謙卑、富有而大方，並確立了《古蘭經》的第一個正式版本。他雖持續擴展伊斯蘭帝國，但被認為不如歐瑪爾那麼強而有力且堅決果斷，此外，他雖試圖將權力凝聚於中央政府，但又經常安插家族成員作為行政區的總督，讓人感覺有過多的財富順理成章地流入了那些他偏愛之人的口袋。

到了西元六五〇年，一連串的叛亂爆發了。

西元六五六年，來自埃及的武裝反叛份子抵達了麥地那，要求將他們的總督免職。據說，奧斯曼同意了這些叛軍的要求，但在他們返回埃及的途中，卻抓到一名哈里發的信差，他帶著一封密令乘坐郵車倉促地趕往埃及，密令中指示總督，當他們返回埃及時就將其領袖處死。於是，這些叛軍又回到麥地那，趁奧斯曼在清真寺講道時，用石頭把他砸昏。之後，奧斯曼被抬回家中，叛軍則在外頭把他圍困住，他下令他的僕人與朋友們不得抵抗，於是叛軍破門而入，刺死了他。

阿里．賓．阿布．塔利卜（Ali ibn Abu Talib）

麥地那陷入了混亂，那些對奧斯曼不滿的人逐漸轉向阿里．賓．阿布．塔利卜，並敦促他接受哈里發之位。

剛開始，阿里拒絕了，因為他並不想讓自己像是老哈里發之死的受益者，但是在穆罕默德重要友人提出請求之後，他終於同意。

阿里是穆罕默德的表親，是他的近親，也是他最喜愛女兒的丈夫，不僅如此，阿里更是一名傑出的軍人，曾經多次拯救穆罕默德的性命。在某次戰役中，據說他負傷了十七次。

而就像歐瑪爾，阿里也曾經在窮人堆中生活，並且慷慨大方地對待他們，同時，和前任哈里發一樣，他也曾憂慮流入伊斯蘭帝國的財富會帶來負面的影響，擔心這些財富會使人們脫離穆罕默德所提倡的簡樸生活。因此，他決定進行一套改革方案，其中的一個要項就是解除行政區的總督之職，但並非所有的總督都準備溫順而靜默地下台，因此，帝國陷入了內戰。

阿里擊敗了一隊由阿夏（'Ā'ishāh，穆罕默德的第三個妻子）支持的叛軍，但他無法抵擋來自敘利亞總督穆阿維亞（Mu'āwiyah，奧斯曼的親戚）的挑戰，穆阿維亞暗示阿里是暗殺奧斯曼的背後主謀，並發動了一場不利於他的宣傳戰。雖然沒有任何證據可以證明穆阿維亞的指控，但阿里的支持度開始下跌，同時出現了另一個新的團體「哈瓦利吉派」（Khārijites），或稱「脫離者」（Seceders）。

西元六六一年，「哈瓦利吉派」決定刺殺阿里與穆阿維亞，指責兩人是造成內戰的罪魁禍首。

刺殺的結果是，穆阿維亞只受了輕傷，並且僥倖逃脫了，阿里卻被刺中了頭部。當時，阿里正在庫法大清真寺（Grand Mosque of Kufa，位於現在的伊拉克）拜禱，執劍的人是阿卜杜·阿拉赫曼·賓·穆爾賈姆·穆拉迪（Abd al-Rahman ibn Muljam al-Murādī），據說他愛上了一名士兵的女兒，而這名士兵在對戰阿里時被殺了，因此，她可能說了如果求婚者把哈里發的頭帶來給她，她就會嫁給這個求婚者之類的話。

阿拉赫曼展開攻擊之後，和他扭打的拜禱者從他手中奪下了他的劍，雖然阿里的傷勢並非十分嚴重，但因劍上塗了毒藥，所以阿里在兩天之後毒發身亡，而這名刺客也被阿里的親友們殺了。

哈桑（Hasan）與穆阿維亞（Mu'āwiyah）

庫法的伊斯蘭教徒誓言效忠阿里的兒子哈桑（Hasan）為新的哈里發，但穆阿維亞拒絕承認他。

哈桑未與穆阿維亞戰鬥，而是選擇棄權退出以換取豐厚的撫恤金，並被允諾過著安靜的退隱生活，直到離開人世，儘管有些人相信他是被他的一個妻子（在穆阿維亞的命令下）毒死的。

自此，穆阿維亞這位前任的敘利亞總督成為哈里發，並統治了將近二十年之久，直到他在西元六八〇年自然身亡。

阿里仍然是伊斯蘭教的核心人物之一，遜尼派（Sunni）與什葉派（Shi'ite）分裂的重點即在於什葉派認為阿里應繼承穆罕默德成為哈里發，他的後代子孫也應該追隨他的腳步，但是他們都被暴君欺騙了。

中國

在中國，一個世紀之後，愛慾糾葛又引發了一連串更甚以往的暗殺。

我們已經看到西元前二世紀，漢高祖如何因移情別戀新的妃子，導致了緊接而來的謀殺事件，九百年之後，唐玄宗成了另一個類似故事的核心。

唐玄宗

唐玄宗在五十多歲時，瘋狂地愛上了年輕的楊貴妃，她是他的兒媳之一，或許也是中國歷史上最著名的美女。

一座刻畫楊貴妃在華清池（位於西安附近）出浴的現代雕塑，顯現了一個有著現代標準、比例的迷人美女，然而根據某些記載，楊貴妃實際上有著肥胖的體態，但不論她是胖是瘦，當時有一首詩狂熱地頌讚她傾國傾城的美色：回眸一笑百媚生，六宮粉黛無顏色。

自玄宗見到她的那一刻起，他「忘了世界」，他要兒子和楊貴妃離婚，然後再將她納為自己的寵妾。她成了他的「午夜君王……春宵苦短日高起，從此君王不早朝。」隨之而來的權力真空遂為大臣們爭相奪取並填補。

在此之際，楊貴妃迷上了一位有著烏茲別克（Uzbek）血統、極為肥胖的將領，名叫安祿山，後來被楊貴妃藉由一場假儀式收養為義子，甚至謠傳他還和楊貴妃同床共枕。

西元七五五年，安祿山起兵叛亂稱帝，剛開始兵如破竹、橫掃千軍，玄宗倉皇逃出京城。在逃難途中，他的軍士們嘩變，要求處死楊貴妃，儘管萬般悔恨，他還是不得不同意。

到了西元七五七年，安祿山變得極易暴怒，後來被一名宦官家奴刺殺，他的長子可能也參與了其中，他的長子其後為安祿山的一名將領所殺，而這名將領又被自己的兒子謀殺。

這場叛亂延續了六年之久才終被平定，到塵埃落定之時，玄宗已死，至死之前都還哀悼著失去的摯愛。

這場叛亂導致民不聊生、餓殍遍野，據估計，超過三千萬人因此喪生。

好國王溫塞斯拉斯

就和大多數深具冒險性的事業一樣，暗殺也可能會帶來意想不到的後果，其中的一項後果就是令受害者變成烈士，發生在好國王溫塞斯拉斯（Wenceslaus）身上的情況就是如此。

盧德米拉（Ludmilla）

實際上，溫塞斯拉斯只是波西米亞（Bohemia，就在現今捷克共和國的位置）的一位公爵，出生於西元九〇七年，由他的祖母盧德米拉（Ludmilla）以基督教徒的方式撫養長大。

盧德米拉嫁給博日沃伊（Borivoj），他是首位接受基督教的波西米亞王子，但他們無法讓全國改信基督教。博日沃伊死後，他們身為基督教徒的兒子拉蒂斯拉夫（Ratislav）娶了一位野心勃勃的異教徒，名叫德拉霍米拉（Drahomíra）。當拉蒂斯拉夫在對抗馬札兒人（Magyar）的戰役中被殺時，異教徒的陣營開始取得了優勢。

溫塞斯拉斯在西元九二一年正式登基，因為他太年輕，於是由他的母親德拉霍米拉擔任攝政王，而盧德米

聖盧德米拉（St Ludmilla），伊曼紐爾．馬克斯（Emanuel Max）作品，約於西元一八四四年。

拉試圖說服他推動基督教的志業，因此，盧德米拉與德拉霍米拉之間的關係變得極為緊繃，盧德米拉於是選擇退隱，回到她位於布拉格附近的據點，但有兩名德拉霍米拉的隨扈，或許是雇來的維京（Viking）刺客，在盧德米拉祈禱時破門而入，用她自己的面紗把她勒死。

有些歷史學家質疑宗教是否為暗殺盧德米拉的動機，並指出德拉霍米拉在嫁給拉蒂斯拉夫時即已受洗。無論真相如何，盧德米拉因而被塑造成一位聖人。

溫塞斯拉斯（Wenceslaus）與博萊斯拉夫（Boleslav）

大約在西元九二五年，這個國家已然厭倦了基督教徒與異教徒之間的爭執不休，溫塞斯拉斯自行掌握了政權，並下令放逐他的母親。

這位國君開始致力成為一名好基督徒，派出傳教士前往全國各地傳教。根據一部寫於十世紀末的傳記，他過著苦行者般的簡樸生活，施捨分發救濟品給窮人，為宗教團體準備麵包與酒，甚至可能立誓守貞。

然而，到了西元九二九年，外力遽然入侵，薩克森公爵（Duke of Saxony）亨利入侵波西米亞並佔領了布拉格，溫塞斯拉斯不得不同意每年支付他一筆貢金，再加上他把德國牧師帶進波西米亞，這激怒了一些貴族，據說，德拉霍米拉開始慫恿她的小兒子博萊斯拉夫（Boleslav）去謀殺他的兄長溫塞斯拉斯。

西元九二九或九三五年的九月二十八日，博萊斯拉夫邀請溫塞斯拉斯來參加為幾位聖徒所舉辦的慶祝盛宴，但兩兄弟發生了一場激烈的爭吵。溫塞斯拉斯滿懷悔恨地出發前往教堂，試圖平息自己的怒氣，但就在路上，他被三名博萊斯拉夫的隨扈攻擊並殺害。

有些人說他是在教堂門口被攻擊，然後被碎屍萬段。另有一說是，溫塞斯拉斯的一名僕人殺了其中一名刺客，後來卻被博萊斯拉夫下令絞死。

不論真相為何，這位新公爵以基督徒的身分統治，也協助將福音傳播至波蘭。在政治疆域中，儘管他的確擴展了波希米亞的版圖，但他在反抗薩克森人方面並沒有比溫塞斯拉斯做得更好。

至於被謀殺的公爵溫塞斯拉斯，他很快就成了波西米亞的守護聖徒，在他墓上所發生的奇蹟故事，使他廣為人們尊崇為正義之王的象徵，也成為最受歡迎的聖誕頌歌的主題之一。

英格蘭的殉教者愛德華國王

將溫塞斯拉斯塑造成殉道烈士似乎並未帶來嚴重的政治後果，但另一位基督教統治者被暗殺則不然。

後來被稱為殉教者愛德華（Edward the Martyr）的英格蘭國王，並非品德顯著高尚的聖徒，事實上，他很容易暴怒，使得身邊的每個人都深感驚慌恐懼。他的父親「和平者」埃德加國王（King Edgar 'the Peaceful'）於西元九七五年突然去世，把王位留給長子愛德華，當時愛德華才十幾歲，他有一個同父異母的兄弟埃塞爾雷德（Aethelred）比他年幼數歲，是由埃德加的第二個妻子埃爾芙斯里斯（Aelfthryth）所生。

由於愛德華的壞脾氣使許多貴族成員都對他敬而遠之，因此在埃德加死後，有些人遊說想讓年幼的兒子登基，這時，可能爆發了真正的內戰。《盎格魯—撒克遜編年史》（Anglo-Saxon Chronicle）明確記載了貴族們在饑荒與「騷亂」中掠奪了修道院，「許多不公不義與邪惡罪行猖獗一時」。

儘管兄弟爭奪著王位，愛德華與埃塞爾雷德、埃爾芙斯里斯私底下的關係似乎相當融洽。西元九七八年三月十八日，愛德華前往多塞特（Dorset）的科夫堡（Corfe

如英國十九世紀的歷史所描繪，殉教者愛德華國王在科夫堡被暗殺。

Castle）看望他們，埃塞爾雷德的侍從騎馬出來參見國王，並展現了最高敬意，但是當愛德華下了馬，他們隨即包圍住他並刺死了他。

埃塞爾雷德（Aethelred）

誠然沒有證據可證明埃爾芙斯里斯與埃塞爾雷德參與了這場暗殺計畫，但謠言很快就四散流布開來。愛德華被「毫無王室尊榮」地被埋葬，且沒有任何人因為這樁罪行受到懲罰。一個月之內，埃塞爾雷德就戴上了王冠。《盎格魯—撒克遜編年史》悲嘆：「對英國人來說，有史以來所犯下的最糟罪行莫過於此。」

有一首詩歌如此聲稱：

「那些人間的兇手或許摧毀了
他在塵世的記憶；
但天國的復仇者已將他的名聲傳揚開來。」

不論愛德華曾經有過什麼樣的缺點，他迅速地被塑造成一位聖徒，而且當他的屍體被重新埋葬時，據說人們發現他的屍身完好無缺且並未腐爛。

至於埃塞爾雷德，他在歷史上被貶為「無準備者」（the Unready），更被吉卜林（Kipling）嘲笑他儘管支付了丹麥金（Danegeld，一種賄賂維京人以防止他們突襲入侵帶來嚴重後果的稅金），卻從未能擺脫丹麥人，因此，到他於西元一〇一六年去世時，幾乎整個英格蘭都被征服了。

即使他並未涉及愛德華的謀殺，他的名聲仍然因為從中獲益的這個事實而被玷汙了，皇室的威望嚴重受損，人們因為愛德華被提升為聖徒，而失去了對埃塞爾雷德的忠誠。

有些歷史學家相信，這位「無準備者」的優柔寡斷、遲疑不決，是由他坐上王位的這件背信忘義之舉所造成。偉大的盎格魯—撒克遜歷史學家法蘭克·斯坦頓爵士（Sir Frank Stenton）在《英國的牛津歷史》（Oxford History of England）中寫道，埃塞爾雷德從未成功逃離「這樣的意念：他是藉由一項被他的臣民視為英國人民來到這片土地後所犯下的最嚴重罪行，才得以坐上王位」；他失去了「老百姓出於本能的忠誠，而那是之前的國王們都能仰賴的」，行為舉止「就像是一個永遠無法相信自己的人」：在戰爭中遲疑不決，人際關係也被不信任所毒害。

蘇格蘭國王肯尼斯二世別出心裁的暗殺

羅馬帝國與黑暗時代最具創意的暗殺獎，一定要頒給一位名叫菲內拉（Finella 或 Finele）的蘇格蘭女士，她住在亞伯丁郡（Aberdeenshire）的費特凱恩（Fettercairn）村中。

西元九九五年，蘇格蘭國王肯尼斯二世（Kenneth II）試圖確保他的兒子馬爾科姆（Malcolm）能繼任王位，但這意味著他會惹惱許多人。因為在當時，蘇格蘭的王位並非父傳子，而是自前任國王們所有的成年男性後裔中選出，好處是不會有未成年君主的情況出現，壞處是紛爭不斷。

第一位嘗試寫出完整蘇格蘭史的編年史家福特頓的約翰（John of Fordun）在十四世紀時寫道，許多貴族反對肯尼斯，而「禿頭者」康斯坦丁（Constantine the Bald）也「不斷」策畫陰謀來對付他，最後，康斯坦丁和其他有志一同的人一起說服了安格斯伯爵（Earl of Angus）的女兒，也就是「詭計多端的」菲內拉來助他們一臂之力。

菲內拉（Finella 或 Finele）與肯尼斯二世（Kenneth II）

菲內拉對肯尼斯懷恨在心，因為肯尼斯處死了她的兒子，所以，「在一座偏遠的小農舍」，她設下了「一種從沒人見過的陷阱」，「四面八方」都是弩弓，裝上了「異常鋒利的箭」，房間的中央有「一尊塑造成男孩模樣的雕像，巧妙地附接至弩弓。如此一來，如果有任何人碰觸了這尊雕像，只要些微地移動，弩弓的弓弦就會突然鬆開，直接射出弓箭並刺穿這個人。」

儘管兒子被處死，菲內拉始終對國王展現「興高采烈的神情」，並且「以奉承與奸詐的話語欺騙他」。

有一天，當國王外出狩獵時，她看到他就跪了下來，「強烈懇求他進入她的家」，重中她的兒子被處死是他應得的懲罰，並說如果肯尼斯不肯進來，她會害怕肯尼斯相信了那些「心懷叵測」的傢伙們說她不忠心的故事，不再喜愛她了，接著，「她在國王耳邊低語洩密」，說她可以供出那些陰謀反叛他的人名。

國王相信了，於是跟她一起走進屋內，關上了他們身後的門，讓她可以放心透露她的秘密。接下來，國王立刻被那尊雕像吸引住了，菲內拉告訴他，如果他摸了雕像的頭，會出現一件「令人驚嘆而愉快的趣事」，因而好奇心殺死了國王。他無法抗拒地把手放在雕像的頭上，從而釋放了「弩弓的控制桿與把手，他立刻被四面八方射出的箭給射穿，連一個字都沒能說出就倒下了」。

菲內拉迅速從小農舍後方逃離，銷聲匿跡。在此之際，國王的隨從開始擔心了，他們先是敲門，接著破門而入發現了肯尼斯的屍體，遂開始四處追捕菲內拉，但一無所獲。於是，他們放火燒毀了村莊「將它付之一炬」。

最後，他們終於抓到這位女士，據說，她寧可從一百五十英呎的岩石上跳下，也不願束手就擒。

有些歷史學家暗示，雖然肯尼斯的確是被謀殺了，但菲內拉是個虛構的人物，她那精巧複雜的誘殺機關，只不過是憑空想像的事物，看來在肯尼斯死後，「禿頭者」康斯坦丁的確登基成為康斯坦丁三世（Constantine III），但數年之後，又在一場與肯尼斯之子馬爾科姆的交戰中被殺。

馬爾科姆最後在西元一〇〇五年成為國王，統治了二十九年之久。

＊＊＊＊＊＊＊＊＊＊＊＊＊＊＊＊＊

我們有足夠的資訊可對這個時代的三十四起暗殺進行分析，其中的二十三起發生在羅馬帝國。羅馬在統計數據占上風，與其說是因為「暗殺」是帝國政權更替偏好的手段，不如說是它超越了其他地區的歷史紀錄。總數第二高是中東發生四起，以及在現今的英國地區發生了三起。

受害者共有三十五人（其中有兩人是在同一次的襲擊中喪生），大部分皆為王室成員，將近半數（十七人）是皇帝，另有兩位皇帝之子及一位皇帝之母。此外，還有一位如假包換的帝國攝政王、一位叛軍的「皇帝」，以及一位羅馬帝國王位的潛在繼承人選。

至於非羅馬世界，則有三位國王（如果我們把溫塞斯拉斯也算在內）、一位國王的祖母及兩位王子。四位受害者掌有靈性與世俗的權力，包括三位哈里發及一位教宗，另有一位重要的宗教人物「大祭司」也被暗殺。

女性受害者一共有三十五位。

發生在羅馬的二十三起暗殺當中，有十五起是由皇帝的侍衛或其他本該忠於皇帝的軍隊所為。

在全部的三十四起暗殺中，可能有三起涉及雇用殺手。幾乎所有暗殺都是陰謀策劃的結果，可能只有兩起是單一刺客所為，其中一人是「西卡里」。

與「古代世界」的數字相比，涉及暗殺的女性人數大幅提升，包括五人教唆暗殺，還有三人親自執行了暗殺的行動。

據我們所知，所有的暗殺都是在近距離發生，刺客往往是受害者的親密夥伴。除了侍衛之外，這些殺手中有三位是家族成員：有一位或兩位是養子、有一位是兄弟。至於教唆者，有兩人是兄弟，還有兩位妻子、一位兒子、一位祖母、一位繼母及一位兒媳。涉嫌為刺客或教唆者的，則有三名內侍、一名管家及一名書記，教宗若望八世可能就是被自己的神職人員所殺。

多達十一位羅馬皇帝是暗殺的教唆者，只有瓦倫丁三世與卡利古拉可能是親自髒汙了自己的手，而在西元六二六年的中國，太子李世民（Prince Li Shimin）在他的追隨者幫助下，也殺了他的兩個兄弟。

對王位的野心仍然是暗殺的主要動機，有十七起的暗殺皆是如此。

第二重要的原因是對某些事感到憤怒或怨恨，譬如粗暴無恥、毫無節制的作為；對特權的嚴格箝制；想看到敵人付出代價，或是得不到劫掠城鎮的許可等，有高達八起暗殺的動機源自於此。

恐懼也是重要的原因，是七起事件的動機，包括恐懼被謀殺、被懲罰、被推翻或被廢除，以西元二七六年羅馬皇帝弗洛里安努斯（Florianus）的士兵為例，是恐懼不得不面對強大的敵軍。

在某些情況下，暗殺看起來像是先發制人的攻擊。有四起例子謀殺的動機是金錢；有三起例子是反叛或民族解放，有兩起例子是報復，有一起例子則可能是宗教因素。

在二十四起例子中，我們相當肯定暗殺所使用的方法為：有三分之二（十六起）是持刀刺殺，其中有一起是用一把塗了毒藥的劍；至少有三起涉及毒殺；兩起涉及勒殺；一起涉及悶死；一起用了毒藥與棍棒；另一起在殺害蘇格蘭國王肯尼斯二世時則用了弓與箭，正如我們所見，據稱涉及一部設計精巧的機關。

至於刺客與教唆者的命運，如果謀殺羅馬皇帝的是士兵，他們通常都能逍遙法外，雖然那些在西元一九三年殺害佩蒂奈克斯（Pertinax）的士兵，被他的繼任者處決了。我們聽說還有其他三個逃脫了處罰，一個被短暫流放而安然逃脫，另有四個後來自殺了，而在尼祿的例子中，刺客在刺殺他母親之後的九年才伏法。

有五個被處決了，但在伸張正義之前花了好長一段時間，就投毒殺人者蘿庫斯塔的例子而言，是十四年。只有一例是當場被殺，另外有五例的行兇者是在他們犯下暗殺之後的那年被殺，還有另外六個是在六年中被殺或被暗殺。

罪行有時會付出代價，但在中國，太子李世民成為一位偉大的皇帝，最後的死因極可能是自然身亡。暗殺溫塞斯拉斯的幕後主使博萊斯拉夫，統治時間超過了三十年。

在統治者被暗殺的十九個例子中，他們的繼任者統治了一年或不到一年的時間，五位統治了四年或甚至不到四年，另有五位則統治了十三年或更久時間。但是，長期的統治並非成功的保證。無準備者埃塞爾雷德多活了超過三十五年，但他擔任國王的時期，始終飽受戰爭與羞辱之苦。

在至少九個例子當中，隨著暗殺而來的，是戰爭或嚴重的動亂失序，雖然其中至少有七例在謀殺發生之前，局勢已然動盪不安了。

至於刺客是否達成了他們的目的，與失敗案例多於成功案例的「古代世界」相較，我對「羅馬帝國與黑暗時代」的評估是，十五起暗殺可被視為成功；刺客可能對另外五起的結果感到滿意，但有十三起他們顯然失敗了，另一起是可能失敗。

第三章 騎士時代

哈薩辛派（Hashishin）

「山中老人」亞洛丁（Aloadin）

「刺客」（Assassin）一詞出現於十三世紀。

偉大的旅行家馬可·波羅（Marco Polo）曾說他「從該地區的幾位本地人」處聽聞過一位名叫亞洛丁（Aloadin）的「山中老人」（Old Man of the Mountain）事蹟。

這位老人住在一個叫「木剌夷」（Mulehet）的國家，他將位於兩座山峰間的一處山谷圈圍起來，改造成有史以來「最宏偉、最美麗」的花園，遍布「你所能想像得到最優美」的亭閣與宮殿，其間滿是「葡萄酒、牛奶、蜂蜜」，並且號稱擁有「各式各樣的水果」。但最吸引人的一點是，這裡有著「眾多的女子與世界上最美麗的少女，她們會彈奏各種樂器，唱出最甜美的歌聲，並跳著賞心悅目的迷人舞姿。」老人是以「穆罕默德對於天堂的描述」為藍圖設計這處山谷。

花園同時也是一座「堅固到足以抵禦全世界」的堡壘，進入其中的唯一方式就是要有亞洛丁的邀請，而只有「那些他打算納為刺客的人」才被邀請前往。

老人會把「單純天真的山裡人」帶到他的宮殿裡，「譬如具備戰士天分的」小伙子與年輕人。老人會偷下安眠藥，他們便不省人事地被運送到山谷裡。當他們醒來時，他們以為自己來到了天堂，有「女子與少女們與他們盡情嬉戲，讓他們擁有年輕男性想要的一切」，以致於他們根本不想離開。

在他們嘗過溫柔鄉的滋味之後，他們會再度被下藥，接著在老人的宮殿中醒來，「對於自己置身此地並不怎麼歡喜」，他們會向亞洛丁行禮，深信他是一位偉大的先知，並詳述他們曾置身於一座宛如穆罕默德所描述的天堂，亞洛丁一定會讓其他易受影響、意志軟弱的年輕人也在場傾聽。

根據馬可．波羅所述，這會讓他們「極其渴望能進入」他的天堂。然後，老人會開始解釋進入或再次進入這座天堂必須付出的代價：「汝前往誅殺某某等人，待汝返回，我的天使必帶汝進入天堂。」

《馬可·波羅遊記》（The Travels of Marco Polo）的十五世紀版本，使得「山中老人」對他的「哈薩辛」下藥的故事廣為流傳。

他們被告知自己必將獲得這項獎賞，不論「身為『阿薩辛』（Ashishin）的他們是生是死」。因此，「對於老人所下的任何命令，他們無不視死如歸、使命必達」。如此一來，老人「可以讓他的人去謀殺任何他欲除之而後快的人。」的確，王公貴族怕極了他，只能臣服於他的權威之下。同時，老人也派出他的敢死部隊，在大馬士革（Damascus）與庫德斯坦（Kurdistan）如法炮製。

哈桑·沙巴（Hassan-i-Sabbāh）

這是個生動鮮活、引人入勝的故事，但並無任何來自伊斯蘭的資料來源能為之佐證。今日，這個故事被認為在指稱一位伊斯瑪儀派（Ismaili）的神學家和傳教士哈桑·沙巴（Hassan-i-Sabbāh）。

一〇九〇年，哈桑設法說服了土耳其塞爾柱帝國（Turkish Seljuq Empire）位於阿勒布爾茲山脈（Alborz Mountains，現在的伊朗）的一處堡壘駐軍，並且佔領了這座被稱為「阿拉穆特」（Alamut，意即「鷹巢」）的堡壘。

儘管馬可．波羅將哈桑的人間天堂故事描寫得活色生香、栩栩如生，但事實上，哈桑過著苦行者般的生活，並採行道德嚴謹的統治方式，舉例來說，他有一個兒子就因為喝醉酒而被他處死。此外，也沒有任何證據可證實人們普遍相信的「阿薩辛」（Ashishin）故事，或是更為人們所知的名稱「哈薩辛」（Hashishin），在被吸收或執行暗殺任務時，有受到印度大麻「哈薩什」（Hashish，也就是「哈薩辛」之名的由來）的影響。

事實上，這種傳言極可能是來自敵人所散播的詆毀。儘管如此，該名稱已然深植人心。到了十四世紀，但丁（Dante）已用「刺客」（Assassin）一詞來指稱所有的職業殺手。到了十七世紀，「刺客」一詞已傳到英國，莎士比亞藉馬克白（Macbeth）之口說出該詞，用以描述鄧肯（Duncan）之死。

姑且不論「哈薩辛」源自何處，他們的確存在，而且足以致命。

伊斯蘭教不同分支派系之間的敵意與分歧，是「哈薩辛」之所以存在的理由。

第八世紀時，伊斯瑪儀派脫離了什葉派，這個支派的首領是法蒂瑪王朝（the Fatimids），他們試圖在埃及建立另一個哈里發，與位於巴格達的遜尼派阿拔斯王朝（Abbāsid）哈里發爭奪

十二世紀時，哈薩辛派在敘利亞發行的硬幣。

穆斯林世界的領導權。

但在一〇九四年，伊斯瑪儀派又因誰應在埃及繼承統治者之位而產生分裂，當時，尼扎里派（Nizārī Ismāʿīliyyah）支持前任統治者長子尼扎爾（Nizār）的主張。身為該教派的領袖宗師（Grand Master），哈桑有時會藉助支持他的地方統治者來擴展勢力，這些統治者或許是認同他的教義，又或許是希望維護他們獨立於遜尼派所建立的塞爾柱帝國（Seljuk Empire）以外的地位。

塞爾柱帝國的疆域橫跨中東大多數地區，因此，它的指揮據點遍布伊朗與伊拉克。

哈桑也會在敵人的陣營與城市中安插間諜，他們往往會潛伏並偵察一段很長的時間，然後才執行他們致命的任務。據說，這些「哈薩辛」會接受專業的訓練，學會以最隱密的方式作業，因此，他們將謀殺變成了一門藝術。

尼札姆·穆勒克（Niẓām al-Mulk）

哈桑的人殺了許多穆斯林，他們毫無質疑的服從，甘冒自己生命危險，並隨時有長途旅行的萬全準備，這意味著哈桑可以輕易地在穆斯林世界隨時隨地刺殺敵人。

第一位重要的受害者是「維齊爾」（Vizier，或稱首席大臣）尼札姆．穆勒克（Niẓām al-Mulk），他的手腕使得塞爾柱王朝（Seljuk Dynasty）得以在伊朗執掌政權，這位知名的學者以慷慨寬厚聞名，建立了伊斯蘭學校與收容所，並發給窮人撫恤金，但他是什葉派與伊斯瑪儀派的強大對手。

一〇九二年，他從伊斯法罕（Eṣfahān）前往巴格達，在接近納哈萬德（Nehāvand）之處，被一個偽裝成蘇菲派（Sufi）神祕主義者的「哈薩辛」所殺。雖然這位殺手無疑是出於宗教狂熱的動機，也有一說是，哈桑可能與尼札姆在蘇丹宮廷的競爭者之一共謀了這起暗殺行動。

十字軍東征

四年之後，歐洲人試圖在聖地（Holy Land）開拓一個基督教王國，進而發動了第一次十字軍東征（First Crusade）。

在這個時代，十字軍東征被視為偉大的騎士冒險志業，正如華特．史考特爵士（Sir Walter Scott）所形容：「寬厚、英勇以及清白的聲譽，這些都是……完美騎士性格的要素。」珍視榮譽高於財富、言出必行的守信之人。

對「哈薩辛」來說，十字軍或許是異教徒，但他們似乎並不認為十字軍比遜尼派的穆斯林更可恨。的確，十字軍的介入可能為哈桑帶來了些許額外的好處，因為當那些穆斯林對手因十字軍而心煩意亂時，他正好可趁機坐大。另一方面，不管是有意或無意，哈桑的干預反而往往幫了這些西方入侵者大忙。

一一〇三年，圖盧茲（Toulouse）的雷蒙德四世伯爵（Count Raymond IV）正圍攻一座屬於霍姆斯（Homs）埃米爾（Emir，埃米爾是穆罕默德後裔的尊號）的城堡，當這位埃米爾離開清真寺時，被三個「哈薩辛」殺害了；一一一三年，「哈薩辛」在大馬士革的大清真寺（Grand Mosque）刺殺了一位令人畏懼的穆斯林首領摩蘇爾（Mosul）的莫杜德（Mawdud），而一位穆斯林政治競爭對手再次被懷疑涉入其中。

圖盧茲的雷蒙德四世伯爵。

偉大的十字軍東征歷史學家史蒂芬．朗西曼爵士（Sir Steven Runciman）說，「哈薩辛」的出現，對任何以井然有序的組織來回應入侵的穆斯林都是「災難」。至於哈桑本人，他連續八年成功地抵禦塞爾柱對阿拉穆特的攻擊，直到一一一八年最後一次圍攻發生，六年之後，他安詳地在床上溘然長逝。

但是，暗殺並不是一條單行道。

一一二九年，大馬士革總督謀殺了「哈薩辛」最重要的一位當地資助者，從而引發了一場暴動，在這場暴動中，暴民屠殺了他們能找到的每個教派成員。

薩拉丁（Saladin）

或許十字軍最難以對付的對手就是遜尼派的優素福・伊本・埃宥比・薩拉丁（Yusuf ibn Ayyub Salah ah-Din），他被他的敵人稱為「薩拉丁」（Saladin）。

一一八七年，薩拉丁重新佔領了耶路撒冷，結束了十字軍在耶路撒冷八十多年的統治。他將西方人的領土縮減到只剩下幾個沿海的據點，並開拓出一個埃米爾國，疆界從現代的突尼西亞（Tunisia）延伸到葉門、土耳其及伊朗。

即便是仇敵，薩拉丁的敵人也將他視為一位偉大的騎士英雄。有些故事可能被誇大了，但是當十字軍征服耶路撒冷時，他們的確屠殺了那裡的居民，而當薩拉丁重新奪回耶路撒冷時，他饒恕了他們。

十字軍汙損了伊斯蘭教的第三聖地「阿克薩清真寺」（al-Aqsa），並把它當成馬廄使用，但薩拉丁尊重基督教的教堂，並未毀壞或玷汙它們。

偉大的十四世紀義大利作家薄伽丘（Boccaccio）把薩拉丁描述成一個「舉止謙恭有禮、價值純正優秀」的人，而在但丁的作品中，更讓他與羅馬、特洛伊的英雄一起共享來世。在他死後將近八個世紀，英國人還用他的名字為一輛裝甲車命名。

一一七〇年代，「哈薩辛」多次試圖刺殺薩拉丁。當時，該教派敘利亞分支的領袖是拉希德丁·錫南（Rashīd al-Dīn al-Sinān），也被稱作「山中老人」。

當薩拉丁於一一七五年圍攻阿勒坡（Aleppo）時，錫南第一次嘗試暗殺他，結果被一位埃米爾認出暗殺薩拉丁的「哈薩辛」間諜而未能成功，儘管他們殺了這位埃米爾及薩拉丁的幾個隨從，但沒能接近他們的最後目標。

第二年，在圍攻阿扎茲（Azaz）時，「哈薩辛」間諜設法滲透薩拉丁的軍隊，並英勇地戰鬥，為的是讓薩拉丁獎賞他們以製造暗殺的機會。

於是，當薩拉丁走近他們時，其中一人試圖用匕首刺殺他，但薩拉丁倖存了下來，因為他在他的纏頭巾下戴了一頂鎖子甲，彈開了匕首的攻擊。

薩拉丁把攻擊者扔到地上，後者隨即被忠心的士兵們解決了。隨後，還有三個「哈薩辛」挺身激戰，殺死了好幾位埃米爾，但最終都被薩拉丁的人制伏。

據說此後薩拉丁開始採取特別的預防措施：他睡在一座木製的高塔上，只能藉由一條繩梯

偉大的薩拉丁，古斯塔夫·多雷（Gustave Doré），於十九世紀時繪製。

爬上去，當他爬上塔後，便會將繩梯拉上去。

當薩拉丁發動攻勢，包圍錫南位於敘利亞邁斯亞夫（Masyaf）的據點時，傳聞有天晚上，薩拉丁突然在他的帳蓬裡驚醒，發現床上放了一種只有「哈薩辛」才會烘培的熱蛋糕，還有一張紙條，被一把有毒的匕首釘在他的枕頭上，上面寫道：「你在我們的掌握之中。」

薩拉丁相信，是錫南親自突破了他周全而縝密的防護措施。

於是，他氣餒地差遣了一名信使去向這位「山中老人」請求原諒，並且承諾不再與「哈薩辛」為敵，前提是要保證他的安全。

結果，錫南寬恕了薩拉丁，而薩拉丁也信守了他的承諾。

的黎波里的雷蒙德二世伯爵（Count Raymond II of Tripoli）

第一位殞命於「哈薩辛」之手的十字軍是的黎波里的雷蒙德二世伯爵（Count Raymond II of Tripoli），他在一一五二年死於現在的黎巴嫩（Lebanon）。

他娶了美麗的霍迪爾娜（Hodierna），她是耶路撒冷年輕的國王鮑德溫三世（Baldwin III）的姨母。霍迪爾娜任性而不受管束，雷蒙德二世醋勁大發並懷疑他們的女兒非他親生，因此，他試圖把霍迪爾娜關起來。

霍迪爾娜的姊姊，也就是國王的母親梅莉桑德（Melisende），特意前來的黎波里，設法說服這對夫妻平息紛爭、修補裂痕，並達成協議讓霍迪爾娜和梅莉桑德一道返回耶路撒冷度假。

於是，雷蒙德騎著馬跟隨他們一夥人往南，片刻之後才折返回家，當他經過外堡、尚未來到主城牆之際，一群「哈薩辛」發動攻擊刺死了他，連同和他在一起的兩名騎士也送了命。

這場攻擊迅雷不及掩耳地發生，以致於雷蒙德的侍衛還來不及逮人，殺手們就消失得無影無蹤了。守備的駐軍氣得暴跳如雷，衝到街上把他們能找到的每個穆斯林砍殺殆盡。

我們並不清楚雷蒙德為何被殺，有些人認為，可能是因為他幫助過「聖殿騎士團」（Knights Templar），「聖殿騎士團」被「哈薩辛」視為強大而可怕的死對頭，正如發生於一一六九年的事件，一隊「聖殿騎士團」伏擊了一群「哈薩辛」使者，當時這群「哈薩辛」正與耶路撒冷的十字軍國王會面，中了「聖殿騎士團」的埋伏後，全軍覆沒。

康拉德（Conrad）

「哈薩辛」暗殺十字軍的情況雖屬少數，但在一一九二年，蒙費拉特（Montferrat）侯爵康拉德（Conrad）在泰爾（Tyre）遇害，而且就在他被告知自己被選為耶路撒冷的國王之後。

據說當康拉德聽到自己被選上時，他雙腿一軟、雙膝跪地，向上帝祈求說如果他不配獲得這項榮譽，就不該被賦予它。然後，他出門和朋友博韋主教（Bishop of Beauvais）一起用餐，當他返家時，在途中剛轉過一個角落，就有兩個人走近他，其中一人拿一份文件給他看，另一人則趁機刺殺了他。

康拉德沒多久就一命嗚呼，他的侍衛當場把一名刺客砍死，並抓住了另一名刺客，而刺客在被處決之前，承認自己是錫南派來的「哈薩辛」。

後來證實了，這兩名刺客已經在泰爾逗留了好一陣子，等待時機成熟，甚至還受洗了。有些人說薩拉丁是這樁暗殺的幕後主使，但也有些人認為「獅心王理查」（Richard the Lionheart）才是幕後主使，因他更中意另一名國王的人選，所以安排了這起事件。

另有一說是，因為康拉德從一艘船上扣押了一批「哈薩辛」購買的貴重船貨而激怒了錫南，這個論點也有諸多可疑之處，真正的原因或許只是因為錫南開始擔心，這個位於黎巴嫩沿岸的強大十字軍國家可能會對他構成威脅。

不論原因為何，這起暗殺事件似乎並未讓「哈薩辛」與十字軍之間的和睦關係產生永久的嫌隙。

兩年後，香檳的亨利伯爵（Henry of Champagne）取代康拉德成為耶路撒冷國王，並接受了錫南繼任者（錫南在一一九三年安詳離世）的鄭重款待。這位繼任者為康拉德之死道歉，並說為了補償，他們願意去刺殺任何亨利說出的敵人。

還是有零散的十字軍被謀殺，但有時是敵對的基督徒所教唆、煽動。

到了十三世紀初，「哈薩辛」為向另一個軍團，也就是「醫院騎士團」（Knights Hospitaller）表示敬意，偶爾也會為他們執行暗殺的任務。

他們所選擇的受害者，包括了一二一三年被暗殺的雷蒙德（Raymond），他是博希蒙德（Bohemond）的長子；也是安提阿王子（Prince of Antioch）及的黎波里伯爵。次年還暗殺了耶路撒冷主教阿爾伯特（Patriarch Albert of Jerusalem），雖然有些人相信，阿爾伯特是在參加一場宗教遊行時，被另一位名聲顯赫的基督教徒，也就是聖靈醫院（Hospital of the Holy spirit）的前任院長所刺死，因為這名院長犯了錯，阿爾伯特主教廢黜了他。

察合台／旭烈兀

最後，成群劫掠的蒙古遊牧部落為「哈薩辛」的命運畫下句點。偉大的成吉思汗死後，他的兒子察合台繼承了他征服而來的若干領土，包括部分的伊朗地區，在那裡，察合台嚴禁伊斯蘭教的習俗，譬如按伊斯蘭教律法屠宰牲畜，因此，「哈薩辛」以牙還牙謀殺了察合台。

蒙古人怒不可遏，認定只要這個教派存在一日，他們統治的區域就不可能存在規律有序的政府。於是，一二五六年，察合台的姪子旭烈兀帶著一支勁旅，拿下了十二個「哈薩辛」的據點，接著圍攻阿拉穆特。

宗師同意投降，但城堡的總督竟拒絕投降，這從中可看出狂熱主義是多麼成功地被灌輸到這個派系之中，也使得蒙古人不得不強襲攻佔。

在此之際，宗師還前往會見旭烈兀的叔父蒙哥，試圖爭取更好的投降條件，蒙哥斷然拒絕並把他送走了，但他在返家途中和他的隨從一起被謀殺了。

蒙哥告訴旭烈兀要採取更強硬的態度，因此從其時起，每當蒙古人從「哈薩辛」手中拿下一座城鎮，就會屠殺所有居民，住在該區的教派成員被命令聚集，說是為了人口普查，實則是為了進行屠殺，其中一些重要人物被赦免，卻被送至察合台的遺孀處，讓她用她選擇的任何方式來了結他們的性命。

愛德華一世（Edward I）／伊馬德丁．贊吉（Imad ad-Din Zengi）

到了一二五七年底，只有少數伊朗教派的成員在山區過著逃犯般的生活，接下來的十五年左右，「哈薩辛」的敘利亞城堡也失陷了。儘管如此，這個團體就像是死而不僵的百足之蟲，仍在最後掀起了一陣騷亂。

一二七〇年，一個「哈薩辛」再次偽裝成改信基督教的教徒，成功地在泰爾的教堂中謀殺了十字軍男爵蒙福特的菲利浦（Philip of Montfort）。兩年之後，在阿克里（Acre），未來的英格蘭國王愛德華一世（Edward I）在他的帳蓬內遇刺，凶器是一把塗了毒藥的匕首。這位被稱為「蘇格蘭人之鎚」（Hammer of the Scots）的國王殺了行刺的「哈薩辛」（又是一個改信基督教的教徒），在病了多月之後才復原。

然而眾所周知的是，基督徒也會利用暗殺來對抗他們的穆斯林敵人。

一一四六年，巴斯拉（Basra）、摩蘇爾及阿勒坡的統治者伊馬德丁・贊吉（Imad ad-Din Zengi）率領了第一批穆斯林對抗十字軍的反攻主力軍，被一個名叫亞蘭卡什（Yarankash）的法蘭克奴隸所殺。「對其，」根據大馬士革的當代編年史家伊本・開拉尼希（Ibn al-Qalanisi）所述，「他特別喜愛，且樂於有其陪伴」。亞蘭卡什在主人酒醉到不省人事時，將他刺死，這個殺手打算逃之夭夭，但被捕獲，並交給了贊吉的兒子，贊吉的兒子遂把他處決了。

開拉尼希對這名奴隸是否有宗教或政治動機提出了質疑，寫道他是出於「暗自怨恨」而行兇，據說，他可能是因為喝了贊吉杯子裡的東西被斥責，才會心懷怨恨。

休・杜・普伊塞特（Hugh du Puiset）

十字軍的結合本該成就具備偉大騎士精神的基督教志業，但他們就算沒有「哈薩辛」的幫助，也不乏互相謀殺的能耐。

一一三四年，雅法伯爵（Count of Jaffa）休・杜・普伊塞特（Hugh du Puiset）在耶路撒冷的大街上被一名布列塔尼（Breton）的騎士刺殺，當時，他正在玩擲骰子，遇刺之後旋即傷重不治。

休是個英俊的年輕人，和他的表親梅莉桑德非常友好，有些人甚至覺得太過友好了，梅莉桑德是耶路撒冷國王富爾克（Fulk）之妻，也是我們前述曾經提及、為霍迪爾娜與雷蒙德二世平息爭執的和事佬。

在某段時間，休與富爾克之間的關係糟到無以復加，以致於這位伯爵必須逃往埃及好一陣子，甚至與法蒂瑪王朝結盟以求自保。所以，是否有人唆使那名布列塔尼的騎士去刺殺他呢？雖然富爾克讓這名刺客接受審判並被處決，但仍有許多人懷疑他是教唆者，不過，受害者也的確樹敵頗多。他在將近二十歲時，娶了一位富有的寡婦，寡婦十幾歲的雙胞胎兒子極為憎惡他，而且不斷惡意地攻擊他。此外，十字軍陣營中也有許多人對他與埃及人沆瀣一氣的方式深感憤怒。

歐洲．毫無騎士精神的暗殺

許多暗殺事件都是王位權力遊戲中的插曲，而這場嘗試爬上難以附繫高位的遊戲，自法老王的時代以來，至少已持續了超過四千年之久，但令人震驚的是，在這個本該充滿騎士精神的時代，竟發生如此多起涉及背叛與背信的暗殺事件。

無畏的約翰（John the Fearless）與路易斯（Louis）

十五世紀初，法國在與英格蘭進行「百年戰爭」（Hundred Years War）的期間，在位的國王是「瘋子」查理六世（Charles VI 'the Mad'），由於他喪失了治國的行為能力，他的兄弟奧爾良公爵（Duke of Orleans）路易斯（Louis）及他的侄兒勃艮第公爵（Duke of Burgundy）無畏的約翰（John the Fearless，他因為在對抗土耳其人的戰役中表現英勇而有了這個稱號）陷入了統制王國的權力鬥爭中。

一四〇五年，約翰綁架了國王的兒子，也就是法國的皇太子，而路易斯與皇后（謠傳她是路易斯的情婦）設法要把他救回來。

花名在外的路易斯是個好色之徒，他設法勾引約翰的妻子，而當她拒絕時，路易斯還試圖強暴她。總之，路易斯與約翰兩人之間的火藥味愈來愈濃，許多人擔心內戰一觸即發。

後來，一四〇七年十一月上演了一場戲劇性的大和解。

路易斯病倒了，當他病情好轉時，約翰前往祝賀他的康復，他們在同一間教堂一起做彌撒，最後並在宴會上相互擁抱、發誓彼此的友誼堅貞不渝。

但是，路易斯是否被出賣了？

前一年的六月，約翰在巴黎買下了一間房子，把一夥流氓惡棍安置在裡頭，帶頭的是一個叫拉烏爾・德・安克頓維爾（Raoul d'Anquetonville）的諾曼騎士。

在十一月二十三日晚間，路易斯在拜訪皇后時收到了召喚，邀請他前去她丈夫處商議緊急要務。事實上，這名信使是為約翰行事，邀請也是假的。於是，路易斯只帶著六名隨從便動身出發，他興高采烈地高歌，但才走了約兩百公尺（六百五十英呎），就被和德．安克頓維爾一夥的八名蒙面男子攻擊。他的一名隨扈被殺，另一名身受重傷，剩下的都四散奔逃了。

攻擊者把路易斯的頭砍成了兩半，據一位目擊者所言，當他從馬上摔下來時，他們把他當床墊般毆打。之後，這些刺客還沒被逮捕就逃得無影無蹤了。

約翰對這起暗殺表示震驚，並在葬禮上擔任了路易斯的護柩者，但是沒多久，他就被懷疑是暗殺的幕後主使，而他也承認了。接著，他逃離巴黎，並給了德．安克頓維爾一筆豐厚的酬金。

一四〇八年，他提出辯解，說他的作為是為了保護國王與國家，並指控路易斯意圖用黑魔法殺死查理。國王立刻赦免了他，但宮廷內鬥仍然如火如荼，繞著誰應是下一個國王背後大權在握的人打轉，同時，約翰與皇太子進行著權力的角力。

一四一八年，換成國王的兒子逃出了巴黎；第二年，約翰與皇太子之間又立了一個莊嚴的和平誓約。

兩個月之後，兩人同意在蒙特羅的一座橋上會面，此處距離巴黎約七十公里（四十五英哩），雙方都帶了規模宛如小型軍隊的隨扈，約翰顯然對這次會面抱持著相當保留的態度。

在豪特羅（Montereau）橋上暗殺無畏的約翰，據約於一四七〇年的布魯日（Bruges）編年史所載。

皇太子三次派遣使節前往約翰公爵處要求他出席，但公爵三次都拒絕了。到了第四次，一四一九年九月十日，他答應前往，條件是雙方只能各帶十個人陪同，所有人都發誓會謹守分際。約翰先是跪在皇太子面前並承諾效忠他，但一場爭執迅速爆發，皇太子的一名陪同者唐基德．沙斯泰（Tanguy de Chastel）用一把長柄斧擊倒了公爵，其他人則幫忙了結他的性命，而他的兩名隨扈也同時被殺。

有些人相信，是皇太子發出攻擊約翰的信號，但其他人則認為皇太子事前並不知情。然而，我們知道唐基德．沙斯泰拿到了一筆豐厚的酬金。

暗殺這位勃艮第公爵的一個動機顯然是政治的算計，另一個動機或許是復仇。有些人指出，施加於他身上的傷勢，與十二年前置奧爾良公爵於死地的傷勢極為雷同。

詹姆士二世（James II）

無獨有偶，類似的背信之舉也發生於十五世紀蘇格蘭的一起暗殺當中。

國王詹姆士二世（James II）與最有權勢的一位貴族道格拉斯伯爵（Earl of Douglas），兩人之間的關係可說是劍拔弩張。

一四五二年，詹姆士給了伯爵安全通行權，邀請他前往史特靈城堡（Stirling Castle）共進晚餐，但當他依約前往時，國王卻指控他變節背叛，並持刀往他的脖子猛刺下去，接著，詹姆士的侍臣凶蠻地完成了剩下的工作。有人說，他們用斧頭砍到道格拉斯的腦漿都流出來了。

八年之後，詹姆士自己也死於非命。當他試圖鳴放禮炮以紀念他的妻子時，槍炮爆炸殺死了他。

順帶一提，詹姆士二世的父親詹姆士一世（James I），十五年前在伯斯（Perth）的宮殿裡，也被爭奪王位的對手之支持者所暗殺。當時，他試圖從下水道逃脫，但不幸的是，下水道在幾天前被他自己下令堵起來了，原因是，他煩透了網球老是掉到溝裡。

瓦特・泰勒（Wat Tyler）與理查二世（Richard II）

這段歷史時期還發生了另一樁毫無騎士精神的暗殺，但無關乎爭奪王位的陰謀，而是關乎革命的政治。

瓦特・泰勒（Wat Tyler）是個出身卑微的磚瓦匠，可能來自肯特郡（Kent），或許也曾經參與對抗法國的百年戰爭。為了支付戰爭費用，國王愛德華三世（Edward III）的政府開始在一三七七年推行一種讓人民怨聲載道的人頭稅。到了一三八一年，民怨沸騰到最高點，多達數以萬計的暴民開始襲擊倫敦，其中許多人來自肯特郡與埃塞克斯郡（Essex），肯特郡的人民選了泰勒擔任他們的領袖，這也就是我們現在稱之為瓦特・泰勒農民起義（Peasants' Revolt）的事件。

在首都倫敦，暴民吸引了更多的支持，並提出其他的申訴，譬如要求廢除農奴制度。他們打開了監獄大門釋放囚犯，燒毀了皇宮宅邸與妓院，這一點特別讓溫徹斯特主教（Bishop of Winchester）著惱，因為這裡頭有好些是他的財產。

暴民還處決了那些被他們視為人民敵人的人，像是律師與法蘭德斯（Flemish）商人。剛登基的新王理查二世（Richard II）才十四歲，他多數的軍隊不是在蘇格蘭就是在前往葡萄牙途中，所以，他只好在倫敦塔（Tower of London）中避難。

六月十四日，理查二世會見了叛軍，並答應了他們所有的要求，包括廢除農奴制、提供讓人民負擔得起的土地、懲罰那些被人民認為是「叛徒」的當權者等等。

理查二世將兩個叛軍特別憎恨的人留在倫敦塔中，一個是他的司庫羅伯特·哈爾斯爵士（Sir Robert Hales），另一個是坎特伯里大主教（Archbishop of Canterbury）。這兩人被視為人頭稅主要的始作俑者。

儘管有一千多名士兵駐守在倫敦塔，泰勒的人還是如入無人之境般攻進了塔中，並立即處決了司庫、大主教及其他幾名教會的神職人員，還斬下他們的頭放在倫敦橋上示眾。

國王是否故意犧牲了他們？不論答案肯定與否，當理查的書記官開始擬定授予特定權利的特許狀，以履行他的承諾，埃塞克斯郡的叛軍也開始解散了。

六月十五日，理查帶了一大批隨扈，前往史密斯菲爾德（Smithfield）與肯特郡的叛軍進一步會談。泰勒帶著他的護旗手騎馬出來與國王會晤，他沒有親吻理查的手，而是相當用力地握了手，並說：「老兄，高興點吧。」不太像是臣民應該對國王說話的方式。

然後他提出了一連串新的要求，不只廢除農奴制，還要廢除貴族所有的特權，如此一來，在國王之下人人平等。他還希望沒收教會的財產，平均分配給人民。

理查一如往常地同意了所有的要求，然後告訴泰勒可以返家了，但是，這位叛軍領袖察覺事態有異。當他們在交談時，朝臣們包圍住泰勒，倫敦金融城市長（Lord Mayor of London）威廉·沃爾沃斯（William Walworth）刺傷他，並把他拖下馬背，讓另一位皇室成員了結倒在地上的泰勒性命。

叛軍因為離得太遠，無法看到確實發生了什麼事。剛開始，有些人以為國王正在冊封泰勒為爵士，當他們開始躁動不安時，年輕的理查帶著異常冷靜的神情，騎著馬過來告訴他們：「我是你們的統帥，跟我走！」於是，他帶著他們來到附近的田野。

在此之際，沃爾沃斯設法拼湊出一支夾雜了若干正規士兵的志願軍，當這群毫無頭緒的叛軍到來時，這支志願軍立刻包圍住他們。理查告訴叛軍，他們都被赦免了，並命令他們即刻返家，接著，他冊封了沃爾沃斯為爵士。

當叛軍在返回肯特郡途中經過倫敦橋時，他們看見了橋上有根木樁，上面插著泰勒的腦袋。沃爾沃斯展開了一場恐怖統治，任何看起來像叛軍的人若是還逗留在倫敦，就會立即被處決。至於在皇家特許狀上的種種承諾，完全一文不值。理查當下改變了他的說詞，對叛軍宣布：「你們將維持著奴隸的身分，不同以往，而是更嚴苛無比。只要我們活著一天，並憑藉著上帝的恩典統治這個王國，我們將竭盡心力以精神及財富來鎮壓你們，以便讓你們嚴格的奴隸身分成為後世之鏡。」

從現實的權力政治角度來看，暗殺泰勒被證明是一項相當成功的行動，但對理查個人來說，從其時起，他的統治開始走了下坡。他於一三九九年被廢黜，次年就被謀殺或餓死了。

日本：毫無騎士精神的暗殺

騎士規範被現實的權力政治消蝕殆盡的情況，不僅發生在歐洲，在日本，一四四一年，幕府將軍或說是世襲的軍事獨裁者足利義教（Ashikaga Yoshinori）在一個觀賞戲劇演出的夜晚，被宴請他的東道主所殺。

足利義教（Ashikaga Yoshinori）與赤松滿祐（Akamatsu Mitsusuke）

身為一個地位崇高的家族之幼子，他原本應該要出家為僧，但在統治階層經歷了重病與厄運之後，遂由四個兄弟（前一任幕府將軍的兒子們）抽籤決定誰來擔任下一任統治者。當義教勝出時，他試圖推辭，因為他想待在寺院之中，但最後，他說服自己那是神的旨意，他必須服從。

義教證明自己是個能幹的管理者，但他的脾氣也相當令人畏懼，在他掌權的五年期間，殺了八十名高官顯貴，有時只是犯下微不足道的過錯或是冒犯了他。舉例來說，一名武士只因為奉上的食物淡而無味就被處決了。他也曾因為迷上一位年輕的男藝伎，而決定要把屬於赤松滿祐（Akamatsu Mitsusuke，日本最強大的一個氏族的領袖）的領土當成禮物贈予他。

一四四一年七月，赤松氏族邀請義教出席一場盛宴，正在欣賞傳統能劇表演時，一群身著甲冑的武士衝了進來，其中三人抓住義教，一人斬下了他的首級，並用劍尖刺著它。義教的隨扈試圖反擊，但都被砍倒了。

儘管這名幕府將軍殘酷暴虐，當代的貴族仍譴責這起暗殺為「令人髮指之舉」。這場謀殺使幕府時代視為基礎的忠誠倫理受到重大打擊，使其逐漸沉淪而終至沒落，導致武者氏系家族之間權力鬥爭的漫長延燒，而以內戰告結。

最後，滿祐在他的軍隊潰敗後自殺。

發生於主教座堂與教堂的謀殺

教堂本該是一個連罪犯都能在此尋求庇護、保護自身性命安全的所在，但在「騎士時代」，教堂卻成了深受青睞的暗殺地點。

善良的查爾斯（Charles the Good）／克努特四世（Canute IV）

一一二七年的「聖灰星期三」（Ash Wednesday），法蘭德斯伯爵（Count of Flanders）善良的查爾斯（Charles the Good）在布魯日的聖多納蒂安（St Donatian）教堂，被埃倫巴拉德（Erembald）氏族的成員謀殺了，因後者擔心查爾斯會滅了他們的威風。

顯示十九世紀丹麥的歷史如何見證丹麥國王克努特四世於一〇八六年在教堂被謀殺。

查爾斯的父親丹麥國王克努特四世（Canute IV），也就是聖克努特（St Canute），也於一〇八六年在教堂中被殺，當時他意欲逃離叛軍之手，前往歐登塞（Odense）聖奧爾本斯（St Alban's）教堂尋求庇護。

約翰·康明（John Comyn）／朱利亞諾·德·麥地奇（Giuliano de' Medici）

一三〇六年，後來的蘇格蘭國王羅伯特·布魯斯（Robert the Bruce）在鄧弗里斯（Dumfries）的灰衣修士教堂（Greyfriars' church），與政敵約翰．康明（John Comyn）會面時刺殺了他，當時，儘管修道士們設法保護康明，布魯斯的同伴仍用他們的匕首了結了他的性命。

一四七八年，朱利亞諾．德．麥地奇（Giuliano de' Medici）在佛羅倫斯的主教座堂做彌撒時，教皇慫恿敵對的銀行家族派來刺客，朱利亞諾被戳刺了十九次當場身亡，他的兄弟羅倫佐（Lorenzo）則身受重傷。暗殺的密謀者原本希望能推翻麥地奇的統治，不料他們自己卻被佛羅倫斯的暴民所殺。

斯渥克爾一世（Sverker I）／埃里克．傑德瓦茲森（Erik Jedvardsson）／馬格努斯．亨里克森（Magnus Henriksson）

宗教節日也阻止不了暗殺發生。

一一五六年的聖誕節當天，瑞典國王斯渥克爾一世（Sverker I）搭乘四輪馬車，在前往教堂作禮拜的途中，被自己的一個護衛刺死。馬格努斯．亨里克森（Magnus Henriksson）與埃里克．傑德瓦茲森（Erik Jedvardsson）這兩名王位的覬覦者，被懷疑是這起謀殺的幕後黑手。

斯渥克爾登上王位的過程相當曲折，當瑞典國王小英格（Inge the Younger）在一一二五年身亡時，有人懷疑他是被他的妻子烏爾夫希爾德（Ulvhild）皇后與她的祕密情人下了毒，而有些人相信那個祕密情人就是斯渥克爾。

後來，烏爾夫希爾德又與丹麥國王聯姻，丹麥國王比她年長了至少二十歲，而這並不是一樁美滿的婚姻，接下來，烏爾夫希爾德便和斯渥克爾私奔了。斯渥克爾儘管並無皇室血脈，仍順利地被加冕為瑞典國王。烏爾夫希爾德的丈夫在一一三四年戰死後，她嫁給了斯渥克爾，與皇后的這場婚配，可能也鞏固了斯渥克爾君主地位的合法性。

斯渥克爾被謀殺之後，埃里克．傑德瓦茲森當上了國王，他甚至因為宣揚基督教而贏得「聖埃里克」（Erik the Holy）的美銜（雖然有些人說，他事實上是在迫害教會）。

然而四年之後，他在彌撒聖祭之後離開教堂時遭到埋伏殺害，或許是被馬格努斯．亨里克森的人所殺，馬格努斯繼任，但次年又被斯渥克爾的兒子查理七世（Charles VII）所殺，而查理七世自己也在一一六七年被暗殺。

克拉科夫的斯坦尼斯勞斯（Stanislaus of Krakow）

比這個糾纏不清的皇室謀殺故事更令人震驚的，是一位高階神職人員的命運，他因為與國王爭吵而在主持彌撒時被砍倒，不，這裡說的不是湯瑪士．貝克特（Thomas Becket），而是主教（如今已被封為聖徒）克拉科夫的斯坦尼斯勞斯（Stanislaus of Krakow），他在一〇七九年送了命，可能是被波蘭國王波列斯瓦夫二世（Boleslaw II）親自殺害，儘管有些歷史學家對此表示懷疑。

斯坦尼斯勞斯批評這位國王不道德，而波列斯瓦夫則指控這位主教與叛亂分子勾結同謀。不論實情為何，斯坦尼斯勞斯死後，國王不得不逃離波蘭，後來死於流亡途中。

聖恩格爾伯特（St Engelbert）

中世紀時，歐洲教會與各國政府都是有錢有勢的機構，因此，雙方經常擦槍走火、發生激烈衝突也就不足為奇了。

另一位被謀殺的高階教士是科隆大主教（Archbishop of Cologne）聖恩格爾伯特（St Engelbert）。一二二五年，他針對表親伊森伯格的弗雷德里克伯爵（Count Frederick of Isenberg）對埃森（Essen）修道院的不公待遇提出抗議，後來，他就被弗雷德里克與他的黨羽親信伏擊並殺害。

湯瑪士·貝克特（Thomas Becket）與亨利二世（Henry II）

在這堆聲名狼藉的暗殺事件當中，貝克特的暗殺是最為聳人聽聞的一件，不但震驚了整個基督教世界，更成為歷史上最惡名昭彰的事件之一。

發跡於倫敦齊普賽街（Cheapside）的商品貿易市場，貝克特出眾的能力使他得到西奧博爾德（Theobald）家族坎特伯雷大主教之助而青雲直上。

除了國王之外，政府最重要的職位就是內閣大臣（Chancellor），當這個職位有空缺時，大主教推薦由貝克特來擔任，國王亨利二世（Henry II）採行了這項建議，並和他的新內閣大臣也成了莫逆之交。

貝克特不但在戰場上展現出相當的膽識，更具備了行政管理能力，並且熱愛奢侈品與炫耀誇示。在一次前往法國的外交任務中，他在行李中帶了兩打絲綢服裝，他還擅於挪用教會的財產作為皇家國庫之用。

而就像許多中世紀的君主一樣，亨利發現自己與教會當局僵持不下，因此，當西奧博爾德死於一一六一年時，亨利想到可以讓他的得力助手同時身兼內閣大臣與大主教之職，這像是神來一筆，雖然，貝克特甚至連神父都不是，但要讓教會的神職人員對國王俯首稱臣，還有誰比貝克特更合適？

剛開始，貝克特拒絕了大主教的職位，但最後他讓步了。一一六二年六月二日，他被任命為神父，第二天就被授予了大主教聖職。

出乎意料的是，貝克特幾乎馬上就被教會同化了。他辭去內閣大臣職務，不但不侵吞教會財產，反而致力於奪回被國王佔有的土地。他公開展現自己的謙卑，邀請窮人來到他的宅邸並為他們洗腳，私底下，他可能開始像苦行者或懺悔者貼身穿著有蝨子的剛毛襯衣，因為在他被謀殺之後，人們發現他在長袍底下穿著這種襯衣。

但是，為什麼？難道貝克特突然經歷了聖保羅式的對話（指保羅受感化歸信基督）？若非如此，難道他的信仰如此虔敬，以致於他懼怕倘若自己未盡到大主教之責，上帝將會對他失望並危及他永世的靈魂？或者，只是換了位置就換了腦袋了？

當貝克特身為內閣大臣時，他的職責就是要盡其所能地為國王考量，一旦他換戴上大主教的法冠，他的職責就變成要對教會負責？這兩個頑強不屈的人物之間的衝突，造成了多大的影響？

新主教顯然有了不祥的預感，在他被擢升至大主教之前，他向一位朋友坦承：「如果我真的被晉升，以我對國王的了解之深，我不是失去他對我的寵愛，就是得忽視我對上帝的責任，但願上帝阻止這樣的事情發生。」

亨利與教會之間的關係摩擦不斷，痛處就在雙方對「犯了罪的修士」該如何處置，始終無法達成共識。

被指控犯了罪的修士，應該在教會法庭或是在世俗法庭受審？

國王是政府與行政機構的積極改革者，他擔心教會法庭的判決會過度寬大，因此希望犯了罪的神職人員能接受王權的審判，但貝克特拒絕了。這兩位曾經友好相契的朋友一度像是達成了協議，但在最後一刻，大主教拒絕將這項協議白紙黑字地寫下來，因此，事態變得愈來愈糟。

亨利指控這位前任的內閣大臣挪用公款，貝克特只好逃往法國，尋求國王路易七世（Louis

VII）的庇護與支持，此事尤其讓亨特覺得難堪，因為他娶了路易的前妻亞奎丹的艾莉諾（Eleanor of Aquitaine）。另一方面，貝克特的苦行傾向愈發變本加厲，他穿著僧侶的長袍、挨餓並鞭笞自己，並且睡在一張粗糙不堪的木製小床上，就連許多教士都覺得他的行事有點兒太過頭了。

有些英格蘭的人對他的擅離職守感到憤慨，但這位大主教倒是毫不難為情，並在一一六六年時，將他的八個敵人逐出了教會，其中包括好些教會的領導人，他甚至威脅要對亨利如法炮製。

棘手的交涉進行了四年之久，最後，於一一七〇年十二月一日，貝克特被說服返回英格蘭，而他在離開法國前，還更新了逐出教會的懲罰對象，對亨利來說，最令他惱火的是，貝克特的返國竟然受到英雄式的歡迎，他甚至利用這個時機繞道遊行至坎特伯雷，最後，赤腳步行前往主教座堂，讓這齣戲碼達到最高潮。而當國王的代表前來要求他撤回逐出教會的懲罰令，他拒絕了。

就連若干支持貝克特的人，像是教皇，都對他的冥頑不靈深感絕望。他的教區執事、支持者與傳記作家索爾茲伯里的約翰（John of Salisbury），認為這位大主教是在「挑釁」國王。

當貝克特堅不讓步的消息傳到亨利耳中時，他正在他位在法國的廣袤地產上歡度聖誕節，可能就在聖誕節當天，可以想見，他應是暴跳如雷，氣到把自己的衣服都撕碎了，怒吼著：「我在自己家裡養育出了什麼樣的寄生蟲和叛徒，讓他們的國王受到一個出身低下的記帳員如此可恥輕蔑的鄙視？」

這股不假思索爆發出來的怒氣，是出自國王眾所皆知的暴躁脾氣？還是出自一道皇室的命令？亨利的四位騎士，包括理查德・勒・布雷頓（Richard le Breton）、休・德・莫維爾（Hugh de Morville）、威廉・德・特雷西（William de Tracy）及雷金納德・費澤斯（Reginald FitzUrse），顯然把它當成了後者。

雷金納德・費澤斯（Reginald FitzUrse）／威廉・德・特雷西（William de Tracy）／衛蘭弗・德・布羅克（Ranulf de Broc）／霍拉的休（Hugh of Horsea）

四位騎士啟航前往英格蘭，並在十二月二十九日連絡上另一位更資深的人物、也是貝克特長久以來的敵人，王室世襲門衛蘭弗・德・布羅克（Ranulf de Broc），他的職責甚至包括管理國王的妓女們。

布羅克找來一個任務小組，其中包括一名低階的神職人員霍拉的休（Hugh of Horsea）。這一夥人整裝前往坎特伯雷，亨利也另循正式管道，派遣埃塞克斯伯爵（Earl of Essex）領導前往逮捕貝克特，而在英吉利海峽上的費澤斯與同伴們，似乎更受十二月天氣的眷顧，先一步抵達了坎特伯雷。

布羅克和他的士兵們一抵達坎特伯雷，就包圍住大教堂中心，騎士們則逕自前往貝克特的宅邸與他對質，要求他撤回逐出教會的懲罰令。貝克特冷靜地回絕，說這是教皇的事，與他無關。

當情勢逐漸劍拔弩張，大主教的修士們硬把他拉到教堂裡的避難所，但當他們試圖擋住門時，大主教阻止了他們，說神的家不該變成一座堡壘。

於是，在十二月下午暮色初起時，霍拉的休也加入了騎士們的陣容，進入了大教堂，要求貝克特撤回逐出教會的懲罰令，並指控他犯了叛國罪。

當貝克特再次拒絕時，他們威脅要殺了他。

費澤斯顯然是這群騎士的主要發言人，根據貝克特的一位隨從愛德華．格林（Edward Grim）目擊陳述，雙方相互辱罵，費澤斯稱貝克特為叛徒，而大主教則指責這位騎士是個皮條客。貝克特的怒氣漸熾，可能是因為他認為這群被派來指控要脅他的人，都是些社會地位低劣的下三濫。

接下來，上演了一齣相當有失體統的戲碼，騎士們試圖把貝克特拉出教堂，費澤斯抓住大主教的披風，並試圖把他扛到德．特雷西的背上。貝克特或許不希望大教堂變成一座堡壘，但是當費澤斯抓住他時，他卻用力回推，力道之強勁，使費澤斯險些摔倒。

接著，格林緊緊抓住大主教，致使騎士們無法把他搬移到別處去。這時，已經有些鎮民慢慢走近大教堂準備晚禱了，費澤斯這夥人一定意識到貝克特可能會獲救的危險。

在大約四點半時，據說大主教已接受死亡逼近的事實，並擺好順從的姿勢：他低下頭，雙手合十祈禱，把自己交付給上帝。

莫維爾把愈來愈多的會眾阻擋在一段距離之外，然後展開第一波攻擊，可能是由費澤斯先行發動攻勢，格林試圖阻擋的結果，被劍砍傷了手臂幾乎見骨，而這一劍也切開了貝克特的頭頂。

第二波攻擊，可能是由德·特雷西所發動，這一擊讓大主教倒下了，當他倒地不起時，他說：「以耶穌之名並為保護教會，我已準備擁抱死亡。」

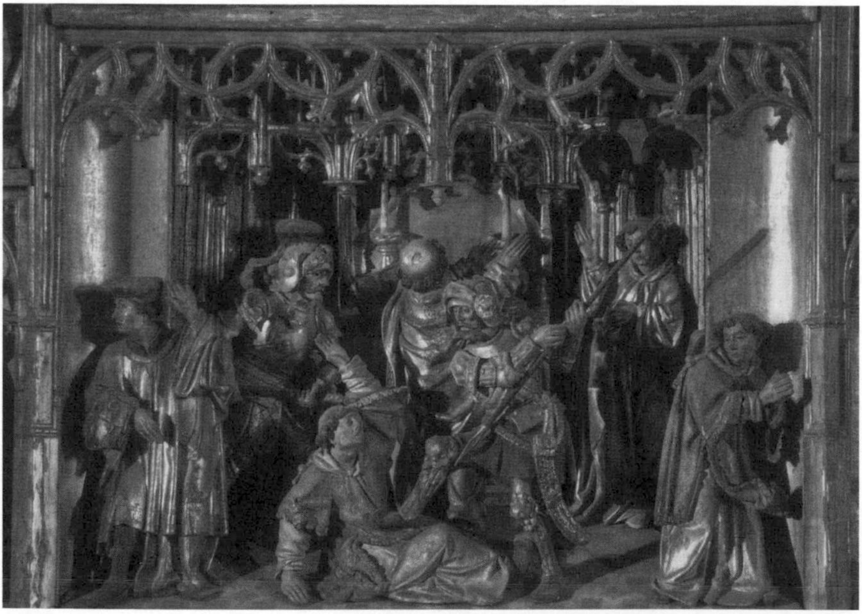

湯瑪士·貝克特的暗殺是歷史上最惡名昭彰的事件之一，這就是安特衛普（Antwerp）一座雕刻祭壇上所描繪的故事。

致命一擊（coup de grâce）或許是由勒．布雷頓所為，下手的力道是如此強勁，甚至連劍都斷了。

最後，霍拉的休用腳踩住貝克特的脖子，把劍插入他那已被切開的腦袋中，使腦漿散落一地，他叫喊著：「騎士們，我們走吧！這傢伙再也爬不起來了！」

在整個折磨殺害的過程當，格林說，受害者從未發出一聲痛苦哀號，也從未嘗試逃避死亡，並表達希望「在我的鮮血中，教會可以找到自由與和平。」

刺客們隨即離開了大教堂，用他們的劍身在圍觀群眾中清出一條通道，接著，在大主教的宅邸中打劫一番才騎著馬揚長而去。

當然，格林讚揚大主教對教會宛如聖徒般的奉獻，他也對他的政治才能表示敬意，說他展現了「蛇的智慧」與「鴿子的簡樸」，貝克特「將他的身體獻給了殺手」以維護教會安全，並「因為他放棄了世界，而讓這個想要擊敗他的世界在不知不覺中昇華了他。」

當亨利聽聞了發生的事，他似乎真的被懊悔與自責吞噬了，他否認他下令要貝克特的命，並且把他自己關起來整整三天不見任何人。

如果埃塞克斯伯爵先到達坎特伯雷，結果是否會截然不同呢？貝克特如果接見的是一位地位較高的貴族，是否會覺得不那麼受辱？但他是否可能會滿足國王的要求或同意被逮捕？

對貝克特來說，被暗殺，成就了他偉大的職業生涯，在坎特伯雷，人們湧入教堂，將布片浸在他噴濺出的鮮血中。等到亨利終於露面時，貝克特的死已然被賦予了奇蹟。

這起謀殺激怒了整個基督教世界，義憤填膺的結果，使國王不得不打消原本要讓犯罪的修士在世俗法庭受審的計畫，同時，他也必須公開展現悔罪與補贖之舉，包括讓自己公開地被主教及教士們鞭打（儘管有些歷史學家認為，接受鞭笞的象徵意義遠大於真正的受苦）。

在此之際，貝克特被封為聖徒，他的聖殿成了歐洲最受歡迎的朝聖目的地之一。殺手們顯然並未得到亨利所給予的任何獎賞，而且許多人都希望吊死他們，國王勸他們逃到蘇格蘭，但他們因為擔心喪命，仍不得不離開蘇格蘭。後來，亨利把他們交給教皇，教皇把他們放逐到聖地，令他們終身苦修贖罪。

據說，德．特雷西還沒能到聖地，就在義大利南部得了一種可怕的疾病；「他的血肉在他還活著的時候就開始腐爛了，因此，他無法克制自己用手把腐爛的血肉撕下來。」他在痛苦中還「不斷」向聖湯瑪士（St Thomas）禱告，最後死於極度痛苦之中。

費澤斯與莫維爾在謀殺發生之後的五年內相繼死亡，但勒．布雷頓平靜地退隱到澤西島（Jersey）上；蘭弗．德．布羅克並未受到懲處，似乎於一一七九年左右離世；歷史上並未記載霍拉的休的命運。

至於亨利，他的聲譽嚴重受損，儘管他又統治了十九年，但不得不耗時費日地面對自己兒子的叛亂，而這些叛亂往往是受他們母親唆使所發動的。

索爾茲伯里的約翰（John of Salisbury）／聖湯瑪斯·阿奎那（St Thomas Aquinas）

教堂的地板上還沾染著血漬呢，神學家就開始對暗殺的是非曲直辯論不休。湯瑪士·貝克特的教區執事索爾茲伯里的約翰，為前任上司所著的傳記，對確立他作為聖人的資格大有助益。他主張，誅殺暴君是有正當理由的，一個好國王應該是人民福祉的守護者，當統治者未能履行他的職責時，糾正他或在必要時殺死他的責任，就落在他所統治的人民身上。暴君的力量只建立在武力上，正如《聖經》所說，凡動刀的，必死在刀下（《馬太福音》26章52節）。中世紀神學家中最偉大的一位，聖湯瑪斯·阿奎那（St Thomas Aquinas），可能採行了類似的觀點，他說統治者不管是違反了人或神的律法，人民可以反抗到甚至弒君的地步。儘管他強烈主張，在可能的情況下，仍應採取非暴力的抗爭手段。他同時也建議，反抗暴君的責任應留予國家機構，而非個人。

無畏的約翰（John the Fearless）是方濟會神學家讓·佩提（Jean Petit）的贊助者，無怪乎佩提以奧爾良公爵路易斯是個暴君為由，辯護公爵在一四〇七年被暗殺的正當性，主張「對任何臣民來說都是合法的……殺死或導致叛徒與不忠的暴君被殺。」但八年之後，在康士坦斯大公會議（Council of Constance）中，羅馬天主教會禁止了誅殺暴君之說。

而但丁則將誅殺暴君的代表性人物布魯圖斯，和撒旦（Satan）、猶大·伊斯卡里奧特一起放在他筆下的最後一層地獄之中。

緬甸的窒息暗殺及最年輕的刺客

在「騎士時代」，用刀刺殺仍然是廣受青睞的暗殺方式，但一一六七年發生在緬甸的一起暗殺，並未使用這個方式。

那臘都（Narathu）

宛如仿效卡利古拉（若傳聞無誤，他把枕頭放在他的養父提貝里烏斯臉上悶死了他），緬甸皇太子那臘都（Narathu）也悶死了他的父親阿朗悉都（Alaungsithu）國王。

這位八十一歲的統治者身染重病，並陷入昏迷，因此，那臘都把他送到他最喜愛的寺廟中，但突然之間，老人竟然甦醒過來，並查問為什麼他被移出他的宮殿。當那臘都得知這個消息時，他火速趕往寺廟，用一塊毛毯了結了他父親的生命。那臘都的兄弟對他起了疑心，但還沒能揭露他謀殺父親的真相之前，也被他毒死了。

犯下這些罪行之後，這位新王登基統治的時間甚至比卡利古拉還短。他的一位妻子因不尊重他而處死之後，這位妻子的父親在一一七〇年派出刺客暗殺了他。

成吉思汗

「騎士時代」最年輕的刺客是偉大的成吉思汗，他在十四歲時殺了他同父異母的兄弟。當時，他還只是鐵木真，後來才被賦予「成吉思汗」的稱號，意思是「世界的統治者」。

鐵木真的成長過程頗為艱辛，他的父親是蒙古部落的一個小酋長，在鐵木真九歲時被毒死，留下他和母親及兄弟姊妹掙扎著存活著，這意味著，他們得獵殺任何能找得到的獵物，但即便如此，一家人還是常常挨餓。

據說，在一一七〇年代末，有天鐵木真和他的三個兄弟在釣魚，抓到了一條「色彩鮮豔的小魚」，卻被他的同父異母哥哥別克帖兒一把搶走，別克帖兒在前一天才剛搶走一隻他們射下來的雲雀。鐵木真和另一個兄弟偷偷跟著別克帖兒，發現他一個人坐在一座小丘上，鐵木真躡手躡腳地走到他身後，對準他射出一箭，他應聲倒地而亡。

這位未來的皇帝除了飢餓之外，或許

成吉思汗。

還有別的動機，有些人認為，別克帖兒正要開始在這個小團體中展現他作為男性領袖的力量，鐵木真於是決定必須除去這個危險的對手。

許多刺客都沒有好下場，但成吉思汗卻成功地征服並統治了一個從北京延伸到裡海的遼闊帝國。

施瓦本的約翰公爵（Duke John of Swabia）

另一名十多歲的刺客是施瓦本的約翰公爵（Duke John of Swabia）。一三〇六年，他本該繼位成為波希米亞的新王，但他的舅舅，哈布斯堡王朝的阿爾伯特一世（Albert I of Habsburg），卻讓自己的兒子登基為王。兩年之後，這個年輕人召集了一群密謀者，在阿爾伯特於溫迪施（Windisch，位於現在的瑞士）渡河時襲擊他，年輕的約翰並親自以一把長柄斧給了他致命的一擊。當阿爾伯特的兒子們打算報仇時，約翰逃走了，而且從此消失得無影無蹤。

＊＊＊＊＊＊＊＊＊＊＊＊＊＊＊＊＊＊

我們有足夠的資訊可以對「騎士時代」的四十起暗殺進行分析。

其中的二十三起發生在歐洲（包括五起發生於現在的英國）、十二起發生在中東及五起在東亞。

十八位受害者身為統治者，包括九位國王與三位皇帝；其他受害者則包括了五位重要的宗教人物、一位出身低微的叛亂分子，以及一位王子的情婦（唯一的女性受害者）。

我們知道三十七起暗殺事件的殺手身分，十二起暗殺涉及單一刺客，包括三次涉及了單一個「哈薩辛」，而在另外五起當中則有好幾個「哈薩辛」同時行刺。我們只有一個明確的案例是採雇用殺手的方式進行暗殺，也就是謀殺奧爾良公爵的一夥流氓惡棍，而皇室成員親自下手的情況顯然愈來愈常見：有六位國王或即將成為國王的繼位者參與了暗殺，還有五位王子參與了一三二三年暗殺蒙古皇帝格堅汗（即元英宗）。

對皇室成員來說，主動參與暗殺比之買兇殺人，前者可說是愈來愈常見，後者只發生在五起暗殺中，而其中兩起涉及同一位蘇丹。

以我們從這個時代得到的實例來看，暗殺似乎完全保留為男性的行動，在四十起暗殺中，不論是殺手或是委託者，都沒有女性參與。

由親密同夥犯下謀殺的情況似乎也變少了，只有兩名深受信賴的僕從揮舞了刀劍。與羅馬帝國時代的暗殺相較之下，只有一起的謀殺者是受害者自己的士兵。來自家族成員的刺客人數也變少，只有一個兒子與一個同父異母的兄弟是殺手，加上兩個姪兒或外甥是教唆煽動者。

這種現象或許反映出一個事實：對王位的野心已不再是暗殺的常見動機，只有九起暗殺是源自這項動機，相形之下，另外的十六起暗殺皆為其他的政治目的所驅使。

有八起暗殺的動機是不公正對待所引發的怨憤，有六起的動機是復仇，另外六起則是恐懼，不論是恐懼被懲罰、恐懼被迫去面對可怕的強敵，或是恐懼失去貴族的特權。

宗教因素也是造成五起暗殺的原因。

有三十起暗殺我們知道方式為何，有二十五起是用刀劍刺殺；其餘五起，有兩起是用長柄斧、一起悶死、一起勒死、一起吊死，每一起都有一名受害者。

有三十三起暗殺我們知道刺客或教唆者的命運為何，有十二起是幾乎馬上被殺死或處決，有六起是在五年之內死於非命，還有兩起是被放逐。但有七起，殺手可能逍遙法外，有三起甚至還受到獎賞，西班牙卡斯提爾的恩里克二世（Henry II of Castile）在一三六九年謀殺了同父異母的兄弟，並繼位成為國王。有四名受害者被追封成聖人，而其他幾個人則獲得世俗的回報，舉例來說，朱利亞諾被謀殺之後，麥地奇家族遂得以鞏固了他們在佛羅倫斯的統治權。

至於影響更廣泛的後果，至少有二十起導致了嚴重動盪不安的政局，舉例來說，在瑞典的斯渥克爾一世被謀殺之後，緊接著繼位的三位國王全都死於非命，不過，二十起中有十六起的局勢是在暗殺之前即已動盪不安。

在至少五起當中，暗殺成功後，動亂也隨之結束，就如同羅伯特·布魯斯為了蘇格蘭的王位，而在一三〇六年暗殺他的對手引發了騷動紛爭，後來，他不得不和英格蘭進行一連串的戰役，才得以成為蘇格蘭這個獨立國家的統治者。

另一方面，勃艮第的約翰公爵（Duke John of Burgundy）被謀殺的結果，為行兇的皇太子帶來災難性的後果，因為約翰的繼任者與法國的英格蘭敵人達成協議，幫英格蘭的亨利五世（Henry V）取得法國王位。

「騎士時代」有兩次暗殺導致了嚴重的報復行動，尤其知名的是的黎波里的雷蒙德伯爵（Count Raymond of Tripoli）在一一五二年被謀殺，導致穆斯林被肆意屠殺。

但是可能有三次暗殺平定了動亂的局勢，舉例來說，就像瓦特．泰勒的謀殺可能加快了農民起義的結束時程。整體來說，在二十九起結果相當明確的暗殺當中，有十起可說是失敗了（產生了令暗殺者不樂於接受的結果），大約有一四起可被視為成功，還有另外五起算是部份成功。

正如我們指出，違反信仰是「騎士時代」多起謀殺的重要因素，有五起涉及違背對受害者的承諾；一起涉及背叛了盛情款待（Hospitality），還有不下十起發生在聖地（七起在教堂、二起在清真寺、一起在寺廟）。

一位受害者在公開主持彌撒時被殺；另一位是在參加宗教遊行時被殺，國王斯渥克爾則是在聖誕節時前往教堂的途中被殺。

對聖地缺乏敬畏之心的事實勝於雄辯，從佩德羅．德．阿爾布斯（Pedro de Arbués）的故事即可見一斑。佩德羅・德・阿爾布斯是西班牙宗教裁判所（Spanish Inquisition）的高級要員，在薩拉戈薩主教座堂（Zaragoza Cathedral）被暗殺時還穿戴著鎖子甲與頭盔。或許更具說服力且發人深省的事實是，朱利亞諾・德・麥地奇在佛羅倫斯主教座堂做彌撒時被暗殺，教皇與大主教都涉入了這起陰謀策劃當中。

第四章
宗教戰爭

按傳統的說法是，一五一七年十月三十一日，馬丁・路德（Martin Luther）將他的《九十五條論綱》（95 Theses）張貼在德國威登堡（Wittenberg）教堂大門，發動了「新教改革」（Protestant Reformation）。

現代許多歷史學家懷疑這份文件是否真以這樣的方式張貼出來，並認為不管怎麼說，路德當時對教會提出的批評其實是質疑而非譴責。但說到底，造成的影響是一樣的。西歐的基督徒分裂為天主教徒與新教徒，在長達兩個半世紀的時間中，這塊大陸因宗教和戰爭四分五裂。

我們已經看過在伊斯蘭國家產生宗教的分歧，成為刺客進行暗殺的動機，現在，這股相同的力量擴及所有的基督教國家，使得天主教徒譴責新教徒為異端，反之亦然。

關於暗殺的倫理學新理論以及如何避免被暗殺

統治者與他所統治的人之間有著「社會契約」（Social Contract），同時該契約限制了他的權力，這樣的概念最初是由古希臘哲學家所提出，而在「宗教戰爭」（Wars of Religion）期間又再度被引用。

胡安．德．馬里亞納（Juan de Mariana）／約翰．博內特（John Ponet）／約翰．米爾頓（John Milton）

十六世紀末，西班牙耶穌會士胡安．德．馬里亞納（Juan de Mariana）主張，如果一位君王是異教徒，他就違反了他的社會契約，從而可以被拔除，他的任何臣民都有殺他的權利。

溫徹斯特新教徒主教約翰．博內特（John Ponet）雖不盡然贊同馬里亞納，但在他的《政治權力短論》（A Short Treatise on Political Power，一五五六年）一書中也表達了類似的看法，主張濫用職權的統治者應被視為一般罪犯，必要的話甚至可殺。儘管他和馬里亞納對於哪些特定的統治者符合被暗殺的條件，抱持著相反的意見。

當女王「血腥」瑪麗（Queen 'Bloody' Mary）開始把新教徒活活燒死在火刑柱上，博內特逃離了英國。

將近一個世紀之後，偉大的詩人約翰・米爾頓（John Milton）在國王查理一世（Charles I）被處決不久後，不但引用了經典名著與《聖經》內文來證明誅殺暴君的正當性，更引用塞內卡（Seneca）的話說：「再無任何對上帝的獻祭，比一個不公不義的邪惡國王更令其滿意。」並指出在聖經時代，猶太人誅殺暴君「並非罕見」之事。

尼可洛・馬基維利（Niccolò Machiavelli）

大約就在路德進行他的論綱之際，尼可洛・馬基維利（Niccolò Machiavelli）也正在構思他那犬儒主義的治國權術傑作《君王論》（The Prince，一五三二年）。這位義大利人往往被視為現代政治學的奠基者，對暗殺的對錯不怎麼在意，反倒為統治者提供了如何避免淪為暗殺受害者的提示。

他的主要建議簡明易懂，但可能知易行難：統治者應該避免被憎惡或鄙視，因為倘若他始終深受愛戴，那麼謀反者會認為殺了他將激怒人民，因此「沒有勇氣」去完成這件事。

此外，奪取臣民的財產或女人會讓統治者被憎惡，同時，「如果他被認為是易變的、愚蠢的、軟弱的、卑鄙的、猶豫不決的」，他就會被鄙視。如果統治者不得不激怒某些人，他應該確定這些人屬於弱者而非強者。

馬基維利補充，統治者應該讓他忠實的僕從黨羽，去幫他完成那些見不得人的工作，確保他在公眾面前只做那些看起來光明正大的好事：「君主應該把那些可能會使某些人煩惱不安的事，留給其他人來處理，把那些會讓人民快樂滿意的事，留給自己來做。」

為了讓主事者放心，他指出：「陰謀雖然多，成功的極少。」一位「備受尊崇」的統治者「極難被攻擊」。另一方面，當朱利亞諾．德．麥地奇在佛羅倫斯的主教座堂遇刺時，馬基維利還是個小男孩，他提到，統治者並無任何真正的防禦措施，可以對付一個充滿「堅定勇氣」、視死如歸的刺客，儘管他亦指出，這類的殺手「極其罕見」。

他認為法國是「最井然有序且長治久安的國家」之一，國王很容易受到人民的愛戴、維繫人民的感情，但馬基維利的理性思維並未預料到宗教狂熱的生成，這股狂熱不僅將毒害法國與其他國家，更使視死如歸的殺手比以往任何時候都來得更多。

法國的宗教戰爭

法國「宗教戰爭」通常被認為是始於一五六二年，當時，主要的羅馬天主教家族吉斯家族（the Guises）的支持者屠殺了一群新教徒，這群新教徒在法國被稱為胡格諾派教徒（Huguenot），這場衝突持續了三十六年。

加斯帕爾・德・科利尼（Gaspard de Coligny）與查理九世（Charles IX）

法國的海軍上將加斯帕爾・德・科利尼（Gaspard de Coligny）擔任了胡格諾派的領導人，提出宗教寬容的要求，在此之際，天主教的吉斯家族則要求鎮壓「異端」，君主被夾在中間，左右為難。

一五七二年的夏天，見證了雙方尋求和平的一項努力：為首的新教徒納瓦拉的亨利（Henry of Navarre）與國王查理九世（Charles IX）的姊姊、天主教的瑪格麗特・德・瓦盧瓦（Marguerite de Valois），為締結和平而結婚。

胡格諾派的貴族菁英，來到了天主教大本營的巴黎，參加即將於八月十八日舉行的婚禮。典禮過後四天，當科利尼結束與國王在羅浮宮（Louvre）的會議，在返回居所的途中，突然槍聲大作，幸運的是，他當時正好俯身調整鞋子，否則必定難逃死劫。儘管如此，子彈還是打斷了他的左臂，並撕裂了他右手的中指。和他同行的友人們急忙衝進一間房舍，顯然殺手是從裡頭一扇敞開的窗戶朝外開槍射擊科利尼，他們發現了一枝貨真價實、還冒著煙的槍。

在弗雷德里克・福賽思（Frederick Forsyth）所著的暗殺經典小說《豺狼末日》（The Day of the Jackal，一九七一年）中，也寫道戴高樂總統（President de Gaulle）因意外前傾，而僥倖逃脫那顆殺他的子彈。

行刺科利尼成功逃脫，並差點得逞的刺客，被認為是莫雷維特勳爵（Seigneur de

法國新教徒英雄加斯帕爾・德・科利尼遇刺，出自十九世紀版本的《殉教者之書》（Foxe's Book of Martyrs）。

Maurevert）查爾斯・德・盧維耶（Charles de Louviers），一名三流的貴族與傭兵，他是為誰行事呢？看起來顯然是為了吉斯家族。

莫雷維特曾經當過他們的僕從，三年前，他才謀殺了科利尼的一位中尉。至於那間傳出槍聲的房舍，也是由吉斯家族之前的一名家庭教師承租下來，莫雷維特曾被另一個為吉斯家族工作的人帶到這裡來。

但還有其他的嫌犯，西班牙大使深信他已察覺出國王的母親凱薩琳・德・麥地奇（Catherine de' Medici）牽涉其中。當查理還小時，她曾以攝政王身分代為治理國事，至今仍對這位二十二歲的年輕人有著強大的影響力。現在，她擔心科利尼開始怒火中燒了。

不論這次攻擊的幕後主使是誰，納瓦拉的亨利與科利尼的朋友們去見了查理九世，要求討回公道，並且明確表示如果他們得不到公正的對待，他們就準備要自行執法了。查理答應會逮捕並且懲罰刺客，但他的朝臣擔心胡格諾派教徒接下來可能會做出什麼事，因此，查理似已決定採取先發制人的攻擊。

八月二十四日天還未亮，吉斯公爵（Duc de Guise）帶領一隊士兵前往科利尼的寓所，殺了保護這名海軍上將的士兵，並一劍刺穿了科利尼，然後把他的屍體扔到窗外的大街上，剛好掉落在公爵腳邊。接著，他們把屍體拖過市街，倒掛在一座絞刑架上。

整個巴黎屍骸蔽野、血流成河，被邀請參加婚禮的胡格諾派貴族和他們的士兵一起都被殺了。納瓦拉的亨利被赦免，條件是他得改信天主教。

更甚者，天主教的暴民也加入了這場混戰，針對胡格諾派的尋常市民與店主展開攻擊。暴動延燒到省區市鎮，新教徒也遭到當局或暴民的屠殺。在後來被稱為「聖巴托羅繆日大屠殺」（St Bartholomew's Day Massacre）的事件中，估計光是在巴黎就有三千人喪生，全法國則有數萬人死亡。

數天之後，查理九世似乎發出了停止殺戮的命令，儘管他的確應為科利尼與其中尉之死負責，他卻宣稱他必須「捍衛良善者並消滅邪惡者」。

保羅·德拉羅什（Paul Delaroche），《吉斯公爵遇刺》（The Assassination of the Duke of Guise），一八三四年，布面油畫。

據說此後，他一直為這場大屠殺的陰影所糾纏，健康狀況持續惡化，不到兩年內就死於肺結核了。

這場大屠殺之後，有一群喀爾文主義的新教徒崛起，被稱為「反君權運動」（Monarchomachs）者，一個源自希臘文的語詞，意指「反抗君主者」，他們開始提出類似馬里亞納的理論，主張倘若統治者違反了他與人民的契約，那麼人民的反抗即具備了正當的理由。

亨利三世（Henry III）與雅克·克萊門特（Jacques Clément）

大屠殺並未終結「宗教戰爭」，相反地，暗殺始終是這場戰爭中一項重要的戰術。

查理九世的繼任者是他的兄弟亨利三世（Henry III），他嘗試與胡格諾派教徒戰鬥、做出讓步、然後使其撤離，但全都徒勞無功。

亨利似乎也參與了「聖巴托羅繆日大屠殺」的籌劃，但吉斯公爵領導的天主教神聖聯盟（Catholic Holy League）認為亨利三世軟弱無能，試圖廢黜他。

一五八八年，巴黎人民起義反抗國王，亨利三世被迫逃離，後來，他策畫謀殺吉斯公爵，並在聖誕節前夕謀殺了他的兄弟路易斯（一位紅衣主教），而後還尋求納瓦拉的亨利之助以圍攻巴黎。

一五八九年八月一日，一位名叫雅克·克萊門特（Jacques Clément）的多明我會（Dominican）庶務修士，設法前往國王的指揮總部，身為天主教聯盟的狂熱支持者，他設

法國的亨利三世被雅克·克萊門特刺殺，據一幅十六世紀的版畫所繪。

法取得一封給亨利的信件。

當他被准許覲見國王時，他說，他要傳遞一個重要的機密訊息，於是，國王撤走他的隨從，克萊門特隨即用一把藏在他斗篷下的匕首刺殺了亨利。隨從們立刻衝進來殺了他，但國王第二天就身亡了。

馬基維利是怎麼說刺客不在乎自己的生死的？克萊門特受到教皇表揚，甚至有人建議他應該被冊封為聖徒。

亨利四世（Henry IV）與弗朗索瓦·拉瓦萊克（François Ravaillac）

亨利臨死前任命納瓦拉的亨利為他的繼任者，納瓦拉的亨利遂登基成了國王亨利四世（Henry IV）。

亨利四世曾經是新教徒，他在一五七二年改信天主教之舉只持續了幾年。事實上，他並非宗教狂熱者，而是惡名昭彰的好色之徒，跟一堆情婦生了至少十一個私生子。現在，為了鞏固對法國首都的掌控，亨利聽從一位情人建議，再次擁抱天主教，他的評論是：「巴黎非常值得我進教堂做彌撒（Paris is well worth a mass）。」

亨利變得極受歡迎，且被稱為「好國王亨利」（Good King Henry）。他結束了「宗教戰爭」及西班牙干涉法國對天主教聯盟的擁護，整治了混亂的皇家財政，復甦了法國平民百姓的

亨利四世遇刺，據一幅十七世紀的版畫所繪。

經濟與財富，並展開艱鉅的公共工程計畫，從而為法國成為歐洲的強權國家奠定了堅實基礎。

但是就極端主義者來說，這些全都是無關緊要的事，他們並不關心，而據估計，亨利面臨了多達二十樁暗殺陰謀。

十七世紀的巴黎是歐洲最大的城市，狹窄巷道導致交通是出了名的擁擠不堪。一六一〇年五月十四日，國王和三位朝臣在去見財政大臣的路上，他那劇烈顛簸的四輪大馬車在巴黎大堂（Les Halles）區停了下來，突然之間，一名有著火紅頭髮的高個兒從人群中跳上馬車，刺了亨利三刀，國王沒多久就氣絕身亡了。而當群眾抓住這名刺客時，他並沒打算逃走或抵抗，警察不得不把他從激憤的人群中救出來，以免他被私刑處決。

三十二歲的狂熱天主教徒弗朗索瓦・拉瓦萊克（François Ravaillac）來自昂古萊姆（Angoulême），一座四周圍繞著新教徒的天主教小型飛地（enclave），他出生貧窮，父親又拋棄了母親，眼下只靠當抄寫員或侍者勉強維生。

拉瓦萊克曾經嘗試加入耶穌會，但沒能成功，他為幻覺所苦，並逐漸滋生出亨利就要對教皇開戰的念頭。他在受審時說，他一直設法覲見國王並想告訴國王，必須讓所有的新教徒加入天主教教會，但國王的護衛把他拒於門外。他說，亨利是個暴君，上帝也希望消滅他。

許多人相信，這名刺客必然涉及了某項牽連廣泛、謀慮深遠的密謀，但即使是在酷刑的折磨下，拉瓦萊克仍然堅稱自己是單獨行動，雖然他可能接受了某位天主教貴族的金援，後者涉及了多項不利於國王的陰謀。最後，拉瓦萊克被殘酷地處決，施以五馬分屍的酷刑，他的親戚都被放逐，而且從此不得再使用他們的姓。

法國人民同聲悲悼，哀慟亨利之死，婦女們更是扯髮哭號，根據一位當代人的描述，她們「悲嘆慟哭至癲狂地步」，許多人甚至開始責怪胡安・德・馬里亞納採行最悲觀的看法，鼓勵了導致暗殺發生的氛圍。

耶穌會會士們則認為，亨利的新教徒傾向使他沒有資格擔任國王，意味著他是個沒有正當統治依據的暴君。

馬里亞納繼續在西班牙平靜度日，但在法國，他的《論國王與皇室制度》（De rege et regis institutione）一書被公開焚毀。

一六一五年，教皇重申教會禁止誅殺暴君的立場。亨利之死意味著他的八歲大兒子成了國王路易十三（Louis XIII），人們的不祥預感是，法國可能會再次陷入混亂的無政府狀態。但事實上，路易擔任了三十三年的國王，並將王位傳給他的兒子路易十四（Louis XIV）。自號「太陽王」（Sun King）的路易十四統治長達七十多年，並終結了亨利四世為新教徒爭取到的宗教寬容。

火藥登場

「宗教戰爭」時代不僅為暗殺帶來新的動機，也帶來了新的技術，其中一項就是火藥。

蘇格蘭女王瑪麗（Mary）與達恩里（Darnley）

火藥在一五六七年蘇格蘭女王（Queen of Scots）瑪麗（Mary）的丈夫遇刺事件中擔任了重要角色。

瑪麗曾經描述她的表親達恩里勳爵（Lord Darnley）是她曾見過的「精力最充沛、比例最勻稱的男人」。他很高，身高超過了六英呎的身材，在十六世紀比現在要顯眼得多。

瑪麗才幾天大就已成為蘇格蘭女王，但她自五歲起就待在法國宮廷，準備一滿十五歲就要嫁給未來的國王法蘭西斯二世（Francis II）。不料兩年之後，法蘭西斯因腦瘤去世。

一五六一年，瑪麗離開了她寄居的法國，在瀕近「宗教戰爭」之際返回她的祖國蘇格蘭（另一個充滿惡意宗教政治的蛇坑）掌控王權。

瑪麗是天主教徒，但蘇格蘭正式認可的是新教，因此，經常宣講罰入地獄遭受嚴酷苦難的傳教士約翰．諾克斯（John Knox），在布道時總是譴責瑪麗是異教徒、無恥邪惡的女人、寄居外國之人。

在最初幾年，瑪麗仍採行了新教領主之首，也就是她的同父異母兄弟莫雷伯爵（Earl of Moray）的建議，雖然他曾於一五五九年罷黜瑪麗的母親，即天主教徒吉斯的瑪麗（Mary of Guise），她曾為女兒瑪麗擔任攝政王。後來，一五六五年，瑪麗以天主教儀

達恩里勳爵的較早期肖像，出自一幅十八世紀的版畫。

式嫁給了達恩里，開始將天主教徒納入她的顧問議會中，莫雷與其他新教領主起義反叛，卻被驅趕而跨越邊界逃到了信仰新教的英國。

遺憾的是，達恩里與生俱來的堂堂外貌不論給他帶來多少優勢，也遠遠彌補不了他性格上的缺憾，他感興趣的事只有狩獵、豪飲以及跟女人上床（除了瑪麗之外），使他得以讓新教徒與天主教派系都團結起來反對他。他也很容易忌妒與受騙，新教徒們設法讓他相信女王與她的義大利秘書大衛・里茲奧（David Rizzio）有染（但幾乎可以肯定是不實的謊言）。

一五六六年三月，一群新教徒的貴族闖入瑪麗為里茲奧與其他朋友所舉辦的一場小型晚宴，在被嚇壞的女王面前，他們把里茲奧拖下餐桌，刺了他五十多刀。過了幾天，已經懷了達恩里孩子的瑪麗假裝與丈夫和解，但事實上，她從未原諒他。

伯斯維爾伯爵（Earl of Bothwell）

在里茲奧被殺的那一晚，餐桌上還有另一個人是刺客們的目標，那就是伯斯維爾伯爵（Earl of Bothwell），但他設法從窗戶逃了出去。伯斯維爾也是個英俊的傢伙，雖然外表粗獷，內心卻相當精明，他名義上是新教徒，但藉著維護瑪麗母親的利益以及協助平定莫雷的叛亂，贏得了瑪麗的信任，結果，他成了瑪麗的密友與顧問之一。

里茲奧被謀殺之後，伯斯維爾說服女王讓莫雷與其他被放逐的新教徒領主回來，同時，他們決定要如何對付達恩里。他們考慮了兩個方案：離婚或暗殺，離婚的問題在於，瑪麗在一五六六年六月生了一個兒子，她不希望任何人質疑她的兒子繼承王位的合法性；如此一來，就剩下暗殺這個選項了。

一五六七年初，達恩里染上天花，病情正逐漸好轉中，瑪麗帶他去愛丁堡（Edinburgh）休養。二月九日凌晨時分，瑪麗前往參加一場婚禮的化妝舞會時，一場巨大的爆炸將達恩里下榻的屋子夷為平地。

顯然有人在達恩里的房間底下埋了兩桶火藥，但爆炸並未使女王的丈夫喪生或受傷，當他與貼身男僕兩人穿著睡衣的屍體在瓦礫堆中被發現時，死因顯然是被勒死的。

是否這場爆炸本來打算置他於死地，而他雖然沒被炸死，卻落入了刺客之手？是否他的朋友或是與刺客同謀的人向他洩露了消息？還是有敵對陣營派出了不同的殺手？原因或許不得而知，但懷疑的手指開始指向瑪麗與伯斯維爾。

為了回應這些質疑，根據瑪麗的說法，伯爵綁架並且強暴了她，使得她不得不接納伯爵作為她的丈夫。但並不是每個人都相信這套說法，他們認為這對夫妻在達恩里死前早已是通姦的關係，所謂強暴的故事，只是瑪麗試圖減輕這樁婚事預計會引發的譴責與罵名。

這對夫妻雖然是以新教徒的儀式結合，但仍不足以平息起義反叛的新教徒領主之怒氣，使得瑪麗放棄了她的王位，並任用莫雷來擔任她的兒子（還是個小嬰孩的蘇格蘭國王詹姆士六世

（James VI），也是後來的英國國王詹姆士一世）的攝政王。

伯斯維爾逃往丹麥，在一五七八年死於丹麥的監獄中，瑪麗最後也成了英國女王伊麗莎白一世（Elizabeth I）的囚徒，在英國，因為她宣稱自己是亨利七世（Henry VII）的曾孫女，對天主教的敵對陣營來說，她成了一個危險的焦點。

一五八七年，她在捲入某項反對伊麗莎白女王的陰謀之後被處決了。

雖然仍不清楚是誰殺了達恩里，但伯斯維爾的三名親信黨羽全遭到逮捕，至少有一名被刑求，而三名全被處決了。至於伯斯維爾，他受到審判且被宣告無罪，但有些人說，這場審判受到不正當手段的操縱。

二〇一五年，愛丁堡皇家學會（Royal Society of Edinburgh）利用現代科技進行調查，結論是瑪麗並未參與達恩里的謀殺，還有證據顯示女王的丈夫可能是在別處被謀殺後，才被拖到屍體被發現的所在。

槍鳴時刻

這個時代新興的最重要暗殺技術，就是槍枝。

正如我們所見，刺客在一五七二年試圖用它來暗殺加斯帕爾．德．科利尼時失敗了，但在當時，槍的技術已然成熟而且被使用得很頻繁了。

一五六六年，日本軍閥三村家親（Mimura Iechika）在某次會面中被槍殺。兩名兄弟按競爭敵手的命令行事，用一把短筒火槍射殺了家親，他因為變節效忠不同的氏族而樹敵眾多。

羅伯特・帕金頓（Robert Pakington）

更早之前，一五三六年，發生了英國國會議員羅伯特・帕金頓（Robert Pakington）被槍殺的神祕案件。

帕金頓是一位新教的支持者、嚴厲的批評者（對於他親見的神職人員貪婪作為）、以及成功的商人，他與亨利八世（Henry VIII）的首席部長（Chief Minister）湯瑪斯・克倫威爾（Thomas Cromwell）有淵源，後者是當時策畫與羅馬決裂的幕後智囊。

一五三六年十一月十三日，帕金頓在穿越倫敦的齊普賽街（Cheapsid）要去做彌撒的路上，被槍殺身亡。

儘管當局提供了一筆「豐厚的酬金」，卻從未有人因這起謀殺案被逮捕。因此，我們無從得知這是一起政治暗殺或意識形態的暗殺，還是有其他動機在運作。

當時的英國是一個動盪不安的時期，發生了被稱為「恩寵朝聖」（Pilgrimage of Grace）的天主教起義，因此，帕金頓的國會議員同僚聲稱，帕金頓是被神職人員（或是由神職人員下令）殺害，但並無確鑿證據可以證明。

莫雷伯爵（Earl of Moray）與詹姆斯・漢密爾頓（James Hamilton）

如果我們無法全然相信帕金頓的例子，那麼至少可以相信歐洲第一樁確定的槍枝暗殺案，這個案子發生在一五七〇年的蘇格蘭。

蘇格蘭女王瑪麗退位之後又試圖重整旗鼓，但在一五六八年，作為她兒子的攝政王莫雷伯爵（Earl of Moray），在朗賽德（Langside）最終大獲全勝戰勝了她，那天，站在女王這一方為她戰鬥的人中，有是聖安德魯斯大主教（Archbishop of St Andrews）的侄兒詹姆斯・漢密爾頓（James Hamilton）。

一五七〇年一月二十三日，當莫雷騎馬穿越林利斯哥（Linlithgow），漢密爾頓在一間屬於大主教的房子裡，手持一把阿布羅斯修道院院長（Abbot of Arbroath）提供的卡賓槍等著他。

這項行動策劃得十分周密，漢密爾頓躲藏的房間不但地板上放了床墊以消除他的腳步聲，窗戶還裝了黑色的窗簾以遮掩他的身影。莫雷維特的暗殺行動失敗，漢密爾頓的行動卻成功了，他從窗內射出一顆鋼製子彈，給了莫雷致命的一槍。

根據當時的描述，漢密爾頓後來在後花園騎上一匹等在那兒、「極好」的馬逃走，莫雷的人追捕他，但他的馬跑得比這些人快，他甚至一度用匕首插進他坐騎的後腿，為的是使牠能躍

詹姆斯·漢密爾頓（James Hamilton）在林利斯哥（Linlithgow）準備暗殺莫雷伯爵情景，出自一幅十九世紀的畫作。

過一片寬闊的池塘。

腹部中槍的伯爵當天就身亡了，使這起暗殺成為遠距離暗殺成功的頭幾樁案例之一。

漢密爾頓雖然逃走了，但他的大主教舅舅因涉及這起暗殺及（據稱）達恩里的暗殺，在短短時間內就被逮捕、審訊並處決了。

有人認為，詹姆斯．漢密爾頓對莫雷虐待他家人的私怨，可能也是他暗殺莫雷的動機之一。總之，漢密爾頓逃到法國，似乎有人找他去參與科利尼的暗殺行動，被他憤怒地回絕了，他「聲稱已經為自己的紛爭復仇，但他既不會為錢，也不會為另一個人的祈禱去復仇。」

不過，他的確因捲入西班牙人試圖殺害威廉未果的陰謀，而被監禁了一段時間，這位威廉就是奧蘭治親王（Prince of Orange），常被稱為沉默者威廉（William the Silent），他是荷蘭對抗西班牙天主教，並爭取獨立的新教領袖。

沉默者威廉

要對付威廉的陰謀有一長串，部分原因多虧了西班牙國王菲利普二世（Philip II）為他的項上人頭開出相當可觀的懸賞金額。有些陰謀的發想頗為奇特，像是在鰻魚菜餚中藏毒（據說這是威廉特別喜歡的菜餚）；或是在教堂內他的座位下埋炸藥。

一位多明尼加的修士是一五八二年被處死的兩名陰謀者之一，另一名差點成功的殺手在一五八三年的安特衛普被處死，還有另一名則於次年在法拉盛（Flushing）遭遇相同命運。

巴爾塔薩・杰拉德（Balthasar Gérard）

當時，一個名叫巴爾塔薩・杰拉德（Balthasar Gérard）的勃艮第狂熱天主教徒，他醞釀暗殺奧蘭治親王已有至少七年之久，鼓動他的人包括一名耶穌會會士、一名方濟會修士及帕爾瑪公爵（Duke of Parma）。帕爾瑪是菲利浦二世在荷蘭的人，也是一位令人敬畏的將軍，但帕爾瑪並不想預付金錢去幫助杰拉德達成他的計謀，有過幾次慘痛的經驗後，他現在已不願再孤注一擲於那些只會空口說大話，卻無法兌現承諾的刺客身上。

但杰拉德沒那麼容易氣餒，一五八四年七月，他處心積慮地贏得威廉的信任，偽裝成一個虔誠的喀爾文主義者（Calvinist），說他的父親在法國「宗教戰爭」中被處決了，這位親王給了他帕爾瑪拒絕給他的金錢，而杰拉德用這些錢買了幾把手槍。

七月十日，他回到威廉位於代爾夫特（Delft）的住所，要求威廉給他護照，讓他得以返回他的國家。親王的妻子（加斯帕爾．德．科利尼的女兒）起了疑心，但威廉要他的秘書為杰拉德準備護照，在此之際，他正與家人共進午餐。

約翰．洛思羅普．莫特利（J. L. Motley）在他那名留青史的《荷蘭共和國的興起》（The Rise of the Dutch Republic）一書中，把二十七歲的杰拉德描述為矮小、「瘦削……全然是個沒出息的人，無足輕重、微不足道」；每個人都認為他「無害，但完全無法擔當任何要務」。

他躲在威廉餐室外的樓梯底下等待著，一個半小時之後，威廉一家人出來了，親王走在最前頭，但他幾乎還沒踏上樓梯，杰拉德就跳了出來，並在距離他只有幾英呎遠的地方，對他的胸部開了三槍，其中一槍直接射穿了他，威廉倒在地上哭號：「我的神啊，憐憫我的靈魂吧！」沒多久就身亡了。

一幅十七世紀對沉默者威廉遇刺的描繪。

這名刺客從後方跑進了一條巷，打算從城牆上跳下去、游過護城河，跳上一匹等待著他的馬兒逃脫。不久，戟兵開始追捕他，當他跌在垃圾堆上時，他們抓住了他，這名殺手並未再嘗試逃走，而是開始驕傲地述說他所完成的壯舉。

杰拉德被帶到地方執法官面前，聲稱他就像誅殺巨人歌利亞（Goliath）的大衛。後來，他遭受了「令人髮指的酷刑折磨」，但他勇敢地承受了這些磨難，就連折磨他的人都留下了深刻印象，他對自己的所作所為完全不悔改，同時刻意避免牽連帕爾瑪。

為這名殺手所安排的處決也相當令人不快，除了其他刑罰之外，還包括用熾熱的火鉗把他的血肉從骨頭上撕扯下來、活生生地被肢解並取出內臟。就連傾向於將荷蘭叛軍視為好人、將西班牙叛軍視為惡人的莫特利，都承認刺客「以驚人的堅忍毅力」承受了這一切。

帕爾瑪賞賜土地給杰拉德父母作為酬謝，這份賞賜之豐已足以使他們提升為貴族。西班牙人視沉默者威廉為鼓動荷蘭起義的幕後首腦，並深信他的死將結束荷蘭起義。

事實上，雖然帕爾瑪在一五八八年再次征服了荷蘭南部（今日的比利時），但北部諸省（今日的荷蘭）仍持續頑強抵抗，並終於在一六四八年被承認獨立。比利時則直至一八三〇年才成為獨立國家。

義大利的美人計

宗教可能為暗殺提供了一個新的動機或託辭，但舊日的動機仍會起作用。

在信奉新教的英國，義大利往往被描繪成一片充滿無盡創造力與「馬基維利式」罪惡（Machiavellian villainy）的土地。因此，在韋伯斯特（Webster）極為驚悚的悲劇《馬爾菲公爵夫人》（The Duchess of Malfi，一六一三年）中，寫道一名即將展開行動的刺客，將一把手槍藏在他所穿緊身褲胯部的股囊（Codpiece）中。而亞歷山德羅·德·麥地奇（Alessandro de' Medici）—凱薩琳·德·麥地奇（被謀殺的法國國王亨利三世之母）的同父異母兄弟—在現實生活中遇刺的情況，幾乎和上述情節一樣，因他落入了我們如今稱為「美人計」的陷阱，而不幸成為犧牲者。

亞歷山德羅·德·麥地奇（Alessandro de' Medici）

亞歷山德羅被稱為「摩爾人」（the Moor），他的母親是一名非洲奴隸，父親是烏爾比諾公爵（Duke of Urbino）羅倫佐·德·麥地奇（Lorenzo de' Medici），雖然今日有些歷史學家認為，他的父親應是羅倫佐的表親朱利奧（Giulio），也就是後來的教宗克萊孟七世（Pope Clement VII）。

當亞歷山德羅二十二歲時，皇帝查理五世（Charles V）經過十一個月的圍攻後，任命他為佛羅倫斯的首任公爵，此舉終結了長達四百年的佛羅倫斯共和國（Florentine Republic）。

一五三六年，公爵娶了查理五世的私生女瑪格麗特（Margaret），但過了沒幾個月，他又愛上了另一位美麗動人且品德高尚的已婚女子，名叫卡特琳娜·德·吉諾里（Caterina de' Ginori）。

亞歷山德羅的遠房表親洛倫齊諾·德·麥地奇（Lorenzino de' Medici）是他的皮條客（據

亞歷山德羅的批評者所言），承諾亞歷山德羅這名女子必會上鉤。一五三七年一月五日，洛倫齊諾帶來消息，說卡特琳娜的丈夫要出遠門到拿坡里，他可以把他的公寓讓出來給亞歷山德羅使用，要亞歷山德羅到他的公寓，在那兒等他把卡特琳娜帶來。

亞歷山德羅打扮得光鮮亮麗，但全套服裝獨獨漏了那件襯有精巧鎖子甲的緊身上衣，平常他都會穿上以防被刺傷。

公爵進入洛倫齊諾的公寓後，取下身上的配劍，然後躺下小憩，滿心歡喜地期待即將到來的樂事。洛倫齊諾發現亞歷山德羅睡著了，悄悄將他的劍挪移到他伸手搆不著的地方，然後躡手躡腳地走出公寓去聯繫他的同夥，一個欠了他人情、名叫斯科龍科克洛（Scoronconcolo）的人。

洛倫齊諾沒有向斯科龍科克洛透露亞歷山德羅的身分，只說睡在他公寓裡的是一個欺騙他的敵人。於是，他們設法在不吵醒公爵的情況下進入室內，當洛倫齊諾將他的劍刺入公爵的肚子時，公爵這才驚醒，試圖用一張凳子抵擋他的攻擊，並往門口方向移動。斯科龍科克洛用匕首劃傷了他的臉頰，這時，洛倫齊諾試圖拖倒他，但他用力反咬了洛倫齊諾的大拇指，痛到洛倫齊諾險些昏厥。

接著，斯科龍科克用匕首刺入了亞歷山德羅的喉嚨，才結束了這場混戰。兇手們把亞歷山德羅的屍體留在床上，用床罩蓋住，然後洛倫齊諾便逃到威尼斯了。

洛倫齊諾堅稱他暗殺亞歷山德羅的目的，是為了引發起義，以復興佛羅倫斯共和國的。但事實上，這樣的起義從未發生。

亞歷山德羅的親戚科西莫（Cosimo）成了新的公爵，其他人則指出洛倫齊諾有不同的動機：洛倫齊諾可能怨恨亞歷山德羅沒能在一樁法律糾紛中幫他；或是他代公爵的其他敵人行動（公爵樹敵頗多）；又或者他只是忌妒公爵的皇親國戚關係。

可以確定的是，一五四八年，洛倫齊諾在威尼斯也淪為一名受雇殺手的受害者，而這名殺手可能是奉科西莫或查理五世的命令行事。

暗殺一位征服者

馬丁·路德·金恩（Martin Luther King）曾警告「暴力會招致暴力」，而就像洛倫齊諾的遭遇，暗殺也往往會招致暗殺，這一點在暗殺偉大征服者法蘭西斯科·皮薩羅（Francisco Pizarro）的人身上得到了證明。

法蘭西斯科·皮薩羅（Francisco Pizarro）

如果你出身貧窮，和幾個夥伴一起走遍了半個地球、並且在未知的土地上征服了一個偉大的帝國，你一路走來，可能不得不得罪許多人，這無疑正是皮薩羅的經歷。

在他早期的生涯中，他曾經誣陷昔日與他一起發現太平洋的夥伴巴斯寇．努涅茲．德．巴爾博亞（Vasco Núñez de Balboa），把他交給對手，讓對手處死了他。後來，他與另一個冒險夥伴迭戈．德．阿爾馬格羅（Diego Almagro）也鬧翻了，一五三八年，皮薩羅的兄弟赫南多（Hernando）於戰鬥中擊敗了阿爾馬格羅之後處決了他。

我們可以相當肯定皮薩羅沒讀過《君王論》，因為他不識字，而且他肯定也未遵循馬基維利審慎的建議。

當皮薩羅忙於建設他的新首都利馬（Lima），心滿意足的他似乎未意識到他和兄弟因殺了阿爾馬格羅而捅出的馬蜂窩。事實上，他大可設法爭取一些老夥伴的支持，但正如征服秘魯的偉大歷史學家威廉．普雷斯科特（William H. Prescott）所寫，他「沒有那個雅量」這麼做。

赫南多建議皮薩羅至少應確保他的敵人分散各地、不聚集一處，但皮薩羅拒絕聽從這項建議，不願「屈就於預防措施」。因此，他讓阿爾馬格羅的兒子待在利馬，而以往擁護阿爾馬格羅的人，就成了他兒子的追隨者，同時，皮薩羅拒絕給予這個年輕人金錢上的援助，並褫奪了他父親留給他的新托萊多（New Toledo）總督之職。

有人警告皮薩羅，阿爾馬格羅的人因為經濟愈來愈拮据，變得滿懷怨恨，事實上，皮薩羅自己也看出些跡象，這些人在街上已拒絕向他舉帽致意，公共絞刑架上也被人發現掛了三根繩索，上頭寫有皮薩羅和他兩名親信的名字。僅管如此，這位征服者還是不以為意，一如既往地四處遊走，他的支持者更穿著華麗的服飾在阿爾馬格羅的人面前招搖，使得阿爾馬格羅的人對他們愈發反感。

到了一五四一年中，阿爾馬格羅的追隨者覺得他們已經受夠了，決定要在六月二十六日刺殺皮薩羅。

他們的計畫是在已故領導者位於大教堂旁廣場上的家（他的兒子現在的住所）中集合，然後在皮薩羅做完彌撒走出教堂時，一湧而上展開襲擊。

很難相信阿爾馬格羅的兒子對這項行動毫不知情，但他的確並未現身，而是由他的主要指導者胡安．德．哈拉達（Juan de Harrada，常被簡稱為「拉達」（Rada））帶頭。其中的一位同謀者，因受到良心譴責而向他的告解神父和盤托出這項密謀，結果，神父把告解守密這項原則拋到九霄雲外，迅速將這個消息傳遞給皮薩羅，但這位老戰士保持冷靜，如常行事，並不打算逮捕那些密謀反叛的人，只同意在那一天稱病不去做彌撒。

於是，當六月二十六日這一天到來，拉達一夥約二十人得知皮薩羅不去教堂後，驚愕得目瞪口呆。這意味著他們被發現了嗎？有些人想取消這次的行動作鳥獸散，希望皮薩羅對他們的謀劃完全不知情，但其他人則說，他們應該去敵人的家中襲擊他。

到最後，這項爭論被迫做出了決定，因為他們之中有個人猛力推開大門並跑到街上，說如果他們不加入他的話，他就要把他們的計畫公諸於世。

現在，已經沒有時間猶豫不決，也沒有退路了。他們傾巢而出，高喊著：「暴君的死期到了！」利馬的眾多居民都看到了發生的事，但沒有人趕去幫忙拯救皮薩羅。

皮薩羅的宅邸也座落於廣場上，要跑到那裡得先穿越兩處中庭，第一處有一座大門，能抵禦比拉達集結的叛軍更強大的軍力，但這時卻無人看守。

阿爾馬格羅的人於是長驅直入，仍然繼續高喊：「暴君的死期到了！」他們進入第二處中庭，在這裡遇到幾個僕從，他們先打倒了其中一個，其他僕從便驚惶失措地哭喊著救命，一哄而散。

皮薩羅當時正和二十多個前來關心他病況的朋友們一起用餐，其中有些人逃進了花園，皮薩羅命令他信任的一名士兵法蘭西斯科・德・查韋斯（Francisco de Chaves）把門擋住，這名士兵於是和他同父異母的兄弟唐・馬丁內斯・德・阿爾坎塔拉（Don Martinez de Alcantara）穿上他們的盔甲，並暗自希望那些逃走的賓客可以回來幫忙。

不幸的是，查韋斯沒去擋門，反而和叛亂份子講起理來。雙方的對話顯然相當簡短，因為他們很快結束交涉，並把查韋斯的屍體扔到樓下去了。

皮薩羅的隨從試圖阻擋這些殺手，但也遭遇了和查韋斯相同的命運。阿爾坎塔拉見狀，趕緊和幾個皮薩羅的聽差衝向前去抵抗拉達的人，而在此之際，皮薩羅還在努力穿上他的盔甲。

一幅十九世紀後期的法國版畫上所描繪的皮薩羅遇刺情景

在激烈的對決中，兩個拉達的人被殺了，阿爾坎塔拉與幾名聽差也多處受傷。當阿爾坎塔拉倒下時，已經六十多歲的皮薩羅仍像隻老虎般撲倒了他的攻擊者，殺了他們之中的兩個人。因為通道狹窄，他和聽差們宛如橋上的豪拉提奧（Horatio，前六世紀，站在羅馬 Sublican 橋上力抗敵軍的英雄），還能暫時阻擋來勢洶洶的武力，但是到最後，兩名聽差也都倒下了。另一名攻擊者被擊倒，但在倒下之前傷了皮薩羅的喉嚨，最後，當這位征服者無法將他的劍從敵手的軀幹中拔出時，一切都結束了。

印加帝國（Inca Empire）的征服者頹然倒下，其他人都舉劍刺入了他的身體，他用他的手指在灑滿地板的鮮血中劃了一個十字，默然承受了最後的致命一擊。

反叛者們衝上街頭，揮舞著他們血淋淋的武器大喊：「暴君死了！」皮薩羅被倉促地以草率儀式埋在大教堂裡一個不起眼的角落，他的人也都被免職了。

隨後，小阿爾馬格羅就職為祕魯的新總督，但不過才十五個月，他和西班牙國王派來的新總督對戰，在戰敗之後被處決。另外十二個參與暗殺皮薩羅的阿爾馬格羅人馬則不是戰死，就是後來也被處決了。

暗殺開始走向國際化

歸功於皮薩羅與其他征服者及探險家的開拓功績，這個世界對歐洲人來說變得愈來愈大，而刺客的觸手也隨之愈伸愈遠，使得政治謀殺開始走向國際化。

艾薩克・多里斯勞斯（Isaac Dorislaus）

劍橋大學的第一位歷史學教授是一位荷蘭人，名叫艾薩克・多里斯勞斯（Isaac Dorislaus）的喀爾文主義者（Calvinist）。

一六二七年，他三十二歲時被挖角到劍橋大學，但很快就引發了諸多爭議，他在講授古羅馬王權的起源時，引用了盧修斯・塔克文・蘇佩布被刺殺之例，說明壓迫人民的國王應被罷黜。彼得學院的院長（Master of Peterhouse）認為他的授課內容充滿了「危險」的想法，而開始與國會產生矛盾不合，最終導致內戰的國王查理一世（Charles I），也禁止多里斯勞斯再發表這類言論。

到了一六四九年，國王輸了內戰，後來接受審判並被處死。

雖然英國內戰（English Civil War）往往被描繪成國王與國會之間的政治衝突，事實上它的宗教因素涉入極深，激進、不遵循傳統的新教「清教徒」往往站在國會這一邊；高教會派英國國教徒（High Church Anglican）與羅馬天主教徒則支持國王。

多里斯勞斯同時也是一名律師，他被任命為起訴查理的律師之一，甚至有謠傳說他是一六四九年一月三十日把查理斬首的蒙面劊子手之一。

第二年的春天，這位荷蘭人本應擔任圖書館館長之職，但在正式任職之前，他同意代表奧立佛・克倫威爾（Oliver Cromwell）出使海牙，克倫威爾對他極為器重，於是，多里斯勞斯與國會大使沃爾特・斯特里克蘭德（Walter Strickland）合作，負責與荷蘭共和國談判結盟。殊不知，有一樁暗殺正在伺機而動。

查理一世的兒子（即將成為查理二世）也在海牙，這座城市滿是被放逐的保王黨成員（Royalist），當他們聽到有個弒君者就要到來的消息，不由得怒火中燒。偉大的蘇格蘭保王黨將軍蒙特羅斯侯爵（Marquess of Montrose）激起怒火，從邊境北方跟隨他一起流亡的保王黨員中，挑選出一支菁英隊伍，包括了約翰・史波提伍德爵士（Sir John Spottiswood）、主教之子沃爾特・惠特福德上校（Colonel Walter Whitford）等人。

四月二十九日，多里斯勞斯住進了白天鵝旅店（White Swan Inn），那些反叛份子大聲吹噓著他們即將把多里斯勞斯的項上人頭當成戰利品。

消息傳到了斯特里克蘭德耳中，於是，這位大使設法說服多里斯勞斯搬到他家住以便保護他，但多里斯勞斯漫不經心、毫不在意的態度與皮薩羅不相上下，這位荷蘭人對安全顧慮的唯一讓步，就是取消一趟穿越城市去拜訪斯特里克蘭德的行程。

五月一日，反叛份子嘗試暗殺他但失敗了，儘管如此，這位特使仍然泰然自若並不為所動。

第二天，因為多里斯勞斯取消了行程，斯特里克蘭德遂安排前往白天鵝旅店看望他。會面之後，大使返家，多里斯勞斯坐下來享用晚餐。這時，約莫十二名攜帶武器的人進了旅店，他們已經研究過旅店的格局，知道那名弒君者住在哪一個房間，於是，他們吹滅走廊上的燈光，一邊拔出長劍與手槍、一邊奔跑，旅店裡的服務侍者們嚇得魂不附體地大喊：「殺人啦！」

兩名僕從在多里斯勞斯的房裡用力抵住房門，試圖擋住門不讓刺客進來。在此之際，多里斯勞斯正設法尋找其他出路，一無所獲之後，他似乎放棄而屈服於命運了。

僕從們說：「他坐回他的椅子，斜倚在交叉的雙臂上，面對著房門。」

當殺手們破門而入時，發現他們的獵物冷靜端坐著，毫不畏懼地正視著他們。當他們用劍與槍要脅兩名手無寸鐵的僕從時，惠特福德揮劍刺穿了多里斯勞斯的頭，了結了他的性命。其他的同謀者也紛紛用他們的武器刺入多里斯勞斯的屍身，高喊著：「國王的審判者死了一個！」然後一哄而散。

惠特福德在同謀的葡萄牙大使幫助下越過邊界，逃到西屬尼德蘭（Spanish Netherlands），靠著皇家俸祿度日；史波提伍德就沒那麼幸運了，他為查理二世在蘇格蘭發動起義，失敗之後，死於劊子手的處決；蒙特羅斯也在查理摒棄他之後被處決。

國會將多里斯勞斯葬在西敏寺（Westminster Abbey），但在查理二世復辟之後，他被降貶到西敏寺旁邊的聖瑪格麗特教堂（St Margaret's）中安置。

重建騎士典範的日本暗殺行動

當歐洲許多人對暗殺風聲鶴唳、聞之喪膽時，日本發生了一起暗殺，今日甚至被描述為日本的民族傳奇。

我們看到十五世紀的日本，人們擔憂騎士精神與俠義典範正逐漸凋零，但在十八世紀初的一起暗殺，卻似乎重新彰顯了「武士道」（Bushido），也就是武士（日本世襲的武職階級）的榮譽守則。

淺野長矩與四十七名武士

一七〇一年，江戶（Edo，現在的東京）的一位幕府高官吉良義央（Kira Yoshinaka），負責指導到訪的兩位藩主淺野長矩（Asano Naganori）與龜井樣（Kamei Sama）接待禮儀。藩主致贈禮物給指導者是一種習俗，但吉良覺得淺野和龜井帶來的禮物讓他很沒面子，所以他開始百般刁難並羞辱他們。

淺野默默咬牙承受，但龜井怒火中燒，並開始計畫要刺殺吉良，但這時，龜井的人小心謹慎地賄賂這位高官，以確保龜井可獲得較好的待遇；而吉良或許被淺野未乖乖行賄所激怒，於是對淺野的態度變得更糟，說他是一個沒有禮貌的鄉巴佬。淺野勃然大怒，手持匕首撲向吉良，在被守衛拖開之前已刺中了吉良的臉。

以如此方式攻擊幕府高官不啻是自掘墳墓的重罪，淺野不得不依傳統的開膛剖肚方式「切腹」（Harakiri）謝罪。

跟隨淺野的三百名武士得知此事之後，個個怒不可遏。其中的四十七名武士秉持著「武士道」的規範，聯合起來要殺死吉良為淺野報仇。然而，這名高官早已預料會有這樣的後果，所以時時確保維持嚴密的防範。

為了使吉良放鬆戒備，這四十七名武士分散開來，他們的領頭者大石內藏助（Oishi Yoshio）和妻子離異，似乎自甘墮落地過起花天酒地的糜爛生活；其他的人則假裝成商販或工匠，以便進入吉良的家中了解其格局配置。

到了一七〇三年，吉良的守備開始鬆懈，大石內藏助的復仇團隊已經做好了準備。

在十二月一個下著雪的寒冷清晨，他

四十七名武士的首領大石內藏助（Oishi Yoshio），出自尾形月耕（Ogata Gekko）的凸印彩色雕版，一八九七年。

們展開了攻擊，在困住吉良之前，至少已殺了十六個吉良的人。他們給吉良一個體面的提議，讓他切腹以自行了斷，但他拒絕了，於是大石斬下了他的首級。

接著，這四十七名武士把吉良的首級帶到淺野的墓前，告慰主公的在天之靈，然後向幕府將軍自首。

最初，他們被判處了死刑，後來敬佩他們俠義精神的人們，向幕府將軍提出了請願，於是幕府將軍允許他們切腹自殺，光榮死去，其中只有大石的兒子一人，因年幼而被赦免。

如今，這四十七名忠義武士的故事，仍以戲劇、歌劇及電影（已有六部以上）的形式一再上演。

被視為官方政策的暗殺

在土耳其的鄂圖曼帝國（Ottoman Empire），關於暗殺的不尋常之處，在於它是官方認可的行動。

一四五三年攻陷君士坦丁堡（Constantinople）的征服者蘇丹穆罕默德二世（Mehmed II）宣稱，如果「我的任何一個兒子登基，為了人們的共同利益著想而殺死他的兄弟，是可接受的行為。」他說大多數的穆斯林學者也都認可這種做法。

聽起來或許冷酷無情，但可以看出他的重點為何：藉由消除任何可能的王位競爭對手，來確保和平。

十五世紀初，就曾經發生過四位王子因爭奪王位，而導致了一場長達十年的內戰。約莫一百年之後，敘利亞的漢巴利教法學派（Hanbali）學者卡爾米（Karmi）從理智的角度分析，贊同殺害兄弟及同父異母兄弟的理由：兩害相權取其輕，殺死少數人以挽救更多人的性命，這是可被容許的做法。

穆罕默德並未訂下任何明確的繼任規則，因此，最幸運或最足智多謀的兒子就會脫穎而出。當然，在位的蘇丹也可能會對他最喜愛的兒子伸出援手。

這項手足相殘的規則並非普遍適用，不過，它的確是一百五十年來八十位皇室成員的死因。當穆罕默德三世（Mehmed III）在一五九五年繼任為蘇丹後，下令用絲巾勒死了十九位兄弟（由於土耳其的傳統禁止讓皇室成員流血，因此「勒死」是最受青睞的死法），這些兄弟之中有些還只是嬰兒。

這種大規模的暗殺行為，引發了強烈的抗議聲浪，以致於穆罕默德的兒子艾哈邁德一世（Ahmed I）決定終結這項作法。

有些人認為，如此將使帝國加速衰亡，因為早期適者生存的作法，有助於讓最適任的候選人登上王位。自從這項作法被廢除之後，王位開始傳給蘇丹在世的最年長兄弟。好處是，可降低由孩童繼任王位的風險，但缺點是，自艾哈邁德一世之後，其他的皇室成員雖然保住了性命，卻都被軟禁在伊斯坦堡（Istanbul）的托普卡匹皇宮（Topkapi Palace）中，猶如禁臠，只能流連於嬪妃侍妾與編織裝飾的流蘇花邊中。倘若有一天，他們被要求上位成為蘇丹，必然毫無準備承擔這項重責大任。

三十年戰爭

在所有「宗教戰爭」中最具毀滅性的一場，就是「三十年戰爭」（Thirty Years War），這也是第一次的泛歐衝突，這場戰爭讓中歐在一六一八年至一六四八年間成為一片廢墟焦土，那片當時被稱為「神聖羅馬帝國」（Holy Roman Empire）的廣闊土地，成了兵戎相見的戰場。

所謂「神聖羅馬帝國」，被伏爾泰（Voltaire）斥為「既非神聖、亦非羅馬，更不是一個帝國」，而是數百處大多為獨立領土的集結，分布於今日的德國土地上，也包括了奧地利、比利時、捷克共和國，以及法國、瑞士、波蘭等國的部分領土。皇帝可對所有地區行使若干權力，但各別領土也都小心謹慎地捍衛著自己的權利。

剛開始只是一場天主教徒與新教徒之間的戰爭，最終卻演變成西班牙天主教與法國天主教之間的霸權爭奪戰，而法國則站在新教徒這邊，作為控制西班牙的一種方式。到戰爭結束時，約有八百萬人因戰爭、飢荒、疾病而喪生。

阿爾布雷希特・馮・華倫斯坦（Albrecht von Wallenstein）

阿爾布雷希特・馮・華倫斯坦（Albrecht von Wallenstein）是羅馬天主教徒這一方最偉大的將軍，他從小在現今的捷克共和國波西米亞地區，以新教徒身分被扶養長大，後來在三十歲出頭時改信天主教。

有故事說，他改信天主教是因為他相信當他不慎掉落窗外時，是聖母瑪利亞（Virgin Mary）救了他一命。但事實上，他的動機可能是因為新教徒幾乎不可能在波西米亞找到高階工作。不管是哪一種情況，華倫斯坦改信天主教後，在聽他告解的神父（Confessor）幫助下，他娶了一位年長而富有的寡婦，而這位寡婦在五年後身亡，留給他一筆十分豐厚的遺產。

到「三十年戰爭」開始時，華倫斯坦已經是一位經驗豐富的指揮官，他運用財富募集了一支騎兵團，為天主教的神聖羅馬皇帝斐迪南二世（Ferdinand II）提供了傑出的服務。不久，這位將領開始擁兵自重，他的軍隊士兵超過了兩萬名。

到了一六二五年，他成了帝國軍隊的總指揮官，而就像這場軍事衝突中的許多指揮官一樣，他管理軍事行動像在經營生意，更創造出這句短語：「戰爭會餵養它自己。」（War feeds itself）。一連串驚人的勝利讓他變得愈來愈富有，因為皇帝讓他統治他所征服的部分領土。

約一八四〇年的水彩畫，描繪阿爾布雷希特·馮·華倫斯坦遇刺情景。

自一六二〇年代末以來，華倫斯坦似乎志得意滿到過了頭，開始和新教的親王君主們談起建立一間以他為中心的偉大貿易公司，到那時為止，華倫斯坦已然樹敵眾多，同時，眾多小領土的統治者咸信一支帝國大軍會對他們的獨立性構成威脅，因此，在一六三〇年，他們說服皇帝斐迪南二世解除華倫斯坦的軍職。

當時，偉大的瑞典國王，號稱「北方雄獅」（Lion of the North）的古斯塔夫·阿道夫（Gustavus

Adolphus）介入了這場爭鬥。華倫斯坦決定要報復皇帝，於是開始與古斯塔夫進行密謀，但這位國王行事相當謹慎。後來，古斯塔夫在一場重大戰役中擊潰了新任將軍帶領的帝國大軍，因此，在一六三二年，皇帝只好向華倫斯坦低頭，恢復他的帝國指揮官之職，並再次將領土移交給他。

當這兩位偉大的指揮官終於在戰場上面對面時，古斯塔夫．阿道夫戰死了，但華倫斯坦卻輸了這場戰役，後來，他開始自行與瑞典及其他帝國的敵人進行和平談判。

這位波西米亞人是占星術的忠實信徒，他相信，星象顯示了他的將軍們對他完全忠誠，但事實上，他們有些人及占星師都向斐迪南告發了他。

一六三四年一月，皇帝再度解除他的職位，並下令無論死活都要逮捕他，他發動了一場叛亂，但是到了二月，他的士兵逐漸開溜，他於是將大幅縮減的兵力移至捷克的切布鎮（Cheb），希望能與瑞典人聯手。

華倫斯坦的軍官中有兩名愛爾蘭傭兵沃爾特．戴弗瑞（Walter Devereux）與沃爾特．巴特勒（Walter Butler），巴特勒統率華倫斯坦的重騎兵護衛隊，他安排讓華倫斯坦的主要支持者在晚餐時遇刺，而戴弗瑞則在華倫斯坦睡著時闖入。華倫斯坦求戴佛瑞饒了他的命，但這位愛爾蘭人用戟刺死了他。

皇帝酬謝了巴特勒與戴弗瑞，但巴特勒在同一年死於瘟疫，戴弗瑞則沒能從戰爭中倖存下來。

這場戰事又肆虐了十四年，最後在皇帝的力量日漸式微，而各國的權力與日俱增的情況下，終於告終。

約格・杰納奇（Jörg Jenatsch）

「三十年戰爭」也見證了「宗教戰爭」中最奇特的一起暗殺，一六三九年發生於瑞士最古老城鎮庫爾（Chur）的約格・杰納奇（Jörg Jenatsch）遇刺案。

庫爾是格勞賓登州（Grisons）的首府，阿爾卑斯山隘口使得這個城鎮具有重要的戰略地位。鎮上大部分人口都是新教徒，但天主教主教仍保有他的大教堂及可俯瞰這座城鎮的城堡，而禍事的源頭即由此而生。

一六二一年，戰爭初期的某個夜晚，一位新教牧師杰納奇帶領了一群人來到龐貝烏斯・普蘭塔（Pompeius Planta）的城堡，普蘭塔是領導該地區天主教派系的一位貴族。

故事是這麼說的：普蘭塔試圖躲藏在一根煙囪裡，但不幸被他的狗洩漏了他的蹤跡，於是，刺客們把他拖出來拳打腳踢，杰納奇可能親自用斧頭砍下致命的一擊。事後，他辭去神職人員的工作投身軍旅。

在一支法國軍隊的幫助下，杰納奇和他的部下把西班牙的奧地利盟友，從格勞賓登州驅趕出去，法國人則留下來協助防禦該區。但隨著法國人變得愈來愈專橫傲慢，杰納奇在一六三五

一幅當代肖像所描繪的約格．杰納奇。

年改信天主教，並與奧地利人達成秘密協議，要把法國人逐出該區。

最終的結果是，肅清了格勞賓登州所有的外國軍隊，而杰納奇顯然是這場瑞士戰爭中最重要的人物之一。

一六三九年，在庫爾鎮的狂歡節中，杰納奇為他的軍官們主辦了一場宴會，慶典中有一群穿著奇裝異服的人出現並包圍住他，看起來似乎蠻好玩的，直到一個打扮成熊的人用斧頭把他砍死。

有些人說，那把斧頭和他十八年前殺害普蘭塔的武器是一樣的。

這些殺手們的身分從未被證實，是對杰納奇的變節深感憤怒的新教徒嗎？還是龐貝烏斯．普蘭塔的兒子所指使的復仇行動？我們或許永遠無法得知。

第二選擇的受害者

若說杰納奇遇刺是這個時代最奇特的一起暗殺事件，那麼聖安德魯斯大主教詹姆斯．夏普（Archbishop James Sharp of St Andrews）的遇刺，或許可說是最不走運的一起事件了。

聖安德魯斯大主教詹姆斯．夏普（Archbishop James Sharp of St Andrews）

在蘇格蘭，甚至在英國內戰爆發之前，長老會誓約派（Presbyterian Covenanters）就已拿起武器，對抗查理一世強行控制邊界北方的主教之舉，而且直到查理一世的兒子在一六六〇年復辟之後，仍奮戰不懈。

一六七九年五月三日，當地的幾個地主、一個織布工及六個佃農聚集在聖安德魯斯（St Andrews）附近的馬格斯摩爾（Magus Moor），試圖暗殺法夫郡（Fife）的代理郡長，他是帶頭壓迫誓約派的迫害者，而他們預計他將經過此處，但是，一直沒有他的蹤跡。就在他們看似白白浪費了時間，即將無功而返之際，有人向他們透露大主教夏普的馬車正朝這方向駛來的消息。

夏普在復辟查理二世、後續對蘇格蘭教會主教施加干預，以及貶抑長老會教義等方面扮演了重要的角色，也是個令誓約派厭惡的公眾人物。一六六八年，曾有刺客在愛丁堡的高街（High Street）對他開槍，但沒能成功。

一六七九年，大主教夏普在他女兒面前被暗殺，一百五十年後由一位畫家憑想像描繪出當時的情景。

對這些密謀者來說，讓他們的努力付諸流水宛如一大恥辱，因此，夏普的來到就像是一份如實不虛的天賜之禮，他們歡呼著：「上帝把他送到我們手中！」

至少對某些人來說，不攻擊大主教似乎是否決了主的旨意。他們的領導者曾經私下與夏普有過爭執，但審慎地拒絕參與此事，其他人全都滿腔熱情地勇往直前，而且即便看見大主教的女兒也坐在馬車裡，他們的熱情仍然絲毫不減。

馬車試圖甩開他們，但這些刺客追趕了半英哩，還開槍射擊。其中一人設法趕到了馬車前頭，並用劍刺中了馬匹的頭，另一人則和車伕打鬥起來並抓住了韁繩，還有另一個人用槍傷了夏普，並讓馬車停了下來。

有個說法是，刺客們擔心子彈可能殺不死大主教，所以，他們強逼他下了馬車，然後用劍狂暴地攻擊他，直到他倒地不起為止。

大主教遇刺幾個小時後，其中一個殺手被前來逮捕他的士兵們射傷，不久就死了；一個月後，另一個人在博斯威爾橋戰役（Battle of Bothwell Bridge）中受了致命傷，誓約派在這場戰役中被政府軍擊敗。另外四個人在接下來的四年中陸續被處決了，還有另一個人被捕獲，但結局不明。另外，還有兩個人似乎逃脫了。

這場暗殺的後續發展，在華特．史考特爵士的歷史小說《古老的死亡》（Old Mortality，一八一六年）中，占有重要的篇幅。

＊＊＊＊＊＊＊＊＊＊＊＊＊＊＊＊

正如我們所見，鄂圖曼帝國對暗殺的態度算是一種特例，所以在「宗教戰爭」時代的暗殺分析中，我略去了其八十起皇室成員謀殺案，留下二十三起加以檢視。

首先，關於受害者，其中十名是統治者，包括了六位國王與一位攝政王，還有一位女王的丈夫；另外六名是重要的政治家，兩名是地位較高的宗教人物，兩名是將軍，三名是叛軍或曾經是叛軍。沒有女性受害者。

皮薩羅與一位波斯國王納迪爾沙（Nader Shah）這兩名受害者激烈反擊，據說殺了好幾個與他們對戰的刺客。

至於地點，有十五起發生在歐洲，其中五起在法國、四起在現在的英國、三起在蘇格蘭；另外，有七起發生在亞洲，一起發生在南美洲。

雖然暗殺事件的幕後黑手有三位國王、一位皇帝，可能還有一位女王（如果蘇格蘭女王瑪麗有參與達恩里的謀殺），但沒有任何一人真正親自動手。沒錯，二十三起中，只有四起的教唆煽動者，是在暗殺受害者時親自下手。

如同「騎士時代」，「宗教戰爭」這個時代的暗殺仍是男性占絕大多數，蘇格蘭女王瑪麗是所有實例（包括殺手與委託者）中的唯一女性嫌犯。

這個時代的殺手中，有七名是單獨犯案，但其中可能只有兩名是在沒有其他共謀者的支持下行動。

家族中的謀殺比例持續下滑，沒有任何親密的家庭成員是殺手，但教唆煽動者中則有一位兒子、可能還有一位姪兒或外甥，以及一位妻子。

如同「騎士時代」，護衛的背叛已不常見，只在兩起中發生。四起或五起則涉及背信，比例與「騎士時代」雷同。吉斯公爵被誘騙參加一場會晤；沉默者威廉的謀殺者，處心積慮地騙取受害者的信任；亞歷山德羅·德·麥地奇則是落入了美人計的圈套。

假消息成了暗殺的正當手段，這在這個時代首次出現。一六一七年，路易十三下令暗殺法國首席部長康西諾·孔奇尼（Concino Concini）之舉，即以孔奇尼拒捕的虛假理由來證明其正當性；他被處死後，他的妻子亦被以施行巫術的捏造罪名處死。

在幾近半數的案例中，有十一起的殺手是敵方的士兵或支持者。在「宗教戰爭」時代，有一名大主教、一名修道院院長、一名牧師及一名庶務修士是殺手或教唆煽動者，這或許並不讓人感到訝異，但與「騎士時代」相比，教堂與聖地已不再是最受青睞的暗殺地點了，儘管紅衣主教吉斯是在聖誕節前夕被殺害。

「宗教」在多達七起的暗殺中為發揮影響力的主要動機；憤怒或憎恨則是次要的動機，相關案件多達五起；再來是復仇，多達三起；還有恐懼，也多達三起。只有兩起或三起的暗殺是為奪取王位的野心所驅使，三起則有其他的政治目的。

在一起暗殺中，物質報酬或許是關鍵因素，但兩名刺客的神智是否健全則受到了質疑。

用刀劍刺殺仍是最受青睞的方式，在可確認暗殺方式的十九起案例中，就有十三起採用這個方式。槍枝首次登場，並被使用於六起暗殺當中，其中有兩起的受害者也同時被刀劍刺殺；而在達恩里勳爵的暗殺中，還涉及了神秘的火藥爆炸物。儘管這些新技術陸續出現，我們知道只有一起暗殺（莫雷伯爵）的受害者，可以肯定是從遠距離被開槍射殺。

唯一涉及重大損傷的暗殺，是由四十七名失去首領的武士，所犯下的吉良義央暗殺事件，他們在找到受害者之前，至少殺了十六個阻擋他們去路的抵抗者。

至於刺客的命運，在二十二起知道結果的暗殺當中，有一起的刺客是當下就被殺死了，在另外八起中，部分或所有的刺客都在一年以內被處決；而在另外四起中，至少有些刺客在五年以內死於非命。

俗話說善有善報、惡有惡報，不是不報，只是時候未到，有時需要等上一段時間，所以，加斯帕爾．德．科利尼的謀殺教唆者吉斯公爵，過了十六年也被暗殺了；而命運之神花了十八年時間，趕上了約格．杰納奇。

在至少三起的暗殺中，殺手完全逍遙法外；在另外一起中，有些刺客並未受到懲罰。至於那四十七名失去首領的武士，則有一人被赦免。

至少有兩名刺客受到獎賞，謀殺沉默者威廉的殺手家人也獲得了豐厚的報酬。在日本，這四十七名失去首領的武士成了傳奇人物；一六二八年，暗殺不受歡迎的皇室愛將白金漢公爵（Duke of Buckingham）的刺客，也成了英國的英雄。此外，教皇甚至考慮將謀殺法國國王亨利三世的人封為聖徒。

至少有八起暗殺導致了動盪失序的局勢，不過，這些局勢在暗殺之前即已動盪不安。在法國亨利四世的例子中，暗殺所導致的混亂失序程度，可能比預期的情況要好些。

納迪爾沙在一七四七年被暗殺之後，他的帝國隨之分崩離析；但儘管亞歷山德羅・德・麥地奇被謀殺，他的家族仍然統治了長達兩個世紀之久。

在十六起動機與結果都明確得足以做出判斷的暗殺中，有六起可被視為完全成功，而另外有五起則是部分成功，有一起顯然是失敗了，另有四起則是失敗的成分大於成功。

第五章
革命時期

一七八九年，法國大革命（French Revolution），歷史上最值得紀念的日子之一。在隨後約莫一個世紀的時間裡，民族解放的革命與戰爭風起雲湧。儘管法國國王還穩坐三十年寶座，但在世界另一端的菲律賓人民，已試圖點燃自由的火炬。

迪亞哥·西朗（Diego Silang）

從一七五六年延燒至一七六三年的「七年戰爭」（Seven Years War），有時也被稱為「第一次世界大戰」（First World War），因為這場戰爭的範圍橫跨了五大洲，由英國領導的聯盟對抗法國、西班牙及其同盟國。

在菲律賓最大的呂宋島（Luzon）上，伊洛卡諾（Ilokano）人對西班牙殖民當局強制徵收重稅、壟斷及強迫勞動感到不滿，因此，當英國人於一七六二年九月發動攻擊時，一名叫迪亞哥．西朗（Diego Silang）的小信差認為，此時西班牙正自顧不暇，可能就是伊洛卡諾人起而反抗的機會。

於是，西朗集結了一支軍隊，把西班牙人趕出了他的家鄉美岸（Vigan），希望建立起獨立的伊洛卡諾國（儘管他同時也承認英國國王喬治三世是他的最高統治者）。英國也給了他贈禮與頭銜，但承諾的軍事援助卻始終不曾到來。

西朗仍設法反抗西班牙行政當局，但天主教教會展現了更堅定的決心。當叛軍開始對神職人員強行課取財政稅收，美岸的主教宣布自己為該省的統治者，接著將西朗逐出教會，並命令他的追隨者背棄他。但是當這項作法行不通時，一七六三年五月二十八日，主教決定嘗試暗殺，於是說服西朗的兩個朋友去到他家，從背後射殺他。

西朗死在他妻子加布里埃拉（Gabriela）的懷裡，而後，加布里埃拉接任成為反抗運動的領袖，還贏得「菲律賓的『聖女貞德』」（the Philippines' Joan of Arc'）稱號。但四個月之後，她就與剩餘的追隨者一同被捕，並被處決了。

法國大革命

二十六年後，法國的君主政體被推翻了，暗殺不但被用於促成革命，同時也被用於對抗革命。

雅克·德·弗萊塞勒（Jacques de Flesselles）

一七八九年七月十四日，巴士底監獄（Bastille）被攻陷的那一天，醜陋的暗殺再度發生。當時，六十幾歲的雅克·德·弗萊塞勒（Jacques de Flesselles）在巴黎擔任商人的監督者，是巴黎最重要的官員之一。當局腹背受敵，狂熱的革命暴民在街上遊蕩，對富人造成威脅，同時也憂心皇家大軍可能強襲猛攻這座城市。

因此，一群富裕的資產階級自行任命為地方自治政府，在巴黎市政廳（Hôtel de Ville）設立了常設委員會（Permanent Committee），並在弗萊塞勒的主持下監督法國首都的防禦。

這個委員會決定籌組一支市民自衛隊，但是當上千名市民在七月十三日出現在市政廳外要求取得武器時，弗萊塞勒顯得態度冷淡，也許他認為這些人不是合適的人選，不管怎樣，他還是設法湊到了三把毛瑟槍，並建議他們去一間卡爾特教團（Carthusian）的修道院及當地的一座槍枝工廠碰碰運氣，但結果證明只是白費力氣。

現在，所有市民都把弗萊塞勒貼上了「人民敵人」的標籤，咸認他故意阻撓他們武裝、自我捍衛的努力。

第二天早晨，大批群眾出現在傷兵院（Les Invalides），在衛戍部隊的協助與慫恿（而不是抵抗）下，取得了三萬支毛瑟槍的武裝軍備。接下來，他們只需要火藥了。

透過攻陷巴士底監獄這項深具代表性的行動，他們取得了火藥。但在這項行動中，有八十多名的襲擊者喪生，典獄長也在投降時被暴民殺了。

沒多久，弗萊塞勒出現在市政廳的台階上，隨即被一把手槍射殺身亡，但沒有人知道是誰開的槍。他死後被斬首，首級則插在一根木樁上，在巴黎遊街示眾。

讓－保羅．馬拉（Jean-Paul Marat）

像菲律賓一樣，法國最著名的暗殺並非是革命家所執行的暗殺，而是革命家所遭受的暗殺。在這個一觸即發、火藥味濃厚的時代，最具煽動性的點火者之一就是讓－保羅．馬拉（Jean-Paul Marat）。

馬拉年輕時曾經習醫，並成為眼疾的專家，後來在倫敦與荷蘭行醫，但債台高築，據說還曾因試圖在博物館竊取獎牌勳章而被逮捕。馬拉回到法國後，設法鑽營成為一位上流社會的醫生，使用的信紙上甚至飾有偽造的盾形紋章。他在路易十六（Louis XVI）的兄弟阿圖瓦伯爵

（Comte d'Artois）家中任職，獲得一位侯爵夫人的贊助，因為他似乎治癒了這位夫人的肺結核（雖然當他被人發現他的專利療法事實上只是白堊粉加水，聲譽因而受損）。

這位最初的革命家撰寫了眾多主題的科學論文，但對艾薩克・牛頓（Isaac Newton）普遍受到認同的正統理論提出質疑，而且對自己未被享有盛譽的科學院（Academy of Sciences）承認感到極為不滿。

身為半個薩丁島人（Sardinian），馬拉膚色漆黑，一位在巴黎觀察到他的英國醫生約翰・摩爾（John Moore）形容他「帶著枯槁而憔悴的氣色」。這位革命家宣稱自己每天工作二十一個小時，只睡兩個小時。

他似乎無法讓身體保持不動，當他在閱讀時，他的嘴會不由自主地抽搐。更糟的是，他患有難看的皮膚病，這意味著他會散發出可怕的氣味。根據一位和他同時代的人描述：「瘡口經常流膿，使他的面容留下了坑坑窪窪的可怕疤痕。」有些人說，馬拉是某次為了逃避當局以激進主義名義逮捕他，躲藏在陰溝中而染上了這種病。

他特意穿著極為骯髒的衣服（因為當時任何帶著一丁點優雅品味的服飾，都可能被視為是偏向反革命的一方），頭上綁一條汙穢的、浸了醋的紅色頭巾，以舒緩他不斷發炎、疼痛的皮膚。

當法國大革命爆發時，馬拉四十六歲，而這場革命正好造就了他，正如他所形容的，帶來了「希望，得以看見人們復仇，以及我自己被放在應得的位置。」

他創辦了一份尖酸刻薄的報紙《人民之友》（L'Ami du peuple），強烈斥責所有人，認為變節與背叛無所不在，並宣稱：「為了確保公眾安寧，必須砍掉二十萬人的頭。」

對於溫和派的危險性，他傳達了令人毛骨悚然的警告：「若讓你的敵人獲勝，哪怕只有片刻時間，都會血流成河，他們會毫不留情地砍斷你的喉嚨、切開你妻子的肚子，為了永遠消滅你對自由的熱愛，他們血腥的雙手將會伸進你孩子的內臟中並扯下心臟。」

馬拉當選為國民公會（Convention）——法國的第一個共和議會（Republican Assembly）——的代表，他加入極左翼的雅各賓黨人（Jacobins）中的山嶽派（Montagnard）。

根據摩爾醫生的記載，馬拉似乎「總是凝視著議會的與會者……以充滿威嚇或蔑視的目光，說話的聲音低沉而沙啞，帶著做作、不自然的莊嚴感。」

馬拉偏激而狂熱，以至於「連他想支持的黨派，似乎都以他為恥，顯然所有人都迴避他並厭惡他。」每當他走進國民公會時，「四面八方的人都對他避之唯恐不及」；當他坐下時，附近的人都會站起身來挪換位子。如果他觸碰了某個同僚，他們就會直往後縮，「彷彿是被有毒的爬蟲類碰觸到」，並大叫：「別碰我！」但馬拉絲毫不受影響，他認為，被一大圈敵人包圍，證明了他走在正確的道路上。

踏出了國民公會，卻是一番截然不同的光景，馬拉可是群眾的寵兒。

一七九三年四月，趁各省若干雅各賓黨人缺席之際，較溫和的吉倫特黨人（Girondins）逮捕了馬拉，在法庭上，「無褲漢」（Sansculottes，指下層階級的民眾）為他瘋狂歡呼。接著當他被無罪釋放時，他們把他抬在肩上高高舉起送入國民公會，並揮舞著武器，宣布他們願意為捍衛他而戰。

接下來幾個星期，隨著形勢逐漸轉變，二十多名吉倫特黨人被處決了，馬拉津津樂道地大聲宣讀這些死囚的姓名，其他許多人逃往諾曼第（Normandy），並在那裡密謀反對這位革命家，他們說這人摧毀了自由並創造出一個獨裁者。

為他們的話語所迷惑的人當中，有一名二十四歲的女子，名叫夏綠蒂・科黛（Charlotte Corday）。

夏綠蒂・科黛（Charlotte Corday）

科黛來自一個陷入困境的貴族家族，她又高又壯，曾在女修道院受過教育，隨後研讀了普魯塔克（Plutarch）與古典哲學作品，以及盧梭（Rousseau）與伏爾泰等偉大啟蒙文學作家的著作。

科黛承諾（以某種尚未確定的方式）幫助這些流亡他鄉的吉倫特黨人，在一七九三年七月十一日，她抵達了巴黎。

婦女在法國大革命中扮演了異常重要的角色，舉例來說，在一七八九年十月的凡爾賽大遊行（March on Versailles）中，成千上萬名婦女湧向皇宮，要求更便宜的麵包，並迫使國王與皇后返回巴黎。

現在，科黛擬定了一項在國民公會暗殺馬拉的計畫，但馬拉備受折磨的皮膚無法承受這時的暑熱，因此他整天都躺在家中的浴缸泡著藥浴，在那裡繼續處理業務並撰寫他的報紙。因此，科黛決定去他家裡暗殺他。

七月十三日一大早，科黛買了一把廚刀，把刀子藏在她的緊身胸衣裡，然後出發前往馬拉的家，但馬拉情婦的姊姊把她打發走，說馬拉病得太重無法接見她。因此，她給馬拉寫了一封信，信中這麼宣稱：「我來自康城（Caen），你對國家的愛一定會讓你想知道，那裡正在醞釀著什麼樣的陰謀計畫。」

把信送出去之後，她穿上她最好的衣服，重新整裝出發。這一次，換成馬

夏綠蒂・科黛：以十九世紀美國畫家阿隆佐・查佩爾（Alonzo Chappel）的畫為依據所創作的版畫。

拉家中的廚子想把她打發走，當科黛提出抗議時，馬拉的情婦來到門前，又對她重覆了之前說過的話：馬拉病得太重了，她能不能過幾天再來？

屋內的馬拉聽到了這陣喧鬧聲響，詢問是誰來訪，當他得知是寄信給他的那個來自康城的女人，便堅持讓她進來。除了藏在緊身胸衣裡的那把刀，科黛還在她的連衣裙上別了她的洗禮證明書，以及一封「致法國人民」的聲明書，說明她的動機。

科黛進屋後，發現馬拉浸泡在一個銅製浴缸裡，頭上包著一條潮濕的頭巾，浴缸的頂部放著一塊擺滿文件和信件的木板。

科黛一口氣說出十八位吉倫特黨人的代表，她說這些都是對抗雅各賓黨的人，馬拉寫下他們的名字，然後說：「他們很快就會被送上斷頭台了。」這時，科黛立刻拔出她的刀子刺入馬拉的胸膛、切斷一條大動脈，並刺穿了他的肺。

馬拉大聲呼救，被嚇得魂不附體的情婦跑進來，用手按住他的傷口，試圖止住噴湧而出的鮮血，但過不了多久，馬拉就死了。

科黛或許靠著業餘者的運氣，刺出了致命的一擊（當她在法庭上受審，檢察官評論她的暗殺技巧時，科黛驚呼：「天啊！他把我當成了一名刺客！」）。

科黛的任務完成了，這位年輕女子平靜地離開現場，但馬拉在《人民之友》的一名同僚用一把椅子把她擊倒在地，她的回應是：「行動完成，怪物已死。」官方當局迅速抵達，把科黛送進了監獄。

一位記者對她的沉著深感震驚，她離開時「彷彿正要去參加舞會」。

四天之後，她接受了審判，當檢察官問她，她想藉著殺害馬拉獲得什麼，她回答：「為我的國家帶來和平。」

但是，她相信殺了馬拉，她就能殺死「所有的馬拉」嗎？

「這一個馬拉死了，其他的馬拉或許會

雅克－路易．大衛（Jacques-Louis David），《馬拉之死》（The Death of Marat），一七九三年，油畫。

感到害怕。」她這麼說。

然後她指摘巴黎都會的上層菁英：「只有在巴黎，人們才會被這個人迷惑；在其他各省，他始終被視為一個怪物。」

科黛宣稱自己在法國大革命之前就一直擁護共和政體，她更援引了考底利耶對暗殺的辯護：「我殺一人以拯救十萬人，殺惡人以拯救無辜者，殺野蠻的野獸以平靜我的國家。」

科黛第二天就被處決了，但她冷靜的勇氣使敵友雙方都對她敬佩又感動，並將她和布魯圖斯（Brutus）做了比較，不過，革命當局對此深感苦惱，因為他們曾用羅馬刺客的半身像裝飾法國的市政廳與公共空間，作為共和政體德行的體現。

在科黛被帶往斷頭台的最後一段路上，她與行刑的劊子手進行了禮貌的交談。當斷頭台映入眼簾時，這名劊子手站起身來，試圖擋住科黛的視線，但她要求他坐下，說她「很好奇」，想看看斷頭台的模樣。

科黛被斬首之後，劊子手的助手將她的首級舉起來，並掌摑她的臉頰，使得圍觀群眾深感憤怒，這名助手於是被送進監獄裡關了好一陣子。

雅各賓黨人堅決認為科黛並非處女，雖然她自始至終堅稱自己是單獨行動，但她的暗殺之舉必然是由某個和她同床共枕的男人所指使。於是，他們下令進行驗屍，或許是希望驗屍的結果可以削減公眾對這名刺客與日俱增的同情，如果這起事件必得出現一名烈士，革命黨人也希望確保這名烈士是馬拉，而非科黛。結果出爐了，對他們來說很不幸，科黛的確是一名貞操完好無缺的處女。

事實證明，對法國大革命來說，可以肯定的是，馬拉這名煽動者，死了比活著還有用，作為被謀殺的烈士，也比活著的頑固狂熱者更有影響力。

一位同時代的人說，夏綠蒂・科黛「殺了一個人，卻創造出一個神。」

消除了法國的基督教影響力之後，革命黨人需要找出傳統聖徒的替代者，因此，在夏季炎熱的天氣，馬拉的遺體在可容許的時日中一直被展示著，然後，他們為他安排了一場英雄式的葬禮。

讚頌他的詩歌源源不絕，他的半身像也隨處可見，有時甚至取代了基督或聖母瑪利亞（Madonna）的肖像。他的骨灰被光榮地置放在萬神殿（Pantheon），街道、廣場甚至城鎮都以他來命名。畫家大衛更把他描繪成一名烈士，將他死在浴缸的情景變成一幅傑出的作品。

一些與馬拉相關的計畫也被制定頒布，譬如對囤積食物者處以死刑。

另一方面，科黛也被塑造成一名烈士，成為繪畫、戲劇及詩歌的主題，但她的暗殺行動並未終結因法國大革命而造成一萬七千人被處決的恐怖統治（Reign of Terror）。

事實上，恐怖統治自其時起又延續了漫長的一年。

變革創新的國王

並非所有的革命家都是來自環境貧困的下層階級，事實上，有些革命家正是君主，他們在歐洲被描述為「開明的專制者」（Enlightened Despot），這些專制的君主想讓他們的國家走向現代化，往往和那些謹慎維持現狀的人意見相左，譬如俄羅斯的凱薩琳大帝（Catherine the Great）、普魯士的腓特烈大帝（Frederick the Great）、奧地利的約瑟夫二世（Josef II），以及瑞典的古斯塔夫三世（Gustav III）等統治者皆是如此。

古斯塔夫三世（Gustav III）

古斯塔夫在一七七一年二十五歲時登基為王，一年之內，他制定了一部新的憲法，縮減了國會的權力，並提升了自己的權力。他利用這一點引進一連串的改革，包括禁止拷問嫌犯、保障新聞自由、推行宗教寬容、促進自由貿易與經濟發展。

古斯塔夫深具文化涵養，他不但撰寫劇本，也寫了一齣歌劇，同時建造了一座歌劇院，並成立了瑞典學院（Swedish Academy）。然而，貴族們並不怎麼欣賞他的新奇想法。因此，就像許多統治者在自己的國家中遭遇麻煩時，就會試圖挑起國外的戰爭以分散國內的注意力，古斯塔夫也是如此。

當土耳其的鄂圖曼帝國在一七八七年攻擊俄羅斯時，這位瑞典國王便在次年向俄羅斯人宣戰，試圖利用這個機會轉移注意力。不料，竟有一百多名軍官背著他寫信給凱薩琳大帝，呼籲雙方進行和平談判，他們也要求古斯塔夫退位，即使他提出了若他們撤回文件、他就完全赦免他們的要求，這些軍官仍然不領情，而當古斯塔夫不得不抵禦丹麥的入侵時，他面臨了更多的麻煩，更顯焦頭爛額、左支右絀。

古斯塔夫因而處決了其中一名軍官，還監禁了多名的軍官。一七八九年，他求助於神職人員、中產階級的市民及農民三個較低的社會階級，他們剝奪了貴族的權力與特權，扶持國王成為絕對專制的君主。

這時，古斯塔夫的反對者開始稱呼他為「暴君」，由老將軍卡爾·弗雷德里克·佩奇林（Carl Fredrik Pechlin）帶頭的一群心懷不滿的貴族，開始擬定一項計畫。

一七九二年三月十六日午夜，古斯塔夫預定要去斯德哥爾摩（Stockholm）的皇家歌劇院（Royal Opera House），參加一場他委託舉辦的化妝舞會，而不久前，他和朋友在共進晚餐時才接到一封匿名信，懇求他將舞會延期到「更有把握」的時候，因為有許多「只活在憎恨與復仇中」的人想謀殺他，「歹徒賊寇們，」信中繼續述說，「不喜歡明亮的燈籠，對暗殺來說，再沒有比黑暗與偽裝更適合的幫手了。」事實上，這封信是由一位近衛騎兵團（Life Guards）的上校所寫，但古斯塔夫已經習慣受到威脅，因此，他決定置之不理。

雅各·約翰·安卡斯特羅姆（Jacob Johan Anckarström）在暗殺瑞典國王古斯塔夫三世後，被處以鞭刑。

當國王抵達舞會時，他馬上就被一群戴著黑色面具的人包圍，一名年輕的貴族軍官雅各·約翰·安卡斯特羅姆（Jacob Johan Anckarström）移動到他身後，並向他開槍（早先時候，安卡斯特羅姆被指控誹謗國王，但針對他的訴訟因缺乏證據而被擱置）。

出入門戶馬上被封閉起來，不准任何人離開，警察找到軍官的手槍，他因而被逮捕並起訴。因為手槍中裝的是破碎的子彈，使得傷口特別疼痛，古斯塔夫苦撐了十三天，在三月二十九日撒手人寰。

臨終前，他請求寬待他的刺客，但徒勞無功，安卡斯特羅姆被公開鞭打了三天，然後處決。國王的遇刺激發了威爾第（Verdi）撰寫《化裝舞會》（The Masked Ball）這齣歌劇的靈感，古斯塔夫的兒子繼位成為古斯塔夫四世（Gustav IV），並統治了十七年，他延續父親刻意擱置貴族的作為，但在拿破崙戰爭（Napoleonic Wars）期間發生了一連串軍事災難，導致他被軍隊與政府中的自由派分子廢黜。

亞洲現代化主義者的暗殺

在日本，革命也是風行雷厲地由上往下推行。

一八六八年，一場政變終於結束了幕府將軍數個世紀以來的軍事獨裁統治，並在明治天皇（Emperor Meiji）的帶領下恢復了帝國統治。

在幕府統治的最後幾年，幕府將軍們已被西方列強羞辱得無地自容，這些強權國家不但轟炸日本的港口，更迫使日本簽署條約。

天皇的顧問們迅速地啟動了一項現代化的計畫，為的是讓日本可以縮小與西方國家的差距，但遵循傳統的保守派可不願這麼束手就縛，所以，在這場維新變法之後的十年中，發生了四次重大的叛亂與八次的暗殺。

橫井小楠（Yokoi Shonan）

橫井小楠（Yokoi Shonan）是武士之子，曾為幕府政府工作，後來因為要求改革而被軟禁。他希望進行經濟改革、開放日本對外貿易，並建立一支西式的現代化軍隊，恢復統治的帝國政權遂任命他為國家高級參事。

一八六九年二月十五日下午大約兩點，當時已五十九歲的橫井坐在轎中，從京都御所（Kyoto Imperial Palace）辦公處返家，途中，他乘坐的轎子突然被六名全副武裝的武士擋住了去路。橫井下了轎並拔出他的短劍，但他病了，因此他的攻擊者迅速解決了他，他們槍殺了橫井，並砍下了他的頭，然後全逃跑了。

六名刺客有四名被逮捕，但他們譴責橫井是與外國人共謀的叛徒，從而贏得了許多人的同情，直到一八七〇年十一月才被處決。

大村益次郎（Ōmura Masujirō）

橫井被襲擊後不到八個月，被視為「現代日本軍隊之父」的大村益次郎（Ōmura Masujirō）也在京都被暗殺。

六十四歲的大村益次郎本身就是武士，也是幕府政府的重要參事，專精軍事政策。在帝國復興之後，他成為陸海軍部（Army-Navy Ministry）的高級副部長，並從西方購買船艦與步槍。

他想用普遍的徵兵制，取代以世襲軍士為基礎的舊有兵役制度，其他的改革還包括禁止除軍官與制服警察以外的人帶劍，但隨著中央政府的權力與日俱增，許多已經覺得深受威脅的武士，更將這項改革視為對他們舊有特權的另一項攻擊，大村也很清楚有很多人想殺他。當他在尋找一處場域作為訓練軍士的新學校時，有人警告他，有些可疑人物在跟蹤他。

一八六九年十月九日晚上，大村和他的同僚們在一條叫木屋町通（Kiyamachi Dori）街上的小酒館裡休憩，這間小酒館以櫻花聞名，並號稱曾為舊政權的兩位封建領主的住所。事實上，五年前有一位改革派的政治家，曾在這條街上被謀殺。

突然之間，有八個人闖進了酒館，經過一場生死搏鬥，大村身上多處受傷，藉著躲藏在一個裝滿髒水的浴缸中才僥倖保住性命，但他的腿傷十分嚴重，始終無法癒合。

最後，他被帶去大阪求助於一位著名的西方外科醫生，醫生想立刻為他截肢，但對於大村這個階級的人，截肢需要得到政府的許可。請求被拖延的結果，使得這位部長在十二月七日傷重不治。

他的攻擊者先是被判處死刑，然後得到緩刑，最後，在攻擊發生的一年之後終於被處決。然而，大村的死並未阻止改革的腳步，到了一八七三年，服兵役對大多數人來說已經是一項義務了。

大久保利通（Ōkubo Toshimichi）

在這動盪不安的十年當中，其他被暗殺的重要人物還有內政大臣（Home Minister）大久保利通（Ōkubo Toshimichi），他被視為日本最有權勢的人，於一八七八年被另一群心懷不滿的武士殺害，因為大久保利通優先考量內部改革，犧牲了他們征服朝鮮的計畫，他們對大久保利通這項政策深感不滿。

森有禮（Mori Arinori）

之後，暗殺的步調慢了下來，但一八八九年又見證了另一位重要的現代化主義者淪為受害者，他就是文部大臣森有禮（Mori Arinori）。

他發展了一套從小學到大學的新中央集權體系，甚至提倡採用西方字母系統。森被一名極端傳統主義者謀殺，這名刺客宣稱，森對一座重要的神社沒有展現出足夠的敬意。

大久保利通，於他死後繪成。

敏東（Mindon）／加囊（Kanaung）

在亞洲其他國家，改革者也成了刺客的目標。

像日本一樣，印度的英軍也讓緬甸感受到來自西方的威脅，而對緬甸人來說，顯而易見的解決方案似乎就是：如果無法打敗他們，就加入他們。

當蒲甘王（King Pagan）的軍隊遭到重創，仰光（Rangoon）與其他城市陷入了一八五二年至五三年的第二次英緬戰爭（Second Anglo-Burmese War）之際，他被兩個同父異母的兄弟敏東（Mindon）與加囊（Kanaung）推翻，敏東成為國王，加囊則成為敏東的得力助手與指定繼承人。

敏東登基之後，迅速進行談判，並達成停火協議，推出一項全面的現代化計畫，同時賦予加囊新技術與軍事改革的責任。在加囊親王的指示下，工廠開始製造步槍與彈藥以取代過時的毛瑟槍，他還從歐洲購買了大砲與輪船、重組軍隊、派遣若干軍官去西方受訓，並幫助敏東消除貿易壁壘，改革行政管理、稅收、治安及刑法。

當敏東的兒子們還小時，尚可容忍加囊被指定為他們父親的繼承人，但是隨著他們年歲漸長，對這件事愈來愈感厭煩、惱怒且無法忍受，尤其是當他們越矩，而國王要他們的舅舅約束或懲戒他們的時候。

一八六六年八月二日，兩位王子發動了一場宮廷政變，當他們闖入、拔出劍時，加囊正在主持一場有關財政政策的高層會議。

他們殺了六名高層官員與他們的舅舅，砍下了他的首級，並拿著他的首級示眾。而這只是一場全面叛亂的序曲，之後又有另外三位王子被暗殺，其後，敏東國王平定了這場叛亂，兩位叛變的王子逃離了緬甸。國王還必須擊退加囊的兒子發動的叛亂，但這些事件都沒能阻止現代化計畫的腳步，敏東在一八七三年甚至制定了保障新聞自由的措施。

拉丁美洲

拉丁美洲這塊殖民地，隨著擺脫了歐洲統治的枷鎖，革命席捲了拉丁美洲，隨後建立的新國家在邊界爭戰不休，同時努力發展各自的經濟，暗殺也在這裡流行了起來。

阿根廷（Argentina）、玻利維亞（Bolivia）、多明尼加共和國（Dominican Republic）、厄瓜多爾（Ecuador）、瓜地馬拉（Guatemala）、巴拉圭（Paraguay），秘魯（Peru）、烏拉圭（Uruguay）均失去了總統或前總統，烏拉圭甚至發生了三次暗殺。

一八二九年，玻利維亞的佩德羅．布蘭科．索托（Pedro Blanco Soto）在聖誕節就職，僅就任了一個星期，到了新年就被暗殺身亡了。

至少有三起案例，被暗殺的總統是以武力奪取政權；有六名受害者面臨國內嚴重的不滿，三名在國家陷入經濟困境後被殺，一名在戰爭中失去領土後被殺，另一名則是在對反對者施以監禁、放逐及謀殺的暴行後被殺。

加布里埃爾·加西亞·莫雷諾（Gabriel García Moreno）與福斯蒂諾·拉約（Faustino Rayo）

厄瓜多爾總統加布里埃爾·加西亞·莫雷諾（Gabriel García Moreno）對反對人士的態度也很強硬，這位虔誠的天主教徒，在厄瓜多爾經歷了十五年的動盪不安之後，於一八六〇年奪取了政權。

他將許多權力交到教會手上，包括掌控教育的權力，這點激怒了自由主義者，使他面臨來自四面八方的叛亂。另一方面，他也是積極的改革者，致力於中央集權、打擊貪腐、強化經濟，在成為總統之前，還曾撰寫過支持誅殺暴君的文章。

一八七五年八月六日清晨，莫雷諾總統在基多（Quito）做完彌撒後遇到了福斯蒂諾·拉約（Faustino Rayo）上尉，與他聊了很久。

拉約在內戰中發現自己處於戰敗的一方，遂離開了哥倫比亞，他加入莫雷諾的軍隊後表現英勇，因此，莫雷諾對他賞識有加，與他保持著良好關係，直到耶穌會會士抱怨拉約一直在剝削本地居民，兩人才開始產生嫌隙。

在這個八月的早晨，他們的不期而遇似乎友好融洽，但事實上，拉約參與了一項陰謀。

厄瓜多爾總統加布里埃爾．加西亞．莫雷諾，出自《共濟會之謎》（Les Mystères de la franc-maçonnerie，一八八六年）。有人指稱共濟會是他被謀殺的幕後黑手。

幾個小時之後，當總統帶著副官走上政府總部的台階時，上尉與一群同情自由主義者的年輕人悄悄地尾隨在他們的身後。

第一個顯示事情不對勁的跡象是，總統的帽子飛走了，因為拉約揮舞著大砍刀剛好掠過總統的帽子；其他的同謀者也開了槍，但只造成輕微的擦傷。一位從建築物裡走出來寄信的官員設法抓住拉約的手臂，但這位上尉太強壯了，經過短暫的扭打之後，他繼續展開攻擊。

就在總統試圖拉開外套

取出衣內的手槍時，拉約揮出了第二刀砍斷了總統的手臂。此時，副官也負了傷並大聲呼救，三名守衛從附近的砲兵營聞聲過來察看。拉約怒吼出一句眾所周知的疊句：「死吧，暴君，死吧！」莫雷諾則回答：「上帝不死。」然後摔跌到約三公尺下方的廣場上，停落在一間小酒館外頭。

婦女們從附近的商店跑出來幫忙，正當其中一人將總統抱在懷裡時，拉約從人群中衝出來，朝他的腦袋砍了致命的兩刀，其他的同謀者紛紛開槍，但和他們初次開槍的結果一樣漫無章法。後來，拉約試圖逃離現場，但一名中尉與兩名軍士抓住了他，就在他們打算將他押走時，有人在人群中大喊：「殺了刺客！」然後另一名士兵走上前，開槍轟掉了拉約的腦袋。接下來，暴民將他的屍體帶到墓地大卸八塊，再把遺骸留下來餵禿鷹。

拉約在接受偵訊之前就被殺，使得各式各樣的陰謀論甚囂塵上，與九十年後李・哈維・奧斯華（Lee Harvey Oswald）的謀殺如出一轍，大喊「殺了刺客」的人是誰？那是來自一名軍官的命令，亦或只是群眾的怒吼？

根據傳聞，刺客的口袋裡塞滿了巨款，幕後黑手到底是共濟會會員（Freemason）？還是莫雷諾的支持者認為反天主教的德國「鐵血宰相」（iron chancellor）奧托・馮・俾斯麥（Otto von Bismarck）？亦或兩者皆是？

同謀者全盤否認。

當然，他們就像莫雷諾，都是虔誠的天主教徒，而且他們似乎也沒有那麼多資金足以資助暗殺，其中一人甚至得用他父親的信譽來賒帳才買到一把左輪手槍。

拉約的一個夥伴因為這樁謀殺被處決，儘管他幾乎可以肯定與此事無關；三名幫助拉約的槍手中，一名被處決、一名逃到祕魯、一名隱姓埋名多年，從未歸案受審或被依法懲辦。

莫雷諾遇刺之後，厄瓜多爾又經歷了另一段漫長的動盪時期。

巴爾幹半島—國家英雄被暗殺

在「革命時期」，巴爾幹半島宛如歐洲版本的拉丁美洲，諸如希臘、羅馬尼亞（Romania）、塞爾維亞（Serbia）、阿爾巴尼亞（Albania）等國家，與鄂圖曼帝國奮戰，並贏得它們的自由。繼動盪混亂之後，隨之而來的是暗殺各界知名人士，包括一位總統、一位總理、一位前任總理、數位王子親王、叛亂份子、革命者，以及左翼與右翼人士，就連國家英雄都無法倖免於難。

愛奧尼斯．卡波季斯第亞斯（Ioannis Kapodistrias）

愛奧尼斯．卡波季斯第亞斯（Ioannis Kapodistrias）是希臘獨立後的第一任國家元首，在一八三一年十月九日，被軍閥彼得羅貝．馬弗羅邁克利斯（Petrobey Mavromichalis）的親戚（曾被卡波季斯第亞斯逮捕）刺殺，死於教堂的台階上。馬弗羅邁克利斯也是反抗土耳其人的英雄，但他對卡波季斯第亞斯試圖使國家現代化而推行的各式改革感到不滿。

斯特凡・尼科洛夫・斯塔姆博洛夫（Stefan Nikolov Stambolov）

斯特凡・尼科洛夫・斯塔姆博洛夫（Stefan Nikolov Stambolov）擔任了七年的保加利亞總理，贏得「保加利亞的俾斯麥」稱號，他曾經打過游擊戰對抗鄂圖曼帝國，之後轉而從政，並被視為現代保加利亞的奠基者之一，但是，他的專制激怒了許多人，因此他在一八九四年辭去了總理一職。一八九五年七月十五日，三名刺客擋下了他與護衛一起乘坐的馬車，殘暴地刺死了他。

暗殺理念不同者

在刺客忙於暗殺之際，理論家也沒閒著。

「革命時期」見證了可能是這類暗殺中的第一起案例，但不是馬拉，雖然馬拉是極端思想的宣傳者，但他是因他的作為而被謀殺，而德國人奧古斯特・馮・科澤布（August von Kotzebue）雖曾為俄羅斯沙皇做過一些諜報工作，但卻是因他的作品而被殺。

他的劇作中有一部是關於被暗殺的征服者法蘭西斯科・皮薩羅，但使他喪命的，是他猛烈抨擊那些要求政治自由者的撰文。

奧古斯特・馮・科澤布（August von Kotzebue）與卡爾・路德維希・桑德（Karl Ludwig Sand）

到一八一九年，我們現在所稱的德國，仍是由三十多個較小的獨立國家所組成，儘管這個數目已經遠遠少於三十年戰爭時組成神聖羅馬帝國的上百個國家。

拿破崙將其中大部分國家變成了法國的附庸國，但一八一三年時，他在萊比錫（Leipzig）遭遇了一場決定性的戰敗，許多德國人都希望趕走法國人能帶來自由，但當時中歐最重要的政治家，也就是來自奧地利帝國（Austrian Empire）的梅特涅伯爵（Count Metternich），決定抵制這種危險的想法。

一位名叫卡爾・路德維希・桑德（Karl Ludwig Sand）的十九歲德國神學學生，他志願參戰對抗拿破崙，並見證了拿破崙於一八一五年在滑鐵盧（Waterloo）戰敗。他回到德國後，加入了當時如雨後春筍般蓬勃崛起的秘密學生社團。

十九世紀的法國小說家大仲馬（Alexandre Dumas）不僅以《三劍客》（The Three Musketeers）與《基度山恩仇記》（The Court of Monte Cristo）等作品聞名於世，也編寫了八卷的《著名犯罪》（Celebrated Crimes）史，其中包括了卡爾・路德維希・桑德所犯罪行的完整記述。大仲馬指出，像桑德這樣的年輕人，和拿破崙作戰是「打著自由的名號，但很快就意識到，他們只是被利用來作為建立歐洲專制政權的工具。」

到了一八一七年六月，桑德被科澤布對自由主義志業的「惡意侮辱」所激怒，他在日記中提到：「那個人滿懷如此激烈的怒氣反對……所有熱愛德國的人！」

到了次年的五月，他訴說著他「驚訝於我們之中竟無人有足夠的勇氣拿起一把刀，刺入科澤布的胸膛」，因「與一個國家比較起來，一個人是微不足道的；與數百萬人比較起來，他只不過是一個個體。」

在一八一八年新年前夕，他日記中的最後紀錄是他承諾自己去殺死「那個卑鄙可恥的壞蛋、叛徒、誘惑青年的騙子、罪大惡極的科澤布」。

此時，這位神學學生已成為解剖課程孜孜不倦的好學者，對心臟尤其展現出特別的興趣。有一天，一個朋友走進桑德的房間，桑德撲向他並輕拍他的前額，當他舉起雙手保護自己的臉時，桑德馬上往他胸膛猛地一擊，然後發表了評論：「當你想殺死一個人時，你就應該採用這個方式，你可以先假裝攻擊對方的臉，他會舉手保護他的臉，而當他這麼做時，你就可以用匕首刺入他的心臟。」他的朋友聽了只是大笑。

到了一八一九年春天，桑德的朋友注意到他展現出不尋常的「平靜與沉著」。桑德沒有告訴朋友們，逕自在三月二十三日前往科澤布位於曼海姆（Mannheim）的家。

當他第一次去拜訪時，他被告知這位作家到公園散步去了。桑德沒在公園尋著作家，於是又回到他家，但又被打發走，因為科澤布正在用早餐。於是，桑德在下午五點做了第三次嘗試，終於，這位學生和他的獵物面對面了。他利用在朋友身上練習的開局技巧搶得先機，桑德的一擊果然正中科澤布的心臟。

根據大仲馬的描述，「科澤布大喊一聲，搖搖晃晃地跌回一張扶手椅上，就此氣絕身亡。」當科澤布大聲喊叫時，他六歲的女兒聞聲而來，跑進了房間，撲在她死去的父親身上。桑德懊悔不已，他遂將匕首刺入了自己的胸膛，但儘管受此重傷，他還是設法步履蹣跚地走到街上，遇上了一隊正在進行例行巡邏的士兵。

當桑德看見他們時，他又刺了自己一刀，然後昏死過去。他被送往醫院，在死亡邊緣掙扎了三個月。

毫無疑問，他的罪證確鑿。大學當局搜查了他的公寓並發現了一封信，他在信中指責科澤布宛如「一部饒舌的機器，發表各種可惡的言論與有害的建議。他的聲音巧妙地消除了我們對最不公不義的舉措所感到的憤怒與悲痛，就像國王要我們在古老而朦朧的夢鄉；也就是國家民族的死亡中再度沉睡不起。」

桑德悲悼沒有其他人能擔負起除掉科澤布這項責任，因此他決定，儘管他「並非為謀殺而生」，但他必須這麼做。他還補充：「我本該作為一位福音傳教士，平順地度過此生……但這樣足以避開那些威脅德國的危險嗎？」

到了一八二〇年五月，這位學生雖還是很虛弱，但已康復到足以準備接受處決了。

在他策畫並執行暗殺的這段期間，他的宗教信仰從未動搖。在給父母的最後一封信中，他寫道：「上帝幫助我，並賦予我勇氣與毅力。」他勇敢地面對死亡，並在「權衡實現理念的重要性」，表現出「輕蔑……對脆弱與世俗的一切」。

有關當局擔心會引發動亂，所以將他的行刑時間從上午十一點改成五點，並額外抽調了一千五百名的士兵嚴加戒備，這一天的天氣也幫了大忙，是極為寒冷的雨天。但即便如此，「整個曼海姆」（可能有兩萬人）都到場朝運送這名刺客走向最後旅程的馬車丟擲鮮花。

桑德答應不在斷頭台上發表談話，但他以只有周圍的人聽得見的低沉聲音，緩慢而莊重地說道：「上帝為我見證，我為德國的自由而死。」

當刀子落在他的脖子上時，「儘管士兵們努力抵擋，他們的陣線還是被突破了。只見男男女女都衝上斷頭台，用他們的手帕把桑德的鮮血擦抹到一滴不剩。桑德坐在上頭的椅子裂成碎片，那些連一小片都拿不到的人，乾脆削下斷頭台上血跡斑斑的木頭碎片。」

儘管群情激憤，但與其說科澤布的遇刺推進了自由志業，還不如說使它倒退了。梅特涅說服德國的貴族王公嚴格鎮壓大學、實行審查制度、限制學生社團，並將涉嫌抱持著自由觀點的老師、作家、學生們都列入了黑名單。

美國總統的暗殺三重奏

正如我們所見，在十六、十七世紀，宗教是暗殺最重要的氧氣，但隨著政治開始取代它，一項新的理論被提出，提出的人是一位家道中落的義大利公爵卡洛・皮薩坎（Carlo Pisacane），他宣稱：「理念的宣傳是四不像的怪物，理念是行動的結果，而非顛倒過來。」他認為，你需要暴力才能讓公眾對一項志業產生關注，光靠小冊子、海報、會議是不夠的。

皮薩坎在一八五七年為義大利重新統一奮戰而死，他在卡拉布里亞（Calabria）帶頭發起一場小叛亂，卻被支持當局鎮壓叛亂的當地農民所擊敗，皮薩坎不願命令他的人向農民開火，於是他們設法逃跑。他受了傷，後來傷重而亡。

「行動宣傳」的理念在歐洲已具體成形，在此之際，美國則經歷了歷史上最惡名昭著的一次暗殺，但不是革命份子，而是由右翼的極端保守派所犯下的罪行。

亞伯拉罕・林肯（Abraham Lincoln）與約翰・威爾克斯・布思（John Wilkes Booth）

一八六五年四月中，美國內戰看來像是終於結束了，南方偉大的將軍羅伯特・愛德華・李（Robert E. Lee）剛剛投降，雖然其他南部聯盟（Confederate）的軍隊仍在戰場上頑抗，有些軍隊要再過幾個月才會放棄。

不令人驚訝的是，亞伯拉罕·林肯（Abraham Lincoln）這位勝利的聯邦總統，在擁有奴隸的各州是多麼受人憎恨，那些想把他描繪成暴君的人顯然彈藥充足。

儘管他最初僅以百分之四十的選票當選，但他將總統權力擴張到前所未有的程度，例如中止人身保護令、制定戒嚴法，雖然他的支持者聲稱他很謹慎地行使他的權力，儘管在戰爭中，他還是在一八六四年舉行了總統選舉。

一八六五年四月十四日聖週五（Good Friday），一位知名的二十六歲演員，名叫約翰·威爾克斯·布思（John Wilkes Booth），來位於華盛頓特區的福特劇院（Ford's Theatre）領取他的郵件，他經常在福特戲院表演，但他並未參與當天演出的《我們的美國兄弟》（Our American Cousin）一劇。

剛好在這一天，他聽到林肯總

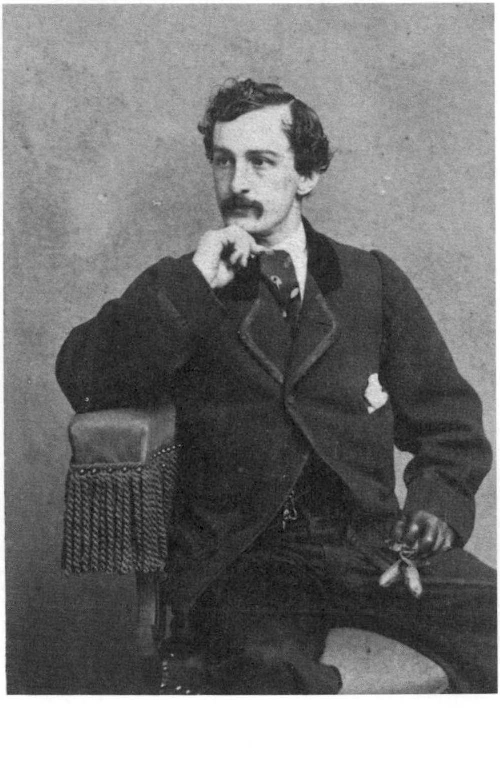
約翰·威爾克斯·布思，約於一八六二年。

統和他的妻子，以及聯邦軍司令尤利西斯．辛普森．格蘭特（Ulysses S. Grant）將軍預計今晚要來觀賞表演節目。

布思的父親曾經也算是倫敦舞台上的明星，後來他拋妻棄子，和新歡來到美國並生下約翰．威爾克斯．布思，他的父母以偉人的英國激進份子約翰．威爾克斯（John Wilkes）為他命名。他們的家庭生活並不愉快，布思父親的憂鬱症與其他精神疾病經常發作，所以布思在十七歲就離家出走，並成為一名演員，他的兩個兄弟也成為演員，這使得布思一家成了美國最知名的演藝家族。

布思逐漸變成一個酒徒、討女人歡心的男人，以及白人至上主義者，他並沒打過美國內戰，但他確實參與過南部聯盟特務工作在一八六五年初綁架林肯的計畫。當時，他的聲音出了問題而危及他的演藝事業，同時他的某些投資也失利，但那項計畫失敗了，因為林肯並未出現在密謀者預期他會出現的地方。

四月十一日，林肯在一場演講中暗示，可能會有更多的黑人獲得投票權。布思被這番話激怒了，「那會是他的最後一場演講。」他大聲嚷嚷。

隨後，他想出了一個暗殺包括林肯、副總統安德魯．詹森（Andrew Johnson）、國務卿威廉．亨利．西華德（William Henry Seward）等所有聯邦領導人的計畫。

他選擇的共犯有二十三歲的藥劑師大衛．赫羅德（David Herold）、二十九歲的德國移民喬治‧阿澤羅特（George Artzerodt），以及曾經是南軍士兵的路易斯‧潘恩（Lewis Paine）。路易斯‧潘恩曾經在蓋茨堡（Gettysburg）戰役中負傷，並且在戰爭中失去了兩位兄弟，他被賦予的任務是刺殺西華德，阿澤羅特則負責對付詹森，布思負責刺殺林肯，而赫羅德的任務則是幫助他們逃跑。

副總統詹森是南方人，也曾蓄奴，後來改變了政治立場，轉而支持林肯。四月十四日下午，布思送了一張便箋到他家，上面寫道：「希望沒打擾到你，你在家嗎？」這是試圖確認副總統的行蹤？還是他們兩人之間有某種勾結呢？

布思不只做了這件事，他對福特戲院瞭若指掌，所以他神不知鬼不覺地潛入，並在林肯包廂的牆上鑽了一個窺視孔。他還把一封信交給另一個演員約翰‧馬修斯（John Matthews），要求他把這封信遞交給一位報紙編輯，但馬修斯把這件事忘得一乾二淨。

接著，布思執行了另一項重要的任務：在戲院隔壁的酒吧灌下一、兩杯威士忌，當他看見一群南部聯盟的囚犯時，他變得相當感傷，慷慨激昂地評論：「天哪！我再也沒有祖國了！」

林肯相當清楚自己是暗殺的目標。

前一年的夏天，才剛有一名狙擊手在他從白宮乘車返家時，打中他的帽子。更早之前，林肯在剛當上總統時，因生命受到威脅，取消了停留於巴爾的摩的計畫，結果被視為膽怯之舉而遭致好些負面評論，從此之後，他常會拒絕那些請求他別冒太大風險的建議。

約翰・威爾克斯・布思在華盛頓特區的福特戲院，正要對亞伯拉罕・林肯總統開槍。出自事件發生後十年內製作的一張玻璃幻燈片（Glass Slide）。

舉例來說，他在南部聯盟的首都里奇蒙（Richmond）倒塌後才過幾個小時就去視察。一八六五年聖週五這天，林肯太太扮演了和尤利烏斯・凱撒的妻子完全相反的角色，卡爾普妮亞設法說服她的丈夫凱撒別出席元老院的會議，而林肯太太則敦促已感疲累的丈夫出席觀賞戲劇表演。林肯知道格蘭特已經改變主意不出席，而他在太太的請求下屈服了。

總統固定的保鑣是沃德・希爾・拉蒙（Ward Hill Lamon），眾所皆知他會全副武裝地睡在白宮的總統門外。

但當時，林肯派他去里奇蒙進行另一項任務，所以他那晚的保鑣由約翰・弗雷德里克・帕克（John F. Parker）擔任。以擔任總統保鑣職務來說，帕克是個頗為有趣的選擇，因他曾於值勤時喝醉與睡著而被警方傳訊。

在表演的幕間休息時，帕克溜進劇院隔壁的酒吧提神，事實上，他跟布思可能是同一時間在酒吧小酌，因為布思在最後行動之前，還喝了另一杯白蘭地壯膽。

這位演員溜回劇院，從舞台底下的一條路線行動。當時林肯夫婦正和幾個朋友一起待在包廂裡，當布思快走到總統的包廂時，帕克本該固守在包廂外走道的崗位上，但卻毫無帕克的蹤影。他是否還待在酒吧裡？還是他去觀賞表演節目了？

不管是哪一種情況，總之當布思走到包廂外頭時，林肯的信差查理・福布斯（Charlie Forbes）是唯一一個駐守在那裡的人。布思給了他一張名片或便箋，他就讓布思進入了包廂。對刺客來說，如此簡單地長驅直入當然很不尋常，但這位演員已經是知名的人物，就連林肯都可能看過他的演出。

布思顯然選擇了表演中的某個橋段作為暗殺的最佳時機，因為他知道這段表演會讓觀眾捧腹大笑。

就在林肯、他的妻子、他們的朋友發現布思的存在之前，布思用他的手槍朝總統的頭開了槍。

許多觀眾或許並未聽見槍聲，或甚至以為這只是戲劇的音響效果。

當林肯太太大喊：「謀殺！」，總統的一個朋友試圖抓住布思，但被布思刺傷了手臂，接著，他跳下大約十二英呎高的舞台，大喊：「這就是暴君的下場（Sic semper tyrannis）！」這句話，正是布魯圖斯在刺殺尤利烏斯·凱撒時打算說出的話，也是維吉尼亞州的官方格言。

當這名演員跳落舞台時摔斷了腳踝，但他仍設法一瘸一拐地走出劇院，並找到等著他的馬匹。當一名聯邦上校展開追捕時，布思已和赫羅德一起騎著馬消失於夜色之中。儘管有關當局隨即在美國首都周圍佈下安檢封鎖線，布思還是逃脫了。

林肯在第二天早上七點半時傷重身亡，不過，布思一夥人對其他人的暗殺行動進行得並不順利，潘恩闖入西華德的家，發現這位國務卿臥病在床，潘恩刺殺了他，但他活了下來；阿澤羅特則是溜回家中，甚至未試圖去攻擊詹森。

阿澤羅特與潘恩迅速被捕；布思與赫羅德銷聲匿跡。布思的人頭被懸賞五萬美元，他的助手則被懸賞二萬五千美元。有些同情南部聯盟的人，暗中協助了這兩名亡命之徒，一個渡船夫的黑人幫手向當局報告說他看見了這兩名逃犯，但他的老闆卻說沒看見。

謀殺發生後過了十二天，逃犯們被追查出偽裝成南部聯盟的士兵，藏身於維吉尼亞州的一座穀倉。當聯邦士兵朝穀倉開火時，赫羅德走出來自首，但布思拒絕投降，並帶著步槍與手槍衝了出來，他被射中了脖子，幾個小時後就氣絕身亡了。

林肯被謀殺後，布思的演員朋友約翰．馬修斯突然想起那封布思給他的信，他打開了信，驚駭地發現，布思在信中為其行動的正當性進行辯護。他登時迅速地銷毀了這封信，後來回想起這名演員曾寫道：「我知道有許多庸俗的大眾會為我即將做出的事而指責我，但我確定，後世子孫將證明我的作為是正當的。」

布思引用了布魯圖斯之例，說林肯就是暴政的化身，他使南方遭受了無法忍受的痛苦。但是當布思在逃亡時，他開始自怨自艾，據說他「宛如喪家之犬般被追捕……因為他做了布魯圖斯引以為傲的事，也是使威廉．泰爾（William Tell）成為英雄之舉。」（泰爾除了射中一顆放在兒子頭上的蘋果，也用他的弓弩射殺了一位暴虐的總督，守舊的瑞士人民深受鼓舞，遂起義反抗奧地利的統治，雖然，有些歷史學家質疑威廉．泰爾是否為真實存在的人物。）

在這些密謀者被送上軍事法庭審判時，潘恩爭辯說暗殺是合法的戰爭行為，因為還有南軍在戰場上奮戰，但潘恩、赫羅德、阿澤羅特，以及一個名叫瑪麗．蘇拉特（Mary Surratt）的女人（對上述密謀者提供協助）都被定罪，並於七月七日處以絞刑。

至於檢方，他們斷言布思是南軍某個大型陰謀的一部分，但詹森與其他重要的聯邦主義者否決了這個想法。

布思與他的同夥在襲擊之前，西華德已收到警告，告知他有暗殺的危險，但他認為，暗殺「不是美國的作法或習慣，如此惡毒邪惡、鋌而走險的方式，不能被嫁接到我們的政治體制中。」暗殺是壓迫的產物或宮廷陰謀使用的詭計。

現在，西華德似乎被證明是錯的，暗殺出現在美國，這使重要的黑人社會改革者弗雷德里克·道格拉斯（Frederick Douglass）深感驚駭：「我們聽過歐洲的君主被暗殺，但那裡的人民是因暴政而陷入絕望。」

美國人從未想過暗殺會「在這片自由選票的土地上」生根。這是普遍為美國人所接受的觀點，因此，有些美國人將這次的異常情況歸結為一個例外，藉此來安慰他們自己，並且希望，這是內戰中僅此一次、下不為例的事件。

至少從象徵意義的角度來看，軍事法庭上的那些同謀者，並非唯一接受審判的人。南方報紙因極力主張林肯應被殺而受到譴責，《里奇蒙快報》（Richmond Dispatch）發表意見：「殺死暴君並不比戰爭殺人更像暗殺，誰會把布魯圖斯說成是一名刺客？」

林肯是第一位被謀殺的美國總統，但在接下來的一個世紀，還有另外三位美國總統淪為暗殺的犧牲者。在一九〇一年麥金利（McKinley）總統與一九六三年甘迺迪（Kennedy）總統的案例中，新聞輿論再度因言論過激而遭受譴責。

林肯遇刺之後，報紙透過快速傳播，扮演了另一個重要的角色，而多虧了電報與「便士報」（Penny Press），在一八六五年四月十五日，大部分美國城市都已經得知總統遇刺的消息，就在耶穌受難日這一天。如果你想將林肯視為烈士……有多達七百萬人，注視著他的棺槨一路從華盛頓返回伊利諾州春田市（Springfield）老家。

班傑明・迪斯雷利（Benjamin Disraeli）告訴英國國會，諸如林肯遇刺這等令人髮指的罪行「永遠無法改變世界的歷史」。謀殺尤利烏斯・凱撒、亨利四世及沉默者威廉，都無法「阻止」他們國家「必然的命運」。

林肯的謀殺似乎真的帶來了某些嚴重的後果，使南方看起來奸詐危險，同時也使北方深感失望惱怒，因此，林肯打算「對任何人皆無惡意」地重整南部聯盟各州的計畫，就此成了夢幻泡影。

針對那些試圖推展黑人解放志業的人所訴諸的暴力運動，這場暗殺是否也對其產生了推波助瀾的影響？

布思也在《我們的布魯圖斯》（Our Brutus）這首詩中被歌功頌德，許多人相信他仍然在逃，有關他死亡的報導都是假新聞。同時，追查到他的部隊指揮官也成了巡迴演講的名人。或許整個事件中最令人驚訝的一點是，約翰・帕克並未被開除，而且仍是總統保鑣的一員，甚至還被指派去保護林肯悲痛欲絕的寡婦。當時，她勃然大怒地大喊，他怎麼能「在協助謀殺了總統之後，還在白宮當班呢？」事實上，約翰・帕克在白宮又待了三年，直到他再度因為執勤時睡著而被開除。

詹姆士·加菲爾德（James Garfield）與查爾斯·吉托（Charles Guiteau）

第二位被暗殺的美國總統是詹姆士·加菲爾德（James Garfield）。

在美國南北戰爭期間，加菲爾德崛起成為聯邦軍（Unionist Army）中最年輕的將軍之一，一八八〇年，因為包括前總統尤利西斯·辛普森·格蘭特（Ulysses S. Grant）等知名競爭者形成了三強鼎立的結果，加菲爾德成了共和黨（Republican Party）在妥協情況下選出的總統候選人。

加菲爾德在總統大選中，以不到兩千票贏得了普選票（Popular Vote），但這已足以讓他在一八八一年三月就職為總統。

就像亞伯拉罕·林肯，加菲爾德也是從貧困中一路奮鬥到白宮的過來人。他的父親在他兩歲時就去世了，他從小在俄亥俄州貧窮的農村中長大，是一名虔誠的基督教徒，並致力於反奴隸制，一般看法咸認他是一個好人，雖然共和黨中所謂的死忠派（Stalwart faction）對於加菲爾德打敗他們的格蘭特深感惱火，死忠派的新聞報刊因此寫了好些尖酸刻薄的報導來攻擊他。

四個月之後，加菲爾德成了總統。

一八八一年七月二日，他和妻子出發去度假。他的妻子和他是青梅竹馬，才剛從一場幾乎使她喪命的重病中恢復過來。當他們在華盛頓的巴爾的摩與波托馬克火車站（Baltimore and Potomac Railroad station）等火車時，三十九歲的查爾斯·吉托（Charles Guiteau）也神態可疑的在附近徘徊。

吉托曾經和加菲爾德的總統大選沾了點邊，要求擔任歐洲的領事作為獎賞，當他遲遲未被任命時，便開始譴責總統「不知感恩」。

吉托的家族多有遺傳的精神疾病，他的許多姨嬸叔伯都在精神病院結束了生命，他的母親也在他七歲時過世，他是由他的父親撫養長大的。他的父親是一名相信罪孽與死亡都是假象的至善論者（Perfectionist），查爾斯．吉托加入了這個教派，他也許是被他們所實行的自由之愛所吸引，但是當他發現自己和其他成員合不來時，他離開了，開始過著縱情酒色的生活。

吉托遠大的志向中包括了當總統，但實際上，他的工作是巡迴傳教士與收帳員，而每當他自己的房租到期時，他總是為逃避交租而半夜潛逃。他會對著空蕩蕩的大廳發表長篇大論的演講，而且常自稱是加菲爾德的朋友，還曾經把加菲爾德的名字提供給一位女房東作為推薦人。

後來，一八八一年五月十八日，顯然上帝告訴他，他得殺死總統以阻止新的內戰爆發，所以他借了些錢，買了一把手槍，並開始練習射擊，同時洋洋灑灑地撰寫了一篇為他的行動辯護的理由。

六月，他發現加菲爾德要搭火車旅行，於是決定車站是進行暗殺的好地點，但當他看到總統可憐的妻子倚在丈夫的臂彎中，他下不了手。等到下一次加菲爾德路過車站時，吉托再次現身，但那天天氣炎熱，他又覺得自己沒有心情進行暗殺行動。

一份舊金山的諷刺雜誌嘲笑刺殺詹姆士·加菲爾德總統的查爾斯·吉托，一八八二年。

七月二日，吉托第三次來到車站，售票處的人熱心地告訴他總統會搭哪一班火車。雖然吉托活脫就是個可疑人物，但當他在報攤上留下他寫給新聞界兩大疊厚厚的信，卻沒有人對他多看一眼。

至於加菲爾德，他撤離了保鑣，因為他認為一個總統採取過多的安全預防措施，會變成一種危害民主之舉。因此，當吉托看見加菲爾德時，他走到他身後，近距離對他開槍射擊。

第一槍只打傷了總統的手臂，但當總統倒在地上時，吉托朝他的腹股溝又開了一槍。

這名刺客隨即逃出車站，卻直

直撞進一名警察的懷中，而且目擊者指認出他就是槍手，他也迅速地招供了。

當總統被送往醫院時，吉托的口袋被翻出一封雜亂無章的自我辯護信，形容他自己是一名死忠派（但如果他真的是死忠派，為何要幫助加菲爾德競選總統呢？），總統的死是一種「令人痛心的必要」，能使共和黨與國家團結起來。他主張，「一條人命無甚價值」，畢竟已經有成千上萬的年輕人死於南北戰爭，而且對於加菲爾德太太來說，以這種方式失去她的丈夫不會比自然死因更糟，而身為基督徒的加菲爾德，在天堂也會比在人間更快樂。

加菲爾德所接受的醫療照護受到了嚴厲的批評，在受苦了幾個星期後，他於九月十九日撒手人寰。

吉托被關在監獄時，一名士兵和一名獄友都試圖殺死他。

在審判中，他不認罪，說總統的死是由於其他原因而非槍傷，無論如何，這就像是在戰爭中殺了一個人而已，而且是上帝要他這麼做。他在證人席上不知所云地叨唸了一個星期，進行訴訟的大部分時間都在裝瘋賣傻，像是取笑他自己的律師、模仿法官、享受成為眾人目光的焦點。

吉托說，他在槍擊當天精神錯亂了，就算給他一百萬元，他都不會再做同樣的事。在醫生們的唇槍舌戰中，檢方找到十三個人說吉托的神智正常，辯方則派了二十三個人上法庭作證吉托發瘋了，然而，陪審團只花了一個小時就定了他的罪。

吉托在一八八二年六月三十日被吊死，死前還朗誦了他寫的一首長詩。他到最後仍然相信他會得到緩刑，而且人們將會豎立雕像紀念他。

威廉・麥金利（William McKinley）與里昂・佐克茲（Leon Czolgosz）

雖然詹姆士・加菲爾德是美國在十六年內被暗殺的第二位總統，但他的繼任者卻仍未得到額外加派的安全防護措施。

特勤局（Secret Service）在一八六五年即成立，但只在被認定特別危險時，才會扮演保護總統的角色，譬如在一八九四年時，當他們得到線報說，有一項暗殺克里夫蘭（Cleveland）總統的陰謀正在進行。但即便額外加派了守衛，也會引來報紙新聞激烈的負面評論，使總統自己堅持把他們全都撤掉。

一九〇一年，威廉・麥金利（William McKinley）總統的第二個任期剛開始時，也是一個局勢相當緊張的時期，當時美國才剛與西班牙開戰，同時無政府主義者在歐洲暗殺了好些重要人物，像是奧地利女皇與義大利國王。因此，當總統要在那年的九月前往紐約水牛城（Buffalo）參加泛美博覽會（Pan-American Exposition）時，整體的安全措施都加強了（儘管有些措施後來被總統夫人認為浪費而被削減）。

就像加菲爾德，麥金利也是來自俄亥俄州，而且他和加菲爾德一樣，也被公認是一個好人，一直試圖尋求各方的共識。同時，他被認為是勞工平民的支持者，雖然他順利當上總統有賴商人馬克．漢納（Mark Hanna）之助，漢納被有些人視為冷酷無情的資本家。

在博覽會上，麥金利的秘書擔心他的安全，兩度把參觀音樂聖殿（Temple of Music）的行程從日程表中刪除，認為這項行程風險太高，但在九月六日，麥金利堅持要成行。

一群祝福者聚集在音樂聖殿的台階上迎接麥金利，其中一人似乎是以手帕或繃帶包裹住他的右手，此人名叫里昂．佐克茲（Leon Czolgosz），是來自底特律的二十八歲波蘭裔廠工，他深受一個名叫艾瑪．戈德曼（Emma Goldman）的俄羅斯無政府主義者影響。

艾瑪．戈德曼在十幾歲時來到美國，曾於一八九三年因「煽動性演說」而入獄，四年之後，她極力主張所有的統治者都該被「除掉」，雖然她說這項主張並不適用於麥金利，因為麥金利太微不足道了。

她並非一直都是立論最清晰的理論家，一九〇一年五月，她在克里夫蘭（Cleveland）演講，宣稱她並不支持暴力，但也不該過於嚴厲譴責那些對可怕罪行無法袖手旁觀而訴諸暴力的人。

佐克茲也是她的聽眾之一，在中場休息時，佐克茲走向她，詢問她建議自己應該讀哪些書。從那之後，這個年輕人開始在美國無政府主義者的圈子裡混，但他從來沒被真正接納成為他們的一員，有些人認為他似乎太狂熱了，他一定是警方的密探（Agent Provocateur）。

一九〇一年八月三十一日，熟悉狩獵且槍法頗佳的佐克茲買了一把槍，動身前往水牛城。

威廉．麥金利總統在紐約水牛城的泛美博覽會遇刺，出自事發不久之後繪製的素描。

幾天之後，在九月六日早上，當他搭乘火車從水牛城到尼加拉瓜瀑布（Niagara Falls）時，他曾考慮在這時採取暗殺行動，可是周圍的人太多了。於是，他來到了尼加拉瓜瀑布，但無法接近總統。

最後到了傍晚，他發現自己站在音樂聖殿前迎接麥金利的隊伍中，或許有那麼一刻，他打消了暗殺的念頭，因為他試圖走開，但一名警察把他推回隊伍中。

當總統走近佐克茲，並向他伸出手時，這名年輕人用左手把他的手推開，然後用包紮的右手向他開了兩槍，先擊中胸部，然後是腹部（正如我們之前曾經讀到，西元九六年暗殺羅馬皇帝圖密善的刺客，就是將他的匕首藏在假裝手臂受傷包紮的繃帶中。）

刑警與圍觀者將佐克茲制服，並按在地上毆

打，麥金利還幫血流滿面的他求情：「孩子們，別對他太粗暴。」警方設法把這名槍手帶離現場，免得他被打到遍體鱗傷。至於總統，他的傷勢雖然嚴重，但還不至於危及性命。

警方發現佐克茲的情緒相當平靜，他只說他必須要射殺麥金利，因為那是他的「責任」。他也談到戈德曼對他的影響：「她主張所有的統治者都應該被根除的信條令我開始深思，以致於我的腦袋痛到幾乎要裂開了。」

病榻上的麥金利極力主張佐克茲應該得到「全然公平」的對待，另一方面，戈德曼及與槍手有關聯的若干同夥都被抓了起來，因為警方懷疑他們正在籌劃一項重大陰謀。他們花了數天審問戈德曼，而她卻提議要照顧麥金利，因為他正在「受苦……而且現在的他對我來說只是一個普通人。」

全美群情沸騰，要求嚴懲戈德曼的嗜血聲浪此起彼落，對無政府主義者的暴力攻擊也時有所聞，這位俄羅斯人的一個朋友就差點在匹茲堡（Pitsburgh）慘遭私刑處死。

後來，戈德曼被釋放了，因為警方找不到任何不利於她的證據，但是和加菲爾德一樣，結果證明醫生們亦無法勝任拯救麥金利的任務。

九月十四日，麥金利死於壞疽。

佐克茲在審判中承認了暗殺罪行，並補充：「沒有人叫我去做這件事，也沒有人付我錢去做這件事。」

他很快就被判有罪，並被處以電椅死刑。就在他被處死之前，他說，他殺麥金利是「因為他是良善之人的敵人，我是為了……所有國家的工人而做！」

性學家哈維洛克・艾利斯（Havelock Ellis）研究佐克茲，作為他部分的犯罪研究內容，他發現這名殺手是個相當有魅力的好人，一個「博愛的刺客」，他走向暴力是因為「過於氾濫的同情心……他憎恨少數人是因為他熱愛大多數人。」這個問題「最容易在年輕、狹隘、缺乏訓練的心智中產生」。

佐克茲死後，醫生們切開他的大腦加以研究，但並未發現任何異常。

麥金利遇刺後的第二年，特勤局開始被賦予隨時隨地保護總統的責任。

刺殺麥金利的里昂・法蘭克・佐克茲（Leon F. Czolgosz）出現在美國流行雜誌的封面，一九〇一年九月九日

行動的宣傳

亞伯拉罕・林肯的暗殺事件或許是種族主義的極端保守派所為，但也同時鼓舞了許多革命

份了，譬如俄羅斯的一個虛無主義秘密團體，被稱為「地獄」（Hell），他們計畫暗殺沙皇，以此作為煽動革命的一種方式。

保羅．布魯斯（Paul Brousse）

雖然一八五〇年代的義大利人卡洛．皮薩坎（Carlo Pisacane）已提出了行動創造想法的主張，但直到二十年後，才由一位年輕的法國醫生保羅．布魯斯（Paul Brousse）創造了「行動的宣傳」（Propaganda of the Deed）一詞。

布魯斯在一本小冊中將其描述為「一種激發大眾意識的強大手段」，他極力主張行動至高無上的優勢，因為思想可能會被資產階級的新聞報導所扭曲，而且即使工人取得政治理念健全的小冊，在經過一整天辛苦工作之後，他們也會累到沒力氣閱讀。

令人為難的是，布魯斯還質疑了暗殺是否有效，但到這時為止，「行動的宣傳」已經如火如荼地展開了。

彼得．克魯波特金（Peter Kropotkin）

其後，這個觀點又得到俄羅斯無政府主義者彼得．克魯波特金（Peter Kropotkin）進一步的推廣。

他是一位親王之子，曾經擔任沙皇的男侍，主張「永久的起義是以口耳相傳、書寫、短劍、步槍、炸藥」來進行，他說一項行動遠比一千本小冊子具有更大的影響力，一項行動會帶起另一項行動，很快就會產生許多項足以暗中顛覆政府的行動。

他的看法使他被送進了監獄，但就個人層面來看，他似乎是一個極為和善的人，蕭伯納（George Bernard Shaw）甚至認為他「友善到聖潔的程度」。的確，克魯波特金對於暗殺的心態極為矛盾，一方面強調合作的重要性；一方面又擔心暗殺可能會變成「一種公開宣傳的噱頭」。

他晚年時曾抨擊「盲目的恐怖」（Mindless Terror），並承認革命無法經由個人的暴力行為來實現，儘管他仍然認為暗殺俄羅斯沙皇亞歷山大二世（Alexander II）（見下文）有其正當性，認為這是人民被無法忍受的生活條件所逼的絕望之舉。

米哈伊爾．巴庫寧（Mikhail Bakunin）

克魯波特金的無政府主義夥伴米哈伊爾．巴庫寧（Mikhail Bakunin）也出身貴族，是一位外交官之子。卡爾．馬克思（Karl Marx）說他就像一頭公牛，體重至少有一百二十五公斤（二十英石）。

巴庫寧認為自己的職責就是要使無動於衷的普羅大眾認識到，他們真正想要的是革命。

巴庫寧已婚，但據說是性無能，他宣稱革命是他的未婚妻，並補充說他會「非常快樂……當整個世界都被大火吞噬時」。

一八四八年，革命席捲了整個歐洲，巴庫寧前往波蘭試圖引發動亂，但大部分的叛亂都無疾而終，於是這名無政府主義者被關進了俄羅斯的監獄，隨後又被流放到西伯利亞（Siberia），直到在一八六一年逃離。

他相信歐洲社會已然損耗殆盡，需要被燒個精光、夷為平地，一個新的世界才能出現：「摧毀的熱情同時也是創造的熱情。」

米哈伊爾·巴庫寧，約於一八七二年。

一八六九年，他撰寫了《革命者的教義問答》（Catechism of a Revolutionary）一書，說道為了帶來混亂，「徹底的摧毀」是必要的，而從混亂之中，新的秩序才可能藉由這股年輕「革命家」的動力而出現，「革命家是命定之人，他沒有任何個人興趣，沒有風流韻事、感情、羈絆、財產，甚至沒有自己的名字。他整個存在只有一個目的、一種思想、一股激情，那就是革命……他已切斷了與社會秩序以及整個文明世界的所有聯繫……他是這個世界的無情敵人，他繼續存在其中只有一個目的，那就是摧毀它。」

他煽動的無政府主義者都是「年輕的狂熱者、無神的信徒」，接受「他們之中有極多人會在政府手中毀滅」的結局。

巴庫寧建議，他們應該與國家的其他敵人合作，譬如罪犯和強盜。他的確在某個時候寫到，盜賊是唯一真正的革命份子。

他所主張的手段之一就是暗殺國家代表，特別是那些聰明的代表。革命要以行動為基礎，而非煽動或宣傳。他的思想體系有個問題是，任何與社會格格不入的人、不與他人來往的人，或是精神變態者，都可以將這種意識形態視為他們報復這個社會（一個他們覺得錯待自己的社會）的正當理由。

謝爾蓋・涅恰耶夫（Sergei Nechaev）

巴庫寧的《革命者的教義問答》有一位年輕的合著者謝爾蓋・涅恰耶夫（Sergei Nechaev），巴庫寧對他印象深刻，因為他「無所畏懼」。

他是一位隨和的校長，他的容貌因痤瘡受到毀損，所以，他試圖以鬍子來遮掩，後來他遇見一位名叫奧爾洛夫（Orlov）的學生，這三個人於是一起創辦了一個地下委員會，致力於終結現有的社會秩序，建立一個具有「徹底自由、煥然一新特性」的新世界。

涅恰耶夫對他的過去絕口不提，在他認識巴庫寧時，他已經是一個撒謊成性的騙子，戲劇性地安排一次假的逮捕，捏造令人興奮的越獄故事，並宣稱他負責一個偉大的革命組織。

他所說的一切太具煽動性，和麥金利的刺客里昂．佐克茲一樣，因此，其他人都認為他一定是個密探，甚至半認真地考慮過要暗殺他。但巴庫寧被他迷住了，將他視為一名「冷酷無情的戰士」，儘管巴庫寧不會承認，但他也許認為涅恰耶夫不像他一樣光說不練，而是一個言行一致的實踐者。而對涅恰耶夫來說，他很容易臣服於具備父親形象的人物之下，甚至有傳聞說這一對是戀人。

但並非只有涅恰耶夫一人在撒謊，巴庫寧也吹噓著他那虛構的「世界革命聯盟」（World Revolutionary Alliance），並頒給涅恰耶夫一張編號二七七一的「俄羅斯部門」會員卡。事實上，這是該組織唯一發出去的一張會員卡。

涅恰耶夫的確嘗試過一次暗殺，目標是他的小革命組織中一名膽敢批評他的成員。但到最後，巴庫寧卻反過頭來對付他的這名門徒，警告朋友們說，這個年輕人會撒謊、要陰謀詭計對付他們，並且會勾引他們的妻女。

一八七三年，涅恰耶夫因謀殺被定罪，並被判終身流放西伯利亞。在此之際，巴庫寧一直試圖控制「國際工人協會」（International Workingmen's Association），但卡爾．馬克思輕蔑地拒絕了他的想法，相信革命是由群眾而非少數陰謀者發起的，寧可摧毀這個組織，也不願讓他的敵手占了上風。

因此，一八八一年，來自俄羅斯、歐洲及美國的無政府主義者在倫敦舉辦了他們自己的國際大會（International Congress），會中通過一項決議說，「行動的宣傳」應運用於加速燃燒已然成形的大火上。但這個論點自相矛盾之處在於，為了使行動有效，行動的知識必須透過傳統的印刷媒體來宣傳。當局誤以為這個代表著可怕威脅的龐大國際網絡確實存在，因此，警方的密探有時會支助一些無政府主義者，以期滲透這個組織。

約翰・莫斯特（Johann Most）

德國人約翰・莫斯特（Johann Most）是另一個與社會格格不入的人，他歌頌暴力是實現政治目的的手段。

他的母親在他兩歲時死於霍亂，他在七歲時染上了一種傳染病，使他的容貌受到嚴重的毀損。就像克魯波特金、巴庫寧及涅恰耶夫，他進出監獄如家常便飯。

「行動的宣傳」或許再理想不過，但莫斯特也了解新興的大眾傳播媒體是多麼重要，這些媒體可以迅速地將恐怖份子的行動傳播至全世界，他希望從而產生「回響效果」（Echo Effect），使其他人仿效他們。

因此，莫斯特創辦了自己的雜誌《自由》（Freedom），在雜誌中闡述了他的理論，發表了一首讚揚炸藥的詩：「炸藥就是力量……世界一天天變得更好。」

他的敵人被他視為是非人的豬、狗、寄生蟲、社會的渣滓。他承認，如果使用炸藥，有些「無辜者」必然會受到牽連而受傷，但確保他們別出現在炸彈可能爆炸的地方，是他們自己的責任。無論如何，政府犯下的罪行嚴重多了。

莫斯特強調了另一項革命要素的重要性：金錢，舉例來說，為了購買炸藥與行賄。他偏好一種雙軌戰略，那就是以一個合法或半合法的組織專事宣傳工作，在此之際，其他人則盡可能保密地繼續進行暴力行動。

他也主張，發揮革命份子的個人優勢很重要，舉例來說，要認清並非每個人都有能力進行冷血的暗殺行動，即使是那些在激烈戰鬥中表現得極為英勇的人。

而「地獄」組織採取了另一個截然不同的觀點，主張應該藉由抽籤的方式來選出刺客，然後，就像某些宗教隱士，這名刺客應該切斷與親朋好友的所有聯繫、避免結婚，甚至避開他的革命同袍。在行動的當天，他必須用化學藥劑自我毀容以避免被辨認出身分，並在口袋中放一份宣言說明他的動機，在行動完成後立即服毒自殺。

蒂莫菲・米哈伊洛夫（Timofey Mikhailov）

正如我們所見，卡爾・路德維希・桑德在意識到他使受害者的女兒心碎時，他的良心深受譴責，而且深感懊悔。那麼，為政治動機所驅使的殺手，會比在前述時代中看到的那些為宗教動機所驅使的殺手，更容易心軟嗎？

有些在這個「革命時期」險些成為刺客的人說，被殺其實比殺人更容易。一八八一年，蒂莫菲・米哈伊洛夫（Timofey Mikhailov）因暗殺俄羅斯沙皇亞歷山大二世的陰謀即將被處決時，表現得毫不畏懼，但在那決定性的一天，當他有機會丟出炸彈暗殺時，他卻悄悄地溜回家了。

米歇爾・安吉奧利略（Michele Angiolillo）

一八九七年，義大利無政府主義者米歇爾・安吉奧利略（Michele Angiolillo）本預計謀殺西班牙首相卡諾瓦斯・德爾・卡斯蒂略（Canovas del Castillo），卻在有機會射殺他時沒能下手，因為當時這位政治家的家人和他在一起。

等到安吉奧利略終於在一座溫泉浴場（卡斯蒂略和妻子住在那裡）射倒了他的獵物，卡斯蒂略的妻子摑了安吉奧利略一耳光，安吉奧利略的回應是：「夫人，我尊敬妳是一位淑女，但我很遺憾妳是那個男人的妻子。」

安吉奧利略被處以絞刑時，仍然英勇赴死。

伊萬．格利亞耶維（Ivan Kalyayev）

另一位名叫伊萬．格利亞耶維（Ivan Kalyayev）的俄羅斯革命份子與詩人，對亞歷山大二世的兒子謝爾蓋．亞歷山德羅維奇大公（Grand Duke Sergei Alexandrovich）丟了一顆炸彈，後者是一個對沙皇尼古拉二世（Nicholas II）的宮廷有著高度影響力的人物。

一九〇五年二月十五日，就像安吉奧利略，當格利亞耶維看到那名即將受害的人物與妻子及家人在一起時，他也放棄了行動，直到兩天之後，他才再度執行暗殺大公的行動，並被處以絞刑。

阿爾貝．卡繆（Albert Camus）在劇作《正義刺客》（Les Justes，一九四九年）中，探討了格利亞耶維進退兩難的心態。

他的革命同袍有些贊同他在大公的孩子在場時不進行攻擊的做法，認為創造一個更美好的世界不該始於謀殺孩童的作為，但滿懷憤恨的強硬派並不贊同，他們的控訴是，比起每年有成千上萬人死於這個必須被摧毀的政治體系之下，幾個孩童的性命根本不算什麼。

詩人兼革命份子伊萬．格利亞耶維，約於一九〇三年。

格利亞耶維始終堅持謀殺是錯誤的行為，因為所有的生命都是神聖可貴的，他必須以自己的生命為他的行動付出代價，因此，他拒絕採取任何措施爭取赦免。

但即便是令人生畏的約翰·莫斯特，也隨著年齡增長而逐漸軟化。一八七八年，當德意志皇帝威廉一世（Wilhelm I）在柏林險些遇刺時，這位革命份子讚揚這項嘗試宛如「布魯圖斯的行動」，但是在後來幾年他說，除非有全面性的起義，否則認為暗殺個別君主或政客就能推翻該體系，不過是一種錯覺。

他甚至因批評企圖對美國工業家亨利·克雷·弗里克（Henry Clay Frick，收集了知名的弗里克藝術收藏品）進行暗殺，而受到艾瑪·戈德曼的鞭笞。

卡爾·海因岑（Karl Heinzen）

正如西塞羅在兩千年前所說的，幾個世紀來，關於誅殺暴君令人深感失望的一點是，除掉的往往是暴君而非暴政，這表明可能需要在更寬廣的戰線上發動攻擊。

德國的激進份子卡爾·海因岑（Karl Heinzen）主張誅殺暴君是正當的，但這還不足夠，除非國王、將軍及所有自由的敵人被除去，否則不會有任何真正的進步。因此，為了全人類的利益著想，殺害數百人甚至成千上萬的人都有其正當性。

他喜歡大規模毀滅性武器，如可以摧毀「整座城市」的火箭、地雷、毒氣，這讓那些鄙視無政府主義者的人，譬如尼采（Nietzsche），也覺得採用一些他們的修辭看起來很酷，所以尼采說，他想「暗殺」歐洲的基督教傳承，並宣稱：「我不是人類，我是炸藥。」

這意味著當艾瑪．戈德曼想辯護暗殺的正當性時，她就能利用尼采的說法，堅稱沒有客觀真相的存在，只有個人偏愛的觀點。

她主張，刺客的暴力行為只是反映了針對他而施加的暴力，而武力與暴力實為政府所固有，刺客是由「充沛的愛」所驅使，但注意到美國人民如何哀悼麥金利總統，她宣稱（讓人詭異地聯想起約翰．威爾克斯．布思以前說過的話）這一切「太深奧了，不是膚淺的群眾所無法理解的。」

的確，對革命份子來說，人民往往令他們失望。

一八六六年，狄米崔．卡拉科佐夫（Dmitry Karakozov）向俄羅斯沙皇亞歷山大二世開槍，卻被路人逮捕，他大叫：「傻瓜，我是為你們而做的。」

儘管煞費苦心，他還是被吊死了。

順帶一提，十三年後，當這位沙皇在散步時，遇到一位手持左輪手槍的學生，他拔腿就跑，這個做法奏效了，這名險些成為刺客的學生連開了好幾槍，每一槍都沒擊中，隨後便被逮捕並絞死了。

法國總統薩迪·卡諾（Sadi Carnot）遇刺，出自新聞雜誌《世界畫報》（Le Monde illustré）。

弗朗索瓦·克勞迪烏斯·科尼格斯坦（François Claudius Koenigstein）

革命的意識形態往往導致針對性的暗殺被無差別的濫殺所掩蓋，資產階級或體制的象徵被視為可攻擊的對象，包括銀行、證券交易所，甚至咖啡館與音樂廳。

法國在一八八二年到一八九四年的十幾年間，發生了十一起無政府主義者的攻擊事件。弗朗索瓦·克勞迪烏斯·科尼格斯坦（François Claudius Koenigstein），又被稱為「拉瓦喬爾」（Ravachol），創造了一個新的法文語詞「拉法喬里瑟」（Ravacholiser），意思是「爆炸」。他的暴力生涯始於謀殺兩名貧苦的老人，後來又在巴黎炸毀了一幢住有資深法官的公寓。

埃米爾．亨利（Émile Henry）更不再假裝他的行動只針對有錢有勢者，一八九四年，他炸毀巴黎一間顧客多為工人的咖啡館，造成一死二十傷的慘劇，他對於這項作為的辯解是：「沒有人是無辜的。」

他和拉瓦喬爾一樣都被處決了。

一八九四年，暗殺法國總統薩迪．卡諾（Sadi Carnot）的刺客則說，他會這麼做是因為卡諾不肯赦免亨利。

炸彈暗殺

炸藥受到莫斯特的極度推崇，同時也被拉瓦喬爾與亨利所運用，可說是在暗殺技術上的一項重要發展。

正如我們所見，炸藥首次在暗殺事件中現身，得回溯到十六世紀達恩利勳爵的謀殺案，而現在，炸藥已經變得更容易取得，殺傷力也更為強大了。

儘管俄羅斯貴族把俄羅斯的政治體系描述為「經過暗殺調和的專制統治」，但事實上，到一八八〇年為止，只有兩位沙皇是真的死於暗殺。

當時在位的亞歷山大二世是個徹底的保守派，但是他促成了農奴的解放，儘管他可能並非出於完全的利他動機。

有些人將俄羅斯在克里米亞戰爭（Crimean War）的失敗歸咎於農奴制，有些人相信農奴制不但阻礙了資本主義的發展，也阻礙了國家的進步，還有人認為如果不解放農奴，農奴可能會起義並解放他們自己。

改革也並非如它所標榜的一樣，可一蹴而成。雖然農奴不再是主人的財產，但被解放的農奴所擁有的土地變少了，他們的自由並非天下掉下來的禮物，而是他們得用餘生去償付的代價。

「人民意志」革命組織與亞歷山大二世（Alexander II）

「人民意志」（People's Will）革命組織對農奴的解放並不領情，它的「革命法庭」判決了亞歷山大的死刑，更寄了一封公開信函給沙皇，說道國家的暴力統治肆意而獨斷，這個團體將暗殺政府官員以「強化人民的革命精神」。

組織的公報指出，暗殺雖有助於宣傳，它更是一種報復行為，如果機構體制的十幾名重要人物同時被殺，政府必然驚慌失措，群眾也會因而覺醒。

其中一位編輯提出的理由是，比之大規模起義，暗殺的花費更少、成本效益更高。

由於人類擁有無限的創造力，因而統治者對個人的攻擊行動，可說是防不勝防。在現代科學分析的新包裝下，暗殺與恐怖主義因為殺害的人數較少，故比武裝衝突更為人道的舊日觀點又復活了，而且還加上但書：即使有些無辜者因而受傷，也是值得付出的代價。

但並非每個成員都同意這個觀點，「人民意志」內部對於訴諸暴力應到什麼樣的程度，產生了激烈的辯論，最後在這個問題上各執己見、僵持不下。

「人民意志」樂於使用傳統的暗殺方式。譬如一八七八年，他們譴責沙皇殘酷地對待囚犯而宣告他的死期到了，之後，就在大街上持刀刺殺了沙皇的祕密警察頭子。但和其他革命份子一樣，他們也擁抱炸藥這項新技術，不過，並不總是能成功。

他們至少有四名成員在嘗試製造炸彈時被殺，另一名則在冬宮（Winter Palace）找到一份木匠的工作，並設法在飯廳的地板下藏匿一堆炸藥，這些炸藥比早期炸藥的破壞威力更強。

一八八〇年二月五日，這名木匠點燃了一根燃燒緩慢的引信，預留了足以讓他逃離現場的充裕時間。炸彈在他計畫的時間引爆，並炸死了十一個人，但不包括沙皇在內。因為主客遲到了，代表沙皇尚未進入屋內。

這個團體也多次嘗試炸毀沙皇乘坐的火車，有一次是引爆裝置失敗；另一次則是炸錯了火車。一八八一年一月，「人民意志」組織決定再接再厲，他們到聖彼得堡（St Petersburg），在沙皇每週日前往部隊點名的路線上租了一間店，到了二月底，他們鋪設好了地雷，等沙皇經過

殺死沙皇亞歷山大二世的爆炸事件。

時即可引爆。

考慮到警察可能會包圍這裡，這些革命份子決定，如果亞歷山大在三月一日走了另一條路而繞過地雷的話，他們就改用小型手持炸彈攻擊他。這種作法風險很大，因為他們也不確定這些炸彈能發揮作用。

那一天，亞歷山大在出發之前，簽署了一份重要的文件，可說是制定俄羅斯憲法的第一步。而後他出發了，也的確更改了他的路線，完全避開了地雷，所以，這些密謀者啟動了備份計畫，趕上了沙皇一夥人，密謀者中的一個女人揮舞著手帕作為信號，她的一個男同袍丟出了一枚炸彈，炸彈在沙皇的裝甲馬車下爆炸，炸傷了馬匹，並炸死了一名哥薩克騎乘侍從。

當馬車停下來時，亞歷山大毫髮無傷地現身，並試圖幫助傷者，於是，第二名密謀者又丟出一枚炸彈，剛好落在亞歷山大的腳邊。

這枚炸彈不但炸死了持彈者，也使沙皇身受重傷，並在幾個小時之後氣絕身亡了。這項新技術的確能奪取受害者的生命，但只在近距離部署時才能發揮作用，就和刀是一樣的，而且，它有一項備受抨擊的缺點：附帶損失。在這次事件中，聚集圍觀沙皇經過的群眾中，就有約二十個人也被炸傷。

亞歷山大的死，引發了若干關於暗殺道德的有趣問題。尤利烏斯．凱撒的謀殺被證明有其正當性，理由是他成為暴君後的所作所為，以及暗殺者擔心他計畫去做的那些事。但是，沙皇做的是好事，包括解放農奴、逐步走向立憲，即使有些人認為他做得還不夠，但他能被視為暴君嗎？

另一方面，你可以爭辯說，由於大多數的俄羅斯人民生活極糟，是故他們的統治者就可以被視為一個合法的暗殺目標。但就只因為他是他們的統治者？他被暗殺不是因為他的作為，而是因為他的身分？

有趣的是，有些農民相信，謀殺亞歷山大是由那些對解放農奴感到不滿的地主所策劃。

《泰晤士報》（The Times）在報導時，充滿哲學意味地宣稱，所有型態的政府都會製造出刺客，對於任何手握大權的人來說，這個暗殺事件必然會令他們深感警醒：世界上最偉大的皇帝之一，竟被一個雜亂的組織送進了墳墓，而這個組織是成員從未超過五十人、成立尚未五年的一群烏合之眾。

亞歷山大三世（Alexander III）

亞歷山大二世的兒子繼位成為了亞歷山大三世（Alexander III）。

暗殺事件發生十天後，「人民意志」寫了一封信給這位新沙皇，要求取消一切恐怖行動以換取大赦，以及提供基本公民自由的憲法。這些溫和的要求，使該組織被稱為「帶著炸彈的自由主義者」。

但是，亞歷山大三世不領情，他處決了六名同謀者，並廢止了所有關於憲法改革的無意義之舉，代之以維安鎮壓行動。

他的父親成了烈士，他在父親被暗殺的地點修建了一座「滴血救世主教堂」（the Church on Spilled Blood），亞歷山大三世最後安詳地在床上溘然長逝。

切薩雷・龍布羅梭（Cesare Lombroso）

不僅刺客運用科學找出暗殺的新方法，科學家與醫生也設法利用科學來了解刺客。極具影響力的「犯罪人類學家」（Criminal Anthropologist）切薩雷・龍布羅梭（Cesare Lombroso），是都靈（Turin）的法律醫學和精神病學教授，他認為所有的罪犯都是「進化逆行」（Evolutionary Regression）的受害者，並展示了他們「退化」的身體特徵，他發現，刺客「有突出的下巴、分得很開的顴骨、濃密的黑髮、稀疏的鬍鬚，以及蒼白無血色的臉頰。」

至於無政府主義的刺客，「要達到這種激進好戰的階段，不僅在智力上，更在道德感上，必然發生了劇烈的退化。」

愛爾蘭──鳳凰公園謀殺案

在亞歷山大二世被謀殺之時，和英國統治愛爾蘭有關的暗殺陰謀，多年來也始終甚囂塵上。維多利亞女王（Queen Victoria）與其他皇室成員都是被鎖定的目標，名聲顯赫的政治家與地主也未能倖免，英國當局憂心愛爾蘭民族主義者（Irish Nationalist）會複製俄羅斯虛無主義者的策略與手段。

「無敵」（Invincibles）與弗雷德里克．卡文迪許勳爵（Lord Frederick Cavendish）

一八八一年，也就是亞歷山大二世遇刺的同一年，一個特別激進好戰的團體「無敵」（Invincibles）從愛爾蘭共和兄弟會（Irish Republican Brotherhood）中出現，旨在奉行「永續行動」（Perpetual Action）的策略，有些人認為該策略與「行動的宣傳」極為雷同。「無敵」列有一份它希望消滅的英國「暴君」名單，榜上有名者包括了愛爾蘭布政司長（Chief Secretary for Ireland）威廉．愛德華．福斯特（W. E. Forster）及副司長（Under-Secretary）托馬斯．亨利．柏克（Thomas Henry Burke）。許多針對柏克與福斯特執行的陰謀都失敗了，包括一個郵件炸彈。

後來，隨著政治局勢升溫，兩名婦女在支持土地改革的示威遊行中被殺，刺客們試圖槍殺一名韋斯特米斯郡（West Meath）的地主，結果卻錯殺了他的妯娌。福斯特與愛爾蘭副王（Viceroy）柯珀伯爵（Earl Cowper）認為政府的作法過於溫和而雙雙請辭，於是首相威廉．尤爾特．格萊斯頓（W. E. Gladstone）說服了不情願的弗雷德里克．卡文迪許勳爵（Lord Frederick Cavendish）接替了福斯特的職位，卡文迪許是一名自由黨（Liberal Party）的政治家，也是他最喜愛的一位姪女的丈夫。

一八八二年五月五日，警察在一場支持地方自治（Pro-Home Rule）的示威遊行中開槍，射殺了一名十二歲的男孩。第二天，卡文迪許抵達都柏林（Dublin）。

「無敵」的成員一直在副王寓所旁的鳳凰公園（Phoenix Park）偵查，以便伏擊暗殺柏克。

在那個春光明媚的下午稍晚時分，七名密謀者暗持手術刀聚集於公園，其中只有一個名叫喬・史密斯（Joe Smith）的人知道暗殺目標的長相，但是，副司長一直沒出現，因此，當七點鐘的鐘聲響起時，這些刺客差不多要放棄了。

突然之間，史密斯發現了兩名同行者，他激動地告訴其他同夥其中一人就是柏克。他的夥伴讓他先行返家，其他人則等著這兩人走近，然後開始發動攻擊。

少數看見這場攻擊的目擊者，還以為只是酒鬼或地痞流氓在打架。當石匠喬・布雷迪（Joe Brady）刺傷柏克時，卡文迪許用雨傘擊打他，被激怒的布雷迪遂刺傷了這位新任布政司長的手臂。接著，其他人也加入刺殺的行列，令兩人身中多處刀傷而亡。

後來，這群歹徒送信給報紙，說這兩人是「被愛爾蘭『無敵』組織下令處決」，但事實上，他們根本沒有計畫要殺卡文迪許，他們攻擊卡文迪許時，可能還不知道他是誰。

就像被誤殺的地主妯娌，或是二十名被那顆打算炸死沙皇的炸彈所誤傷的旁觀者，在在都說明了暗殺並非是一門精確的科學。

約翰・莫斯特的《自由》應是唯一讚揚這起謀殺的出版品，也導致了警察再次對該雜誌的營業地點進行了突襲與查抄。

詹姆斯・凱里（James Carey）與派崔克・奧唐納（Patrick O'Donnell）

經過數個月來不辭辛勞的偵查工作，警方終於逮捕了涉嫌這起暗殺的二十多人，其中包括一個名叫詹姆斯・凱里（James Carey）的地主，在謀殺案發生以後的這段期間，他已當選為都柏林的市議員。

凱里是實際籌畫這起行動的主謀，也是供出共犯的四名嫌犯之一，五名嫌犯都被處以絞刑，包括布雷迪，他是凱里最年幼孩子的教父。凱里的窗戶被砸碎，佃戶也拒絕付他租金，因此，在一八八三年夏天，他用假名和家人一起逃到了南非。

在逃往南非的旅程中，凱里結識了一個名叫派崔克・奧唐納（Patrick O'Donnell）的愛爾蘭裔美國人，他發現了凱里的真實身分，有天晚上，當他們在一起喝酒時，奧唐納冷靜地掏出手槍，當著這名告密者的家人面前，朝他的頭上開了一槍。

一八八三年十二月，他在老貝利街（Old Bailey）法院被判犯下謀殺案，並被吊死。

奧匈帝國的伊麗莎白皇后

以現代標準來看，這個時代的若干受害者，似乎粗心大意到讓人無法置信的地步，像是亞伯拉罕・林肯坐在戲院包廂裡時，他的保鑣卻開了小差；卡文迪許勳爵則和朋友在公園裡漫步。

荷西·卡納萊哈斯·門德斯（José Canalejas y Méndez）與曼努埃爾·帕迪納斯（Manuel Pardinas）

西班牙首相荷西·卡納萊哈斯·門德斯（José Canalejas y Méndez）習慣在每天同一時間步行至馬德里（Madrid）的內政部（Ministry of the Interior），一般是由兩名警探陪同，但他卻要他們保持在二十步之外的距離。

一九一二年十一月十二日，卡納萊哈斯在距離內政部約五十碼之處停了下來，從一間書店的櫥窗往裡頭看，在那裡停留了幾分鐘，這時，一個三十二歲名叫曼努埃爾·帕迪納斯（Manuel Pardinas）的無政府主義者走上前來，並向他開了三槍。

卡納萊哈斯幾分鐘後就氣絕身亡了，而槍手也隨即飲槍自盡。

伊麗莎白皇后（Empress Elisabeth）與路易吉·盧切尼（Luigi Lucheni）

「粗心大意」是這起發生於「革命時期」的暗殺案，廣受嚴厲譴責的原因之一，這起暗殺的受害者就是奧匈帝國的伊麗莎白皇后（Empress Elisabeth of Austria-Hungary）。奧匈帝國是當時歐洲最偉大的帝國之一，這起暗殺也因為使用了極為巧妙的武器而引發高度的關注。

女性被選擇為暗殺的對象本就極不尋常，而且伊麗莎白幾乎沒有行使任何實權，她只是皇帝的妻子，同時也是一位備受尊敬的慈善家，經常「宛如慈悲的天使般」明查暗訪病苦窮人。

而就像夏普大主教，伊麗莎白似乎也成了刺客打算暗殺目標的不幸替代品，然而，「行動的宣傳」並不總是需要殺死某個特定的個人，只要受害者是某種權力或權威的象徵就足夠了。

伊麗莎白不但美貌異常，更以她的緊身胸衣與蜂腰聞名，據說她在二十多歲時的腰圍只有十六英吋，當她過了六十歲也還是不到二十英吋，她在三十多歲時拒絕坐下來讓人畫像或拍照，為的就是讓自己永遠保持著明豔動人的年輕仕女形象。

腰身纖細的伊麗莎白皇后，出自一幅攝於一八七〇年代的照片。

伊麗莎白覺得她的丈夫皇帝法蘭茲．約瑟夫（Franz Josef）的宮廷過於沉悶乏味，所以，她一有機會就盡可能遠離。

一八九八年秋天，據推測她應該是用化名待在日內瓦（Geneva）；九月十日，她決定在只有侍女的陪同下，搭乘汽船橫渡日內瓦湖（Lake Geneva）到蒙特勒（Montreux）。

同一時間來到這座城市的，還有一個二十五歲的義大利無政府主義者，名叫路易吉．盧切尼（Luigi Lucheni），他是來這裡暗殺覬覦法國王位的奧爾良公爵，但公爵取消了這趟訪問行程，因此，當盧切尼看到報紙披露的消息，說那位以「霍恩海姆斯伯爵夫人」（the Countess of Hohenembs）名義待在這座城市的聰明女士，實際上就是奧地利的伊麗莎白皇后，他大大地鬆了一口氣。

當皇后和侍女在湖邊散步時，一個男人突然踉蹌地倒向她，她覺得胸部上方受到一記重擊，登時跌倒在地，但在旁觀者的幫忙下，很快又站了起來，並且搭上了汽船。她說她認為這個攻擊者是想偷她的手錶，但在上岸之後不久，伊麗莎白無意識地暈厥了過去。她的女侍剪下她極緊的胸衣綁帶，以便讓她呼吸順暢些，並注意到了她的襯裙上有一點極小的血跡。

事實上，盧切尼是用一把工業用的尖銳錐針刺中了她的心臟。皇后被送回旅館接受醫生們的救治，但她這時已然回天乏術。

在此之際，盧切尼設法逃亡，但被幾個車夫抓住，並把他交給了警方。這名無政府主義者未再試圖逃走，根據報導，他走路時還一邊唱著歌，並且說：「我做到了！」

他告訴地方執法官，他是來日內瓦暗殺「另一位重要人士」，但無法完成這項任務。幸好他偶然得知，皇后也在這裡。盧切尼說：「如果所有的無政府主義者都能善盡他們的職責，就像我盡了我自己的職責一樣，那麼資產階級社會很快就會消失了。」

當他被斥責說他殺死的是一位極為慈悲、善待窮人的女士，這名刺客回答：「對我來說，最高統治者是誰、我應該殺的是誰，都不重要……我攻擊的不是一個女人，而是一位皇后。」

盧切尼被判處無期徒刑，但他哀嘆他犯下罪行的瑞士州竟沒有死刑。

在謀殺發生的十二年後，他被發現在監獄牢房中上吊身亡。

拉斯普丁

正如我們所見，沙皇亞歷山大三世在床上安然離世，但他的兒子尼古拉二世，就沒那麼幸運了。

他和妻子（尤其是他的妻子）都拜倒在格里戈里．葉菲莫維奇．拉斯普丁（Grigori Yefimovich Rasputin）的魔力之下。

拉斯普丁在一八六九年生於西伯利亞村莊的農民家庭，十八歲時因偷竊被捕，被送往修道院三個月作為懲罰。雖然他以「瘋僧」的形象，出現在許多聳人聽聞的電影中，但實際上，他從未接受過神職人員的聖職受任儀式，相反地，他還娶了一個本地女人，幫他生下四個孩子。

但是，他的流浪癖很快就召喚他。他宣稱聖母瑪利亞對他顯靈，要他成為巡迴朝聖者，於是他動身前往耶路撒冷與希臘，靠慈善施捨過活，蓬頭垢面的，並獲得聖人美譽，他的眼神灼熱，號稱能治癒病人，並預測未來。

他制定了一種新奇的神學，堅稱藉著和女性同床共枕，他就能承擔她的罪過，並幫助她找到上帝的恩典，許多女性似乎都躍躍欲試，準備將這個主意付諸實行。

許多俄羅斯的朝臣都是神祕主義與神祕學的狂熱仰慕者，一九〇三年，拉斯普丁的神奇力量傳入了皇室，他預言皇后會在這一年內生下她和沙皇尼古拉企盼已久的男性繼承人。一九〇四年八月，察列維奇·阿列克謝（Tsarevich Alexei）果真出生了，拉斯普丁也收到了皇宮的邀請。

阿列克謝患有血友病，每當他被割傷時，拉斯普丁似乎能止住他那無法控制的出血。有些人說，那是因為拉斯普丁能安撫那男孩，並降低他的血壓；其他人則說，他只是阻止了皇室醫生開給阿列克謝服用阿斯匹靈，一種抗凝血劑。不管真相為何，從那時起，對皇后來說，拉斯普丁所做的每一件事都是對的。

他的名氣使成千上百人排著隊想見他一面，有時還得等上好幾天。人們知道拉斯普丁可以直達天聽，沙皇與皇后（人們普遍認為他受到皇后的控制）都對他言聽計從，有些人會帶禮物去見他，希望他能幫助他們獲得晉升。

他也會邀請迷人的女性來他的書房，進行

「瘋僧」格里戈里·葉菲莫維奇·拉斯普丁。

兩人私下的密談。有些現代歷史學家指出，他的好色淫亂被誇大了，但肯定有許多關於他的色情故事在坊間流傳，舉例來說，就有故事描述他和修女們在修道院中縱慾狂歡。首相向沙皇上呈了一份有關此事的檔案，因此，有段時間，拉斯普丁被禁止進入皇宮，但是過沒多久，這項禁令又被取消了。

一九一四年六月，第一次世界大戰爆發之前的一個月，一名曾經當過妓女的女子在西伯利亞的大街上刺傷了拉斯普丁，當時他正在探望他的妻兒。這名女子顯然是代表另一名僧侶來行刺，因為拉斯普丁與那名僧侶鬧翻了。

拉斯普丁險些被開膛，必須進行大範圍的手術，而這場手術使得他元氣大傷，從此他就對減輕疼痛的鴉片上了癮。

剛開始，他建議沙皇別捲入戰爭，等到戰爭勢在必行時，他會登上船祝福前線的部隊，雖然擔任總司令的沙皇表親尼古拉大公（Grand Duke Nicholas）說，如果他見到拉斯普丁，一定把他吊死。這位聖人隨即預言，如果沙皇不親自上陣指揮，俄羅斯將輸掉這場戰爭。

言聽計從的沙皇於是正式地解除了他表親的職務，並且親自接任了總司令一職，讓皇后負責國內的事務，而拉斯普丁則擔任她的主要顧問。

這位聖人在某次晚餐時喝醉酒，甚至吹噓他和皇后上床，但這極可能只是他捏造的謊言。儘管如此，皇后因為有著德國血統，在俄羅斯已然是備受懷疑的對象。

弗拉基米爾・普利希克維奇（Vladimir Purishkevich）

一九一六年十一月，隨著戰事連連失利，「黑色百人團」（Black Hundreds）的極端民族主義者弗拉基米爾・普利希克維奇（Vladimir Purishkevich）在俄羅斯議會挺身而出，宣告：「沙皇的部長大臣們都變成了木偶，而操縱木偶的線繩被拉斯普丁及皇后牢牢地抓在手上……而皇后是一個坐在俄羅斯王位上的德國人。」

接下來，普利希克維奇與大公狄米崔・帕夫洛維奇（Grand Duke Dmitry Pavlovich，沙皇的另一位表親），以及娶了尼古拉姪女的親王費利克斯・尤蘇波夫（Prince Feliks Yusupov），三人進行了一場秘密會議。

就像四百年前暗殺亞歷山德羅・德・麥地奇一樣，他們決定採用美人計，在十二月二十九日晚上把拉斯普丁騙到尤蘇波夫家中，承諾讓他和尤蘇波夫美麗的妻子幽會，但事實上，當時她的人遠在烏克蘭（Ukraine）。

於是，這些密謀者讓這位聖人吃喝了許多攙入氰化物的糕餅與美酒，但致命的效果並不明顯，因此，尤蘇波夫朝他的胸膛開了槍，並且把他留下來等死。

接下來，密謀者們動身前往拉斯普丁的公寓，其中一人穿上這位聖人的外套與帽子，製造出他那天晚上有回家的假象。但是接下來，當他們返回尤蘇波夫家要處理拉斯普丁的屍體時，拉斯普丁竟突然跳起來，並抓住了親王的喉嚨，另兩名共犯急忙又朝他開了兩槍，而他仍然繼續掙扎反抗。

最後，他們用重物把他擊倒，然後用一塊地毯把他包裹起來、扔進涅瓦河（River Neva）嚴寒的河水中。

當拉斯普丁的屍體在三天後被發現時，包裹他的地毯已經不見了，有些人說，有些跡象顯示拉斯普丁曾試圖掙脫束縛。

皇后將他埋在聖彼得堡附近的一座皇家莊園，次年，在俄國革命（Russian Revolution）期間，當地的農夫把他的屍體挖出來焚毀。有傳聞說，當時這個死人突然直挺挺地坐了起來（現代病理學家的解釋是，可能是肌腱受熱收縮造成這種情況。）

有些學者對於描述他死亡的說法提出質疑，認為他並沒有被毒死或淹死，只是頭部被開了一槍，據傳英國政府擔心拉斯普丁博取英國的結盟，是為了單獨和德國達成和平協議，因此可能是尤蘇波夫的朋友、某個英國特工開的槍。

要釐清結論相當困難，因為拉斯普丁的屍檢報告早在史達林（Stalin）時代就不見了，見證驗屍的人大多數也都早已不在人世。

尼古拉二世在拉斯普丁死後的第二年被推翻，他和皇后及大部分的家人，都被布爾什維克派（Bolsheviks）所殺。

沙皇的妻子與四個女兒，被發現每人的脖子上都戴了一個盒式項鍊墜，其中放有一張拉斯普丁的照片。

尼古拉二世在下台前，放逐了尤蘇波夫親王與狄米崔大公，親王被放逐到最偏遠的一座莊園；大公則被放逐到波斯前線。對他們來說，這不啻是因禍得福，因為他們成了革命爆發後，少數得以倖存的羅曼諾夫家族（Romanovs）成員。兩人都在放逐於法國時平靜離世，大公甚至還和可可．香奈兒（Coco Chanel）有過一段風流韻事。

普利希克維奇在一九一六年時深得民心，因而逃過了沙皇的懲罰，但是他被布爾什維克派監禁了好一段時間，後來，他設法逃到南方，那裡仍由反革命的白俄羅斯人（White Russian）所控制，他在一九二〇年死於斑疹傷寒。

被暗殺的革命份子

不過，革命份子暗殺的對象不僅是統治階級或為統治階級服務的成員，他們也會互相暗殺。

沃洛達斯基（V. Volodarsky）

沃洛達斯基（V. Volodarsky，V 並無特別含意）是莫伊塞．馬爾科維奇．戈爾茨坦（Moisei Markovich Goldstein）的化名，沃洛達斯基出生於烏克蘭一個貧窮的猶太家庭，他在學生時代就因政治活動被放逐到阿爾漢格爾（Archangel）。一九一三年的一次大赦之後，他去了美國，在一間剝削勞力的工廠工作，並成為工會的活動家，後來還和托洛斯基（Trotsky）一起合作編輯一份社會主義的雜誌。

一九一七年，當俄羅斯爆發「十月革命」（October Revolution），沃洛達斯基回到家鄉，他的一位同事稱讚他「有作為煽動者的出色才能」。他編輯一份布爾什維克的報紙，不知疲倦地奔波各地，參與工人們的會議。

就像馬拉，他對敵人也毫不留情，正如他的一個同志所形容的，他「深信如果我們對反革命這條九頭蛇的猛烈攻擊動搖畏縮了，它不僅會吞噬我們，還會吞噬掉『十月革命』在全世界喚起的希望。」

一九一八年六月二十日，沃洛達斯基被敵對的社會革命黨（Socialist Revolutionary Party）成員格里高利．伊萬諾維奇．塞緬諾夫（Grigory Ivanovich Semyonov）槍殺。當時，他正往返於彼得格勒（Petrograd）的工人會議間，他的車子因爆胎而停了下來。

成為革命烈士的沃洛達斯基，人們為他舉行了一場極為盛大的葬禮。二個月之後，在八月三十日，另一位重要的布爾什維克派成員，也就是彼得格勒的秘密警察頭子莫伊塞．烏里茨基（Moisei Uritsky），也被另一名社會革命黨的成員殺害，而列寧（Lenin）更在同一天被開槍打傷。

這些攻擊促使布爾什維克派展開了「紅色恐怖」（Red Terror），秘密警察槍殺了大約六千名囚犯與人質，並使兩萬五千多人鋃鐺入獄。

至於塞緬諾夫，他在被逮捕之後改變立場，轉而投向布爾什維克派，並對社會革命黨領導人公開審訊提供了證據。

埃米利亞諾．薩帕塔（Emiliano Zapata）

二十世紀初，當俄羅斯正在為激烈的政權更替熱身之際，墨西哥是另一個充滿動盪不安的革命與反革命運動的國家，並產生了兩位偉大的英雄：馬龍．白蘭度（Marlon Brando）在電影中飾演過的埃米利亞諾．薩帕塔（Emiliano Zapata）；以及尤．伯連納（Yul Brynner）、泰利．沙瓦拉（Telly Savalas）等十幾個人飾演過的龐丘．維拉（Pancho Villa），薩帕塔和維拉最後也都遇刺身亡。

薩帕塔是不同種族的混血兒，一八七九年出生在墨西哥南部的莫雷洛斯（Morelos）。莫雷洛斯因產糖成了墨西哥最富裕的地區之一，但薩帕塔就像大多數人一樣貧窮。墨西哥劇烈的不平等現象已到了荒誕的地步，一小撮人擁有絕大部分的土地。

薩帕塔在二十多歲時開始涉足革命政治，被選為村長，並承諾進行土地改革。而在有關當局開始故意拖延土地改革時，薩帕塔開始用武力進行改革。

埃米利亞諾・薩帕塔，一九一一年，永遠是優雅男裝的完美典範。

薩帕塔是個十足的風流胚子，對自己的外表深感驕傲，他的招牌打扮是有著銀扣的長褲、邊帽，以及華麗誇張的鬍鬚，使他一眼就能被認出。

薩帕塔加入了一九一〇年爆發的革命，並見證迪亞茲（Diaz）總統在掌權三十四年後被廢黜，但他對新任總統弗朗西斯科・馬德羅（Francisco Madero）深感失望，因此，服過兵役的薩帕塔以現有的武力基礎，領導他的南方解放軍（Liberation Army of the South）追求「改革、自由、法律、正義」，並告訴他的追隨者：「頂天立地的死去，也比卑躬屈膝地活著要好。」

在此之際，墨西哥總統不斷激烈更替，而薩帕塔在鼎盛時期統率了將近兩萬人，並控制了大約三分之一的國家，他威脅地主提供資金援助他的運作，否則就要燒掉他們的作物。

一九一九年四月，薩帕塔正在對抗另一位總統貝努斯蒂亞諾・卡蘭薩（Venustiano Carranza），當時，總統最優秀的一位軍官赫蘇斯・瓜哈爾多（Jesus Guajardo）設法說服薩帕塔他已準備叛變，並打算帶著他的士兵投靠薩帕塔。

這兩人同意在莫雷洛斯的一座莊園會面，每人只能帶三十個人同行，但事實上，瓜哈爾多帶了六百人，他以閱兵儀隊向這位革命份子致敬，軍號聲聽起來像是在歡迎他們，但是等到最後一個音符消失時，在近距離射程內，士兵們將槍口轉向了薩帕塔和他的人。

薩帕塔的秘書薩爾瓦多・雷耶斯（Salvador Reyes）在猛烈攻擊下倖免於難，他後來寫道：「薩帕塔將軍倒下，沒再爬起來了！」還有五個薩帕塔的人也被殺了。瓜哈爾多獲得豐厚的報酬，並當上將軍，薩帕塔的屍體則被一頭騾子拖行在泥地上。

薩帕塔遇刺之後，他的軍隊解散了，但許多墨西哥人拒絕相信他已死，認為是另一個相貌相似的人代替他死了。薩帕塔希望推行的土地改革，在一九三〇年代大部分都實現了，他的名字以紙鈔、街道名、城鎮名的方式永遠留存在人們心中，同時，一九九〇年代起義反抗墨西哥政府的左翼薩帕塔民族解放軍（Zapatistas），也是受到他的啟發而成軍。

龐丘・維拉（Pancho Villa）

薩帕塔活躍於墨西哥南部地區，而維拉的大本營則是在北部地區。這兩名革命份子經常提防著對方，有一陣子，維拉甚至與馬德羅總統並肩作戰，對抗薩帕塔民族解放軍，但在一九一四年，這兩人也曾一起對付維多利亞諾・韋爾塔（Victoriano Huerta）總統。

和薩帕塔一樣，維拉也是窮人出身，他說他十六歲時，曾經追殺一個強暴了他姊姊的地主兒子，後來偷了這個人的馬匹騎走，和土匪一起藏身於山區。一九〇二年，維拉被捕並且就要被處決，一個曾向他購買偷來的騾子的有錢人，幫他爭取到了緩刑。後來他打算從軍，但是不到一年時間他就逃跑了，原因是他殺了一位軍官。

當時，維拉只能靠打零工與搶劫勉強度日，直到一九一〇年革命爆發，他被說服加入對抗迪亞茲總統的戰鬥，且很快就證明了他是一名精明幹練的領導人，但是當他在幫助馬德羅時，總統的一位將軍因將他視為危險的競爭對手，而捏造莫須有的罪名指控他，維拉發現自己再度面臨被處決的罪刑。

擁有「北方半人馬」（Centaur of the North）美譽的維拉設法逃脫了，從那時起，他不斷與一連串的總統及美國軍隊交戰，有時甚至對美國領土發動突襲。

維拉靠著搶劫、向地主「課稅」、發行他自己的貨幣，為他的軍隊提供資金。一九一四年，他在策馬進入墨西哥城（Mexico City）將現任總統卡蘭薩逐出，但卡蘭薩後來重新掌權，並暗殺了薩帕塔。

這是維拉權力的巔峰時期，接下來幾個月，他遭受了一連串的慘敗，他的敵人試圖藉由焦土戰術，以及大規模屠殺他的追隨者來殲滅他，因此，在一九二〇年，他終於同意放棄抵抗，接受總統阿道夫・德拉・韋爾塔（Adolfo de la Huerta）提供的撫恤金及一座占地

龐丘·維拉，攝於一場成功的軍事行動之後，墨西哥，約於一九一一年。

一百平方公里（兩萬五千英畝）的大莊園。

然而，阿爾瓦羅·奧布雷貢（Alvaro Obregon）隨即接任了韋爾塔總統的位子。維拉採取了全面性的安全防護措施，而且從不在同一個地方住宿兩晚，就像薩帕塔，維拉也極受女性歡迎，但他亦是許多孩童的教父，而且很認真地看待這項責任。

他並不知道自己在一九二三年七月十日險些喪命，當時他正在前往參加一位教子的洗禮儀式途中，手持步槍的敵人藏身在路口的建築中準備伏擊他，但說時遲那時快，幾百個孩童剛好從附近的一間學校一窩蜂湧出，敵人遂停止了攻擊，讓維拉逃脫了。

十天之後，維拉又回到同一個路口，當他經過時，有個街頭小販大喊：「維拉萬歲！」這是個信號，這次有七名槍手對準他的車子開火，擊中維拉九槍，讓他當場斃命，他的司機、秘書及兩名保鏢也都被殺死，倖存的一名保鑣則身受重傷，但設法擊斃一個槍手後逃走。

槍擊事件發生後，刺客們不慌不忙地離開了城鎮，顯然深知沒有人會逮捕他們。但維拉的人設法追查到這六名刺客的下落，並把他們抓起來移交有關當局。其中兩人被判處短期入獄服刑，另外四人則被移交軍事特別法庭，這意味著，這場攻擊是一項官方批准的行動。

當地的一位政客，對下達這項命令負起了全責，並被判處入獄二十年，但他在三個月之後就被釋放了。

至於暗殺的幕後黑手到底是誰，歷史學家傾向於將矛頭對準奧布雷貢總統，或是可能於一九二四年大選獲勝的候選人，因他們擔心維拉可能會參選，又或者，是他之前投靠的敵方將領之子，因為父親被他所殺而進行的報復？

不論真相為何，維拉最後以隆重的軍事葬禮光榮下葬，還有成千上萬的哀悼者前來為他送行。

上述兩位被暗殺的革命份子，都為反抗墨西哥政府而奉獻了寶貴生命，他們的名字最後都被銘刻在眾議院（Chamber of Deputies）牆上的傑出墨西哥人名單中。一份當時的報紙對薩帕塔之死的評論是：「所有暴君恆久的誤解，就是以為他們的敵人是某些人，而非這些人所體現的信念。」

唯一被暗殺的英國首相

「革命時期」也見證了唯一一位被暗殺的英國首相，他的死與革命或重大政治事件皆無相關，儘管他遭遇不幸，但他的名字鮮為人知。

史賓塞．珀西瓦爾（Spencer Perceval）

史賓塞．珀西瓦爾（Spencer Perceval）是在英國最黑暗的時期，就任為首相。

一八〇九年，拿破崙的軍隊在歐洲造成混亂騷動，他的貿易禁運扼住了英國的經濟，造成工資下跌、工時降低、企業倒閉，在此之際，英國偉大的領導者小皮特（Pitt the Younger）卻不幸英年早逝。

珀西瓦爾曾在小皮特與其他首相的手下任職，並在四十四歲時就任財政大臣（Chancellor of the Exchequer）。許多人認為他很平庸，有些人則認為他是極端的保守派，但可以肯定的是，他強烈反對羅馬天主教解放。

在《英國的牛津歷史》中，約翰・史蒂文・華生（J. Steven Watson）寫道：「他清楚的頭腦是他在政界最大的資產，還有他的勇氣，每個人都知道他既誠實又善良。」他贏得眾人的欽佩，並被暱稱為「膽量十足的珀西瓦爾」（Plucky Perceval），因為他力排眾議為「半島戰爭」（Peninsular War）籌措經費，此舉使法國在西班牙與葡萄牙遭受打帶跑游擊戰術的侵擾。

到了一八一二年春天，珀西瓦爾的政策似乎被證明已然奏效。威靈頓公爵（Wellington）已然清除了葡萄牙境內的拿破崙軍隊，眼看就要取得西班牙大捷的最終勝利。英國占領了全世界各地的殖民地，法國的貿易禁運開始無以為繼。

一八一二年五月十一日傍晚約五點時，珀西瓦爾走過下議院（House of Commons）的會客室，一個名叫約翰・貝林罕（John Bellingham）的人朝他走過來。貝林罕是一名代理商，曾在俄羅斯因負債而被（或許是不合法地）監禁了五年。他對英國有關當局普遍不滿，尤其對俄羅斯大使格蘭維爾・列維森・高爾勳爵（Lord Granville Leveson-Gower）更是氣憤難平、深感失望。

一八一〇年貝林罕回到英國後，就一直向當局請願。因為他不斷設法遊說國會議員，遂成為他們十分熟悉的人物，他甚至找上珀西瓦爾本人，但首相拒絕將他的請願提交給國會。

到了一八一二年五月，貝林罕開始在倫敦的櫻草花山（Primrose Hill）練習手槍射擊。五月十一日，他在下議院遇見珀西瓦爾，珀西瓦爾也是一名國會議員，他想找的前任大使並未出現，反倒是珀西瓦爾出現在他眼前，於是，貝林罕近距離開槍射中珀西瓦爾的心臟。

這名刺客並未試圖逃跑，而是自

英國首相史賓塞・珀西瓦爾在下議院遇刺，出於約一八〇九－一八四〇年所製的版畫。

首，並說：「我才是那個不幸的人。」

雖然英國的經濟復甦了，但國內的氛圍仍十分激昂，「勒德份子」（Luddite）在東密德蘭（East Midlands）搗毀機器，群眾聚集在載貝丁罕前往監獄的馬車四周，試圖要釋放他。諾丁罕郡（Nottinghamshire）與萊斯特郡（Leicestershire）的暴民則歡慶著首相之死，坊間更出現了一首詩，將珀西瓦爾比做暴君尤利烏斯．凱撒。

有些人以為，這可能是英國革命的開端，但事實上，貝丁罕很快就接受了審判，他的律師試圖以精神失常為他辯護，但這項申請被駁回了，被告告訴法庭，珀西瓦爾拒絕給他公平正義，「躲藏在他的地位背後、他所想像的安全庇護之下，踐踏法律與權利，並相信他能逃過所有的懲罰與報應。」當首相「使自己凌駕於法律之上……他就得自行承擔風險。」貝丁罕希望他的行動能「作為對未來所有部長大臣們的一項警告」。

陪審團只花了十分鐘就認定貝丁罕有罪，他在謀殺案發生後一個星期即被處以絞刑。三年之後，英國與拿破崙統治的法國交戰，終於贏得了盛大的勝利，而「勒德份子」的動亂不久也被鎮壓了下來。

珀西瓦爾並未因擔任公職而致富，他死的時候幾乎身無分文，家中的十三個孩子還得靠國會的施捨，才免於淪落貧窮之境地。

＊＊＊＊＊＊＊＊＊＊＊＊＊＊＊＊＊

我分析了「革命時期」的五十起暗殺，一共涉及了五十二名受害者，其中有二十五名是重要的政治家，包括十位總統及三位首相；另有十四名是皇室成員，包括四位國王、兩位皇帝以及兩位女皇或皇后。此外，還有三位總督或副王、兩位軍事將領、一名祕密警察的頭子，以及一名反對自由改革的作家與宣傳家。

當局的反對者也是暗殺的目標，六名受害者是叛軍領袖或革命份子。

女性受害者變多了，但在五十二個的樣本數中，也還是只有三位。

將近一半的暗殺（二十四起）發生在歐洲，其餘的則分布於另外四大洲，包括十三起在亞洲、六起在拉丁美洲、五起在北美，以及兩起在非洲。若以國家來說，共分布於三十一個國家中，俄羅斯以七起居冠，其次為日本六起、法國四起、美國三起（全都是總統）。

有三名受害者試圖反擊，其中一位是在一八九五年遇刺的保加利亞前總理斯特凡・斯坦博洛夫（Stefan Stambolov），他曾成功射中其中的一名襲擊者。

包括美國總統加菲爾德與麥金利在內的四起暗殺中，不當的醫療照護是造成受害者死亡的原因。

至於殺手，有十二名是革命份子，其中有兩人謀殺了敵對的革命份子。

在日本，反對改變現有體制的極端保守派武士，在一八六〇年至一八八九年間執行了六起暗殺政治人物的行動，在某種程度上來說，可能是一種模仿犯罪。

由家族成員所犯下的暗殺事件持續減少，一起是由兩名同父異母兄弟所犯，另一起是由兩名姪甥所犯。另外，有一名教父是謀殺某個塞爾維亞革命份子的幕後主使。

單獨行動的刺客比例增加到三分之一以上，且在五十起暗殺中有十八起成功。

「革命時期」只有兩位女性參與了暗殺，同時似乎只有一例雇用了《豺狼末日》類型的殺手，亦即一八三〇年時，厄瓜多爾與秘魯的民族解放者安東尼奧．何塞．德．蘇克雷．阿爾卡拉（Antonio José de Sucre y Alcalá）的政敵派去謀殺他。

在教唆者中，當權人士比前幾個時代來得少，雖然還是包括了一位總統、一位執政的親王，以及一位主教，但他們都並未親自動手。一八六五年的亞伯拉罕．林肯總統及厄瓜多爾總統加布里埃爾．加西亞．莫雷諾的兩起暗殺，都使陰謀論的說法甚囂塵上。

如果我們檢視動機，至少有十九起是以促成革命或民族解放、或阻止自由改革逆轉為目的；另一方面，有十四起是試圖阻止革命或革命的極端主義、改革或西化（就武士的例子而言）。

有六起是為了除掉被視為無法勝任或無能的領導者，有八起則是為了達成其他的政治目的，包括一起由外國政權發動的暗殺，亦即一八九五年日本刺客暗殺韓國的明成皇后（Queen

Min），並試圖以另一位更順從的統治者來取代她。

另有八起是出於復仇或怨恨，兩起是宗教因素，還有兩名刺客可能是出於心理不平衡所致。

暗殺的方法上也有了相當大的改變，槍枝取代了刀劍，成為這個時代最受青睞的暗殺工具，在四十四起我們所知用來暗殺的工具中，就有二十六起是用槍，尤其是在拉丁美洲，六起暗殺中就有五起與槍枝有關。有十七起暗殺仍是使用刀劍，但在幾個例子當中亦結合了槍枝的使用。炸彈則在兩起發生於俄羅斯的暗殺中被用上，其他的工具包括了大砍刀、長矛、長柄斧、棍棒、毒藥、勒死，以及訂製的工業用針（使用於伊麗莎白皇后的例子中）。

用槍枝與炸彈意味著附帶損傷的風險較高，發生在至少四起當中：沙皇亞歷山大二世的暗殺波及了二十名旁觀者使他們受傷；謝爾蓋·亞歷山德羅維奇大公的車夫被炸死；一八九九年，暗殺多明尼加共和國尤里塞斯·厄洛（Ulises Heureaux）總統的刺客，射出的流彈殺死了一名乞丐。

至於刺客們的命運，有四人當場被擊斃，一人則在不久之後被殺，另有四人是自殺（雖然其中只有一人是當場自殺）；刺殺安東尼奧·何塞·德·蘇克雷的殺手中，有三人似乎是被他們的同夥毒死，以確保他們無法洩密。

在二十五個例子中，刺客約在犯下罪行的一年內被處決；日本武士刺客中的一名，則是在八年後因犯下其他罪行而被處決；一八四九年，中國的一名教唆者在幕後策劃了澳門葡萄牙總督的謀殺案，但一直等到葡萄牙人發動了戰爭，中國當局才將他處死。三名刺客被流放，四名入獄，其中一人自殺，另一人神秘死亡；另有三名被赦免或得到豁免權，兩名受到獎賞。

在高達七起的暗殺中，有關當局並沒有認真去逮捕殺手；在另外五起中，他們逃脫了。有幾名刺客在同意指證他們的同夥之後被釋放，但正如我們所見，其中一人就是涉及鳳凰公園謀殺案的詹姆斯·凱里，因告密而付出了生命的代價。有兩名刺客與一名教唆者自行接管了政權，但厄洛總統的刺客等了六年才就職，並且在十二年之後也被暗殺了。

有七起暗殺引發了局勢動盪不安的嚴重後果，但是這七起中有五起在暗殺發生之前，情勢就已然相當失序而混亂。

四起暗殺導致了維安鎮壓，另一起則導致了全面的恐怖統治。至於馬拉的暗殺，並未能終結恐怖統治。

在十六起中，暗殺行動並未使現狀產生重大改變。在六起中，受害者的繼任者統治了至少十年之久，其中有一起甚至統治了將近六十年。有八起是殺手所攻擊的政權或政策，在暗殺發生之後仍然得以維持下去，日本的西化過程即為顯著之例。另有兩起試圖動搖澳門與馬來西亞的殖民政權也失敗了，然而一七六三年，一位菲律賓叛軍首領遇刺則成功地終結了一場叛亂。相反地，一八〇〇年法國將軍讓·巴蒂斯特·克萊伯（Jean-Baptiste Kléber）在開羅遇刺後不到兩年，歐洲政權就被逐出了埃及。

背信的因素在至少四起暗殺中顯而易見。克萊伯將軍的殺手冒充成乞丐，在他的受害者施捨物事給他時發動攻擊；澳門總督也是在施捨金錢給一名女乞丐時，遭到刺客襲擊。

有一名受害者是在教堂的台階上被殺，而在菲律賓，迪亞哥．西朗則是被神職人員（一名主教）下令殺害。

一八一七年在塞爾維亞，一個名叫武吉卡．武爾斯維奇（Vujica Vulićević）的刺客謀殺了他的教子，他極為懊悔，甚至為受害者建蓋了一座教堂。一八一九年在德國，一個學生殺害了右翼作家奧古斯特．馮．科澤布，他所犯下的罪行讓他自己恐懼到試圖自殺。

針對四十一起我們充分了解殺手的動機與暗殺的後果到足以做出判斷的暗殺當中，有十七起看來是成功的；十起在某種程度上是成功的；十一起是顯而易見的失敗；另有三起可能是失敗了。

第六章

現代—世界大戰與恐怖主義

現在，對迪斯雷利來說，不啻是「記當頭棒喝。

暗殺永遠無法改變世界的歷史嗎？

那麼，哈布斯堡王朝奧匈帝國（Habsburg Austro-Hungarian Empire）皇位繼承人法蘭茲·斐迪南大公（Archduke Franz Fercinand）的暗殺事件又怎麼說呢？

每個人都知道這起事件引發了第一次世界大戰！

法蘭茲．斐迪南大公

法蘭茲．斐迪南的缺點很多，他脾氣暴躁、冥頑不靈、恃強欺弱，但他深愛他的妻子。他原本要娶的是一位女大公，但他在追求她時，卻愛上了她的女侍臣蘇菲．喬特克（Sophie Chotek）。

蘇菲是一位家道中落、阮囊羞澀的女伯爵，當時在位的皇帝法蘭茲．約瑟夫認為她的地位配不上大公，但法蘭茲．斐迪南堅不讓步，因此，在一九〇〇年他們終於結婚了，代價是他們的孩子將被排除於皇位繼承權之外，而且蘇菲也必須承受各種輕慢的待遇，譬如不得冠上大公夫人與皇室殿下的頭銜，在正式場合也不得坐在她丈夫身邊。

這些讓法蘭茲．斐迪南惱怒不已，但其中有個漏洞可鑽，因為斐迪南既是陸軍元帥，也是奧匈軍隊的總督察長，當他以這些身分執行公務時，他的妻子可以陪在他身邊。因此，在一九一四年六月二十八日的這個週日，適逢他們結縭十四年周年慶，大公就帶著蘇菲跟他一起前往波士尼亞（Bosnia）督察軍隊。

波士尼亞由鄂圖曼帝國統治直到一八七八年，巴爾幹半島的部分地區在「革命時期」曾是暗殺的溫床，該地區與毗鄰的塞爾維亞，發生了一連串的叛亂事件，結束了土耳其數千年來的統治。

但是，在塞爾維亞獲得獨立之際，波士尼亞卻拱手移交給了奧匈帝國，這使它的人民憤怒不已，尤其是塞爾維亞民族。在波士尼亞的邊境內，許多團體組成以促成斯拉夫民族的統一，但對哈布斯堡王朝的奧匈帝國統治者來說，「泛斯拉夫主義」（Pan-Slavism）是一大威脅，它的臣民包括了兩千三百萬的斯拉夫人，是故統治者們對塞爾維亞高呼「泛斯拉夫主義」的憂心與日俱增。

人們認為法蘭茲．斐迪南希望讓帝國的斯拉夫人擁有更大的自治權，但塞爾維亞政府對此並不樂見，擔心此舉可能會削弱斯拉夫民族主義的熱情，而政府正是希望利用這股熱情來擴展邊界。

德拉古廷．迪米特里耶維奇（Dragutin Dimitrijević）

接著，在當時已然混亂不堪的動盪局勢中，又出現了被稱為「黑手」（Black Hand）的邪惡團體，目的在藉由恐怖主義團結所有的塞爾維亞人。

深受巴庫寧與涅恰耶夫的《革命者的教義問答》以及「行動的宣傳」所影響，該團體建立了一套神秘的間諜網絡，只以數字或代號互稱，並且只透過中間人聯繫，以便保持最嚴密的安全性。

其中的一位創立者，就是瀟灑迷人的德拉古廷．迪米特里耶維奇（Dragutin Dimitrijević）

上校，他是塞爾維亞情報部門的一名大將，代號為「阿皮斯」（Apis，意指「蜜蜂」），他一直忙於皇室成員的暗殺計畫，雖然並不總是成功。一九〇三年，他策劃殘酷謀殺塞爾維亞國王與皇后，並在行動中受了傷，當時，受害者殘缺不全的屍體從二樓的窗戶往下扔到一堆糞肥上（塞爾維亞國王被認為過於親近奧地利，且愈來愈獨裁專橫）。

這起謀殺使迪米特里耶維奇在謀殺國王繼任者的道路上，往前邁進了一大步，但他在一九一一年試圖殺害法蘭茲．約瑟夫的陰謀失敗了，於是這位上校便將矛頭轉向了法蘭茲．斐迪南。

加夫里洛．普林西普（Gavrilo Princip）

一九一二年，一名十八歲的波士尼亞塞爾維亞（Bosnian Serb）人加夫里洛．普林西普（Gavrilo Princip），因參與一場反抗奧匈帝國當局的示威遊行而被學校退學。身為致力於終結奧地利統治的「波士尼亞青年」（Young Bosnia）運動成員，據說普林西普還曾用指節銅套威脅那些不願參與的男孩。

他深受一位名叫波格丹．澤拉吉奇（Bogdan Žerajić）的烈士啟發，那是一名二十二歲的醫學院學生，曾於一九一〇年試圖槍殺波士尼亞總督，並在錯失目標後開槍自殺。普林西普說，他會花上好幾個晚上，在澤拉吉奇的墳墓旁「思考我們的處境及我們悲慘的狀況」。

出身農戶階級的普林西普讀過巴庫寧與克魯波特金，但在一九一二年至一九一三年，當「巴爾幹戰爭」（Balkan Wars）爆發時，他到塞爾維亞首都貝爾格勒（Belgrade），想加入游擊隊與土耳其人作戰，卻因過於病弱被拒絕了。

在萬分沮喪的情況下，他和一群朋友開始在貝爾格勒的咖啡館醞釀一起陰謀，參與者有他的室友特里夫科．格拉貝斯（Trifko Grabež），十九歲，是一位東正教牧師的兒子，也是密謀者中唯一一個有犯罪前科的人，原因是毆打老師。

普林西普的另一個朋友內德利科．查布林諾維奇（Nedeljko Čabrinović）也是十九歲，他是一名印刷工，為一間專事無政府主義文學研究的公司工作。查布林諾維奇患有肺結核，但他相信自己被賦予了超人的力量。

他們與「黑手」取得了聯繫（不確知是誰去接近誰），總之，在一九一四年五月底，恐怖組織將他們偷載到波士尼亞，讓他們加入一個由二十三歲的「黑手」成員達尼洛．伊利奇（Danilo Ilić）所吸收的四人組織，組織中還有二十八歲的穆斯林木匠穆罕默德．梅哈邁達巴希奇（Muhamed Mehmedbašić），他參與了一次失敗的暗殺陰謀；另有兩名十七歲的男學生瓦索．庫布里拉維奇（Vaso Čubrilović）和茨維特科．波波維奇（Cvjetko Popović）。

他們原來要暗殺對象可能是波士尼亞的新總督奧斯卡．波蒂奧雷克（Oskar Potiorek）將軍，但是迪米特里耶維奇要他們將對象換成法蘭茲．斐迪南（迪米特里耶維奇憎惡塞爾維亞總理，是故他此舉的主要目的可能是使塞爾維亞政府難堪）。「黑手」提供了一些槍炮訓練，以及四把手槍、半打炸彈、氰化物膠囊（意味著這是一項自殺任務）。

塞爾維亞政府聽到這項陰謀的風聲，陷入進退兩難的處境。已經有很多人站在「黑手」這一邊，但這個國家已被巴爾幹戰爭消耗殆盡，它現在最不需要的就是與奧地利再起紛爭，但另一方面，倘若過於決絕地去阻撓該團體，又會造成許多塞爾維亞人不滿。因此，塞爾維亞政府一方面不怎麼積極地試著在邊界攔截那些陰謀者，另一方面也不怎麼熱心地向奧地利政府發出警告，建議法蘭茲．斐迪南不要前往塞拉耶佛（Sarajevo）。

這項警告沒有被奧地利政府理會。因此，在六月二十八日這個陽光普照的美好早晨，法蘭茲．斐迪南大公和妻子坐上一輛駛往塞拉耶佛市政廳的敞篷車。

大公擔心預算不足，因此並未要求額外警力，只以手邊可調配的警力湊合著用。他曾面臨許多死亡威脅，但他採取一種哲學觀點來看待這件事：「我們始終處於死亡的危險中，所以一個人能做的就是相信上帝。」

大公要求司機開慢一點，讓群眾可以清楚看到他們這對皇室佳偶，而沿著這條路線，每隔一段距離就有一名刺客已然就定位，伊利奇或許並未武裝，而是遊走於他們之間，以確保一切按照計畫進行。

第一個看到法蘭茲．斐迪南的刺客是梅哈邁達巴希奇，但是當六輛車子的車隊經過時，有一名執行公務的警察距離他很近，所以他沒能採取行動。

第二個看到大公的是查布林諾維奇，他丟出裝滿鐵釘的炸彈，但大公的司機看到朝他們丟擲過來的炸彈，於是加速前進，因此，炸彈從車上彈開，並在馬路上爆炸，炸傷了許多圍觀的群眾及大公的副官梅里茲（Merizzi）中校，蘇菲的臉頰也被輕微割傷。

查布林諾維奇迅速咬開他的氰化物膠囊，但毒藥已過了「有效」日期，因此他跳進河裡想淹死，但河水又太淺了，他嘔吐著被群眾抓住送交警方。

庫布里拉維奇沒開槍，他後來說，那是因為他覺得對不住公爵夫人；而波波維奇與格拉貝斯就和梅哈邁達巴希奇一樣，都一時膽怯慌張地溜回家了。

普林西普聽見了爆炸聲，並向發生地點跑過去，接著就看見法蘭茲．斐迪南的車子加速駛過他身邊，他來不及開槍，他沮喪地走進一間咖啡館，這一群拙劣業餘者組成的暗殺小組已經曝光了。

沒想到，大公卻又給了他們第二次機會。

儘管法蘭茲．斐迪南對於暗殺有著他的哲學觀點，但是等到車隊抵達市政廳時，他的暴怒是可以理解的。市長自己也坐在車隊中的一輛車內，他膽戰心驚地開始發表他的歡迎致詞，但被大公的怒吼打斷了：「我來這裡作客，而你的人民卻是用炸彈來歡迎我！」

過了一會兒，法蘭茲．斐迪南冷靜下來並恢復沉著，決定取消參觀國家博物館的計畫，以

一份義大利報紙《週日信使報》（Domenica del Corriere）刊出法蘭茲·斐迪南大公遇刺的震撼消息。

便去醫院探望梅里茲。法蘭茲·斐迪南的若干隨行人員表達了他們的擔憂，但波蒂奧雷克對他們嗤之以鼻：「怎麼？你們真以為塞拉耶佛滿街都是刺客嗎？」大公亦設法說服蘇菲待在安全的地方，但她堅持要陪在他身邊。

為了提供額外的保護措施，負責維安事宜的弗朗茲·馮·哈拉赫（Franz von Harrach）伯爵還站在這對皇室夫婦座車旁的踏腳板上，但是沒有梅里茲居中協調一切，事情變得一團亂。

波蒂奧雷克規劃出一條據說是更安全的新路線，但他卻忘了告訴法蘭茲·斐迪南的司機，所以當大公的車子轉錯彎時，大公向司機大喊停車，而當他這麼做時，他們的車子剛好就停在普林西普藏身的咖啡館外頭。

這位年輕人不敢相信他的好運，這讓人聯想起法國亨利四世被暗殺的場景，三百零四年前，亨利四世也是在陷入巴黎擁擠的車陣時被殺，於是，普林西普走上前，二話不說地在不到五碼的距離朝目標開了兩槍。

哈拉赫是站在座車旁的踏腳板上保護著大公夫婦沒錯，但是他站錯了邊，他站在離路邊較遠的那一邊。

普林西普的第一槍擊中了法蘭茲．斐迪南的脖子，第二槍的目標可能是波蒂奧雷克，但是當受傷的大公試圖擋住妻子以保護她時，子彈剛好射中蘇菲的腹部。汽車加速駛離，但幾分鐘之後，這對皇室夫妻已雙雙斃命。

普林西普也吞了氰化物膠囊，但效果沒比查布林諾維奇好多少，他還試圖開槍自殺，結果被群眾抓住，如果警方沒及時干預並逮捕他，群眾就要對他處以私刑。

歐洲的宮廷同聲悲悼，波士尼亞則出現了反塞爾維亞人的暴動。世界各地瀰漫著憂心忡忡的氛圍，美國的《基督科學箴言報》（Christian Science Monitor）苦惱地評論：「沒有人知道這一切代表了什麼。」

普林西普試圖聲稱他是單獨犯案，但查布林諾維奇供出了提供武器與金錢的共犯。在一次圍捕慣犯的例行行動中抓到了伊利奇，他願意說出一切以換取活命。沒多久，除了逃到蒙特內哥羅（Montenegro）的梅哈邁達巴希奇，所有的共犯都落網了，另外，還有將近二十名提供武器、金錢或其他幫助的人也被控告。

普林西普在接受審判時毫無悔意：「我看到我們的人民被不斷地摧殘……這是為什麼我一定要報仇，而且我一點也不後悔。」當局似乎展現極為審慎的公正，五名持有槍械與炸彈的共謀者都不到二十歲，因此不會被判處死刑，只有伊利奇與另外兩名提供協助者被處決，其中一人是庫布里拉維奇的哥哥。至於確實在暗殺地點持有武器的人，則被判處長達二十年的有期徒刑，因此，擁有超乎常人力量的查布林諾維奇、普林西普及格拉貝斯，都在一戰結束前患上肺結核而死於獄中。

他開的槍是否引發了第一次世界大戰？刺殺大公的加夫里洛·普林西普攝於他的監獄牢房中，一九一四年。

普林西普被這場戰爭嚇壞了，不敢相信是他們的行動導致了戰爭的爆發，而查布林諾維奇則懊悔不已，說道：「如果我能預見接下來會發生的事，我會坐在炸彈上，讓我自己被炸得粉身碎骨。」

迪米特里耶維奇因為參與了另一項失敗的暗殺陰謀（目標是另一位亞歷山大國王、塞爾維亞的攝政王，以及後來的南斯拉夫國王），而在一九一七年被審判並處決，儘管他的罪行仍留下了諸多疑問。

梅哈邁達巴希奇在第二次世界大戰期間死於塞拉耶佛，波波維奇與庫布里拉維奇都活到了耄耋之年，庫布里拉維奇還在狄托（Tito）的南斯拉夫共產黨政府擔任過部長。

那麼，法蘭茲．斐迪南的暗殺事件是否導致了第一次世界大戰爆發？

有一種看法是認為，歐洲已分裂為兩個相互競爭的聯盟，一方是德國與奧地利，對抗另一方的俄羅斯、法國、英國，這意味著戰爭是無法避免的。法蘭茲．斐迪南遇刺或許是引爆這場大火的火花，但如果這個事件沒發生，那麼遲早也會發生另一事件成為導火線。

其他人則認為，法國議會在激進份子與和平主義者分庭抗禮下，兩個聯盟的敵意似乎已有緩和趨勢，德國與英國的關係也有了改善。還有個理論是說，德國一直渴望發動戰爭，認為德國軍隊在一九一四年正處於鼎盛時期，但法國與俄羅斯很快就會趕上，因此，當奧地利在暗殺事件發生後一週向德國求援，德國是否將其視為開戰的絕佳契機？（德國同時也敦促它的盟友堅不讓步）

但從另一方面來說，德國皇帝與軍事首長當時都去度假了，你也可以說，這個國家憑藉其強大的工業實力，正穩步成長為歐洲的第一強權，根本毋須借助戰爭之力。

又或者，世界大戰的真正原因，其實是暗殺事件發生後，政客所犯下的一連串錯誤與誤判？當然，表面上看來似乎並沒有人迫不及待地要利用法蘭茲．斐迪南的謀殺來開戰，直到七月二十三日，奧地利才發出最後通牒給塞爾維亞，顯然在那之前，奧地利仍在尋找塞爾維亞政府涉及這項陰謀的相關證據，但並沒有找到。

儘管最後通牒的目的極盡羞辱與難堪之能事，塞爾維亞仍打算忍氣吞聲地全數嚥下。可是五天之後，奧地利還是宣戰了，接著，塞爾維亞的保護國俄羅斯覺得它也必須動員起來。這是否代表著一種威嚇，而非戰爭的起跑槍？我們永遠無從得知，因為德國、法國及英國很快就都投入了戰爭的動員、最後通牒及宣戰。

法蘭茲．斐迪南遇刺三十七天後，第一次世界大戰爆發了。

不論導火線為何，這場戰事對塞爾維亞與奧匈帝國毫無助益。在所有的參戰者中，塞爾維亞因暴力或疾病而死傷的人口比例（百分之十五）高於其他國家，而偉大的奧匈帝國則是解體了。

和平使者當心了！

大約有兩千萬人在第一次世界大戰中喪生，其中半數為平民百姓。

二十世紀整體來說，人類死於暴力的數量可說是史無前例，據估超過了兩億三千萬人，所以，暗殺數量也隨之激增，這一點可能也不讓人驚訝，你可以因為宣揚或反對任何議題而被謀殺，像是種族隔離、墮胎、公民權利、同性戀權利、褻瀆法（Blasphemy Law）、兒童權利等你所能想得到的，其中，爭取和平尤其特別危險。

讓．饒勒斯（Jean Jaurès）與拉烏爾．維蘭（Raoul Villain）

在第一次世界大戰爆發前的幾個月中，主導法國議會的反戰代表之一，就是知名的社會運動者讓．饒勒斯（Jean Jaurès）。

一九一四年七月三十一日，就在戰爭席捲歐洲的前幾天，饒勒斯在從他創辦的《人道報》（L'Humanité）辦公室返家的路上，走進一間咖啡館小憩，他在那裡撰寫了另一篇反戰的文章，雖然這些努力看起來像是徒勞無功。

在此之際，二十八歲的法國民族主義者拉烏爾．維蘭（Raoul Villain），因為被饒勒斯缺乏愛國精神的文章所激怒，已經跟踪了他一段時間。維蘭的家庭有精神不穩定的遺傳，這名年輕人似乎對一切都難以妥協，儘管他遇到的大多數人都認為他溫和有禮，但他被要求提早退伍，並參與了一個極右翼的團體。

七月三十日，他在每個口袋都揣了一把左輪手槍，跟在饒勒斯身後不過幾碼的距離，但他

l'Humanité

JOURNAL SOCIALISTE

Directeur Politique, JEAN JAURÈS

JAURÈS ASSASSINÉ

JEAN JAURÈS

A NOTRE DIRECTEUR

L'ASSASSINAT

LETTRE du président de la République à Mme Jaurès

LE MANIFESTE DU GOUVERNEMENT

GROUPE SOCIALISTE AU PARLEMENT

LA FÉDÉRATION DE LA SEINE

LA MORT

SA VIE

讓・饒勒斯自己的報紙刊登了他遇刺的報導，一九一四年八月一日。

突然之間慌張了起來，所以什麼也沒做。第二天晚上，他來到《人道報》辦公室，但饒勒斯不在那裡，後來，他發現他的目標在附近的一間咖啡館裡小酌，而且剛好背對著一扇敞開的窗戶，於是他觀察了饒勒斯一段時間，然後開槍射中他的脖子。

饒勒斯當場死亡，維蘭則在試圖逃跑時，被饒勒斯的一位《人道報》同事抓住，送交給警方。

饒勒斯的葬禮在八月四日舉行，亦即德國與法國宣戰的次日。在這場戰事中，維蘭毫無機會展現他的「愛國精神」，只能在監獄中枯等審判，直到戰爭結束。

當這件案子終於在一九一九年三月開始審理，剛以高昂代價贏得盛大勝利的法國，正陷入一片愛國熱潮中，因此，這名殺害饒勒斯的兇手被宣告無罪。

當維蘭被無罪釋放時，法庭的庭長甚至讚揚他是一名真正的愛國者。此舉激怒了法國的左翼人士，遂組織起一連串的遊行示威活動。在此之際，維蘭又犯下若干輕微罪行，並數度嘗試自殺。

他後來離開法國來到伊比薩島（Ibiza）了結餘生，他在那裡被稱為「港口的瘋子」。一九三六年西班牙內戰（Spanish Civil War）期間，他被共和軍（Republican soldiers）所殺，但不清楚他們是否知道他的身分。

麥可・柯林斯（Michael Collins）

麥可・柯林斯（Michael Collins）是愛爾蘭獨立戰爭中的一位偉大英雄，對暗殺也有豐富的經驗。

身為愛爾蘭共和軍（Irish Republican Army, IRA）的策劃長，他安排了多次的暗殺行動，包括一九二〇年曾在一天之內暗殺了十幾名英國的重要情報人員。

麥可・柯林斯的葬禮，都柏林，一九二二年。

第二年，他和英國簽署了一項和平條約，將愛爾蘭劃分為北愛爾蘭的六個郡（至今仍屬於英國領土），以及組成愛爾蘭共和國（Irish Republic）的二十六個郡，此外，愛爾蘭的國會議員還被要求宣誓「效忠國王」。

這項條約並未讓柯林斯欣喜若狂或得意忘形，他只是相信，這些條款是愛爾蘭此時可以爭取到的最佳條件，而這項條約可以給他的國家帶來「實現自由的自由」。同時，他也完全明白此舉將激怒某些愛爾蘭共和軍同志。

「今天早上，」他寫道，「我簽下了自己的死刑執行令。」

和平條約並未帶來和平，而是讓贊成派與反對派兵戎相見，揭開了一場激烈內戰的序幕。

一九二二年八月二十二日，柯林斯在他的家鄉科克郡（Cork）遭到伏擊，刺客們偶然得知柯林斯來到這個地區，等了他一整天。而就像四十年前弗雷德里克．卡文迪許勳爵的刺客一樣，他們在即將放棄之際，柯林斯的車隊突然出現了。

當他們開火時，柯林斯的一位親密同志叫司機「拚了命地往前開」，但柯林斯卻命令他停車讓他們展開反擊。

雙方於是在槍林彈雨中激戰了半個小時，柯林斯用一把步槍自衛，直到他最終頭部中彈死亡，可能是被一名投靠愛爾蘭叛軍的前英軍神射手所射殺。

柯林斯是這場槍戰中唯一的犧牲者。

「聖雄」甘地（Mahatma Gandhi）與南度藍姆．高德西（Nathuram Godse）

「聖雄」甘地（Mahatma Gandhi）是印度爭取獨立運動中的印度英雄，也是暴力的反對者，當印度教徒與穆斯林之間的爭鬥使印度陷入分治時，他亦致力於消弭爭端、建立和平。

大不列顛的最後一位副王蒙巴頓伯爵（Earl Mountbatten），形容甘地是「一人的維和部隊」。在將近八十歲的高齡，他仍然赤足從一個村莊步行到另一個村莊，在東孟加拉邦（East Bengal）的分裂地區，拜訪了將近五十處村莊。

他一貫的做法是先去一個穆斯林家庭的小屋中拜訪，與他們聊天，然後，他會在這處村莊待上幾天，和大家談話、祈禱，接著再前往下一座村莊。

他的努力的確產生了若干成效，一位觀察者評論印度教教徒與穆斯林之間的關係有了「明顯但尚嫌不足」的改善。

一九四七年八月，印度獨立後的第二天，甘地在加爾各答（Calcutta）搭起了帳篷，並宣布他會禁食到殺戮停止為止。他的聲望是如此崇高，因此殺戮的確消停了下來。接著，他去到德里，日復一日地宣揚非暴力哲學，成功平息了這座城市的印度教教徒與穆斯林之間的暴動衝突。

當甘地仍致力於消弭騷亂之際，一九四八年一月三十日，他步行去做晚禱時，被一名報紙編輯、印度教狂熱份子南度藍姆・高德西（Nathuram Godse）近距離射殺身亡。

甘地經常譴責暗殺，曾經形容暗殺是一種毫無助益與好處的「西方慣例」（Western institution）。

共有八人因涉及甘地的謀殺而被定罪，儘管甘地的兒子為他們求情（高德西曾多次試圖攻擊甘地，但正如甘地一貫的做法，他拒絕指控這名攻擊者），高德西與另一個人仍被處絞刑。

在接受審判時，高德西控訴甘地「不公平地偏袒穆斯林」，並說他帶給「成千上萬的印度教教徒痛苦、毀滅、崩壞」。

據估，超過一百萬人死於印度與巴基斯坦分治引發的戰爭衝突中，不是死於暴力，就是因難民行軍而染病身亡。

安瓦爾．沙達特（Anwar Sadat）

二十世紀下半葉，共有三位諾貝爾和平獎得主被暗殺。

身為致力於使埃及擺脫英國統治的老將，安瓦爾．沙達特（Anwar Sadat）於一九七〇年就任埃及總統，在一九七三年對抗以色列的「贖罪日戰爭」（Yom Kippur War）中，他成為第一位從以色列手中奪回領土的阿拉伯領導人。

其後，他堅持不懈地努力與以色列達成和解，終於在一九七九年，埃及成為與宿敵以色列締結和平條約的第一個阿拉伯國家，此舉也使沙達特與以色列總理梅納罕．比金（Menachem Begin）共同獲頒諾貝爾和平獎。

但這項倡議在埃及國內並非廣受歡迎，經濟問題也使沙達特漸失人心。

埃及總統沙達特在美國的大衛營（Camp David），他在這裡與以色列簽署和平協議，一九七八年。

一九八一年十月六日，當他在開羅出席一場慶祝「贖罪日戰爭」八周年的閱兵典禮時，一群由一名埃及陸軍中尉率領的穆斯林極端份子，從卡車上躍下開火，射殺了沙達特與另外十一位重要人士，隨後，保安部隊殺了其中兩名，並制伏了剩下的襲擊者，其中有五名後來被處決了。

伊扎克・拉賓（Yitzhak Rabin）

十四年之後，輪到以色列的諾貝爾和平獎得主。

在擔任總理之前，伊扎克・拉賓（Yitzhak Rabin）是以色列的軍事參謀長，也是一九六七年帶領以色列軍隊在「六日戰爭」（Six-Day War）中獲勝的要角。

拉賓與巴勒斯坦領導人亞西爾・阿拉法特（Yasser Arafat）的和平談判，使兩人於一九九四年共同獲頒諾貝爾和平獎。同時，拉賓也與約旦（Jordan）簽署了和平條約。然而次年，拉賓在一場和平大會中，被一名右翼的極端份子槍殺身亡。

沙達特與以色列達成的和平協議在他身故之後持續運作，但拉賓死後，以色列與巴勒斯坦進行了一連串的戰事，兩國之間的和平彷彿遙遙無期。

穆吉布・拉赫曼（Mujibur Rahman）

柯林斯、甘地、沙達特與拉賓都是民族英雄及和平使者，但就算他們不是和平使者，身為英雄也不能保護他們免於暗殺的魔掌。

孟加拉（Bangladesh）的國父穆吉布．拉赫曼（Mujibur Rahman）是孟加拉的首任總理與總統。

一九七一年，孟加拉經歷了一場險惡內戰，在印度人的相助下，成功脫離了巴基斯坦而獨立。但自治並不意味著從此一切順遂，有些團體希望孟加拉能保持隸屬於巴基斯坦的狀態，因此引發了衝突，除此，還出現了嚴重的經濟問題，包括通貨膨脹、物資短缺，甚至飢荒。

一九七五年初，穆吉布．拉赫曼強制執行了一黨統治。七個月後，不滿的低階軍官闖入他的住所，殺死了他與他的家人，以及他的私人職員。

有報導說，拉赫曼沒有理會印度情報部門對這場攻擊所提出的警告，他說：「這些人都是我自己的孩子，他們不會傷害我。」

他的一個女兒因為遠在德國而倖免於難，她在二十一年後也成為孟加拉的總理。

拉赫曼被謀殺後，孟加拉陷入了數年的動盪不安，隨後又有另一位總統在一九八一年被軍官暗殺，國內的政治維持兩極化的嚴重分裂。

五名軍官因涉及拉赫曼的謀殺案於二〇一〇年被處死，第六名則是在二〇二〇年才被處決。

左翼與右翼極端份子發動的暗殺

會利用暗殺的政治派系涵蓋極廣，包括無政府主義者、法西斯主義者、共產主義者、納粹黨人、遜尼派與什葉派極端份子、赤軍旅（Red Brigades）、紅軍派（Red Army Faction），還有民族主義者，諸如愛爾蘭共和軍、巴斯克分離組織埃塔（Basque Separatist Group ETA）、斯里蘭卡泰米爾猛虎解放組織（Sri Lankan Tamil Tigers）。

沃爾特·拉特瑙（Walter Rathenau）

一位海德堡（Heidelberg）的統計學家計算過，從一九一九年到一九二二年外交部長沃爾特·拉特瑙（Walter Rathenau）遇刺的這段期間，德國發生了三百七十六起的政治謀殺案，其中有三百五十四起是右翼份子所為。他還得出結論，法庭對右翼比左翼的殺手寬容許多。

順帶一提，拉特瑙可能是第一起被飛車槍殺的受害者。一群右翼的極端民族主義者，知道他開車到柏林辦公室的途中，車子會在一處S形彎道減速，因此，他們開著車跟蹤他，然後在這處彎道駛近他的車旁，在加速之前開槍射擊他。

列昂·托洛斯基（Leon Trotsky）與拉蒙·默卡德（Ramón Mercader）

法國法西斯組織革命秘密行動委員會（CSAR）也被稱為「斗篷黨」（La Cagoule），在一九三〇年代及一九四〇年代初犯下了多起暗殺，但是，正如海德堡統計學家指出，左翼既是刺客，也是受害者。

一九二一年，無政府主義者在馬德里大街上槍殺了西班牙總理愛德華多·達托·伊拉迪爾（Eduardo Dato Iradier）。

但有時，左翼份子之間也會互相暗殺。

列昂·托洛斯基（Leon Trotsky）曾是俄國革命的英雄，直到他跟史達林失和而不得不逃往墨西哥，一九四〇年，被一名西班牙共產主義者拉蒙·默卡德（Ramón Mercader）用一把冰鑽刺殺身亡。

當時，儘管托洛斯基正在生病，他仍然奮力反擊，並咬傷了攻擊者的手。

默卡德被送進監獄關了二十年，等到他被釋放出來時，人們稱他為蘇聯英雄（Hero of the Soviet Union），並在古巴度過了他最後的十八年時光。

暗殺托洛斯基的刺客拉蒙·默卡德在墨西哥受審，一九四〇年。

恩格爾伯特・多夫斯（Engelbert Dollfuss）

納粹黨人也一樣，有時是行兇者；有時是受害者。

一九三〇年代初，奧地利總理恩格爾伯特・多夫斯（Engelbert Dollfuss）是法西斯獨裁者，也是反猶太份子，但他不想讓奧地利落入德國希特勒的掌控之中。

一九三四年，在德國元首的授意下，奧地利的納粹黨人試圖發動政變，他們長驅直入總理的官署，部分原因是守衛的步槍中沒有任何子彈，而當多夫斯試圖逃走時，就被奧地利納粹黨人首領奧托・普拉內塔（Otto Planetta）射殺了。

雖然後來這場政變失敗，但四年之後，希特勒仍併吞了奧地利。

一九四二年，納粹大屠殺主要執行者之一的萊因哈德・海德里希（Reinhard Heydrich），在捷克斯洛伐克（Czechoslovakia）被暗殺（見下文）。

第二次世界大戰的結束，並未終結政治極端份子的暗殺行動。

一九五〇年，比利時共產黨（Belgian Communist Party）主席朱利安・拉豪特（Julien Lahaut），在家門前被兩名據推測為保王黨成員開槍射殺。

一九七〇年代與八〇年代，義大利奉行馬克思主義的「赤軍旅」謀殺了將近五十人，包括政治人物、警察及軍人。

大約在同一時期，也被稱為「巴德爾—邁因霍夫組織」的激進左翼份子「紅軍派」，在德國的行徑如出一轍。在西班牙，右翼的恐怖份子暗殺了專為工人階級捍衛權利的律師。而在二十一世紀，遜尼派與什葉派的暗殺行刑隊則在伊拉克各地流竄。

以民族解放之名

至於民族主義者團體，在一九六九年到一九九四年間，「臨時派愛爾蘭共和軍」（Provisional IRA）殺害了大約一千八百人，其中包括了軍人、警察及政治人物。一九七五年，他們在倫敦「金氏世界紀錄」（Guinness Book of Records）編輯羅斯・麥克沃特（Ross McWhirter）的家門外射殺了他，因為他提供了五萬英鎊的獎金，懸賞任何能將倫敦的愛爾蘭共和軍炸彈客定罪的信息。

蒙巴頓伯爵（Earl Mountbatten）

他們最知名的受害者應該是緬甸的蒙巴頓伯爵（Earl Mountbatten of Burma），他是維多利亞女王的曾孫，也是菲利普親王（Prince Philip）的舅舅及查爾斯親王（Prince Charles）的教父與導師。

他的軍旅生涯功勳顯赫，瑕不掩瑜，擔任過東南亞戰區盟軍最高總司令（Supreme Allied

Commander），直到第二次世界大戰結束。後來，他出任印度的末代副王，負責為英國在印度的統治收尾，但這一過程卻演變成印度教教徒與穆斯林之間的血腥爭鬥。

蒙巴頓經常在他位於馬拉莫爾（Mullaghmore）的家中度假，那是愛爾蘭共和國的一座小村落，距離與北愛爾蘭接壤的邊界僅十幾英哩遠。

這個地區是惡名昭彰的愛爾蘭共和軍大本營，愛爾蘭警方也曾警告伯爵待在這裡可能會有危險，但就像被暗殺的孟加拉總統穆吉布．拉赫曼，蒙巴頓更相信當地人民對他的愛戴。

一九七九年八月二十七日，高齡七十九歲的蒙巴頓打算帶著家人駕駛「暗影五號」（Shadow V）遊船出航，殊不知在前一天晚上，愛爾蘭共和軍成員湯瑪斯．麥克馬洪（Thomas McMahon）已偷偷潛入這艘無人看守的遊船，安裝了一顆重達二十二公斤（五十磅）以無線電遙控的炸彈。

身著海軍元帥制服的蒙巴頓伯爵。

第二天，當蒙巴頓一行人搭船駛離岸邊約五百公尺（五百五十碼）遠時，愛爾蘭共和軍以遙控方式引爆了炸彈，將船隻炸得粉碎，乘客們都被爆炸的威力拋入了海中。

當地的漁民趕去搶救，設法將蒙巴頓拉了出來，但他在被送上岸之前就傷重身亡了。他的十五歲孫子尼可拉斯、女婿之母八十三歲的伯爵遺孀布拉伯恩夫人（Dowager Lady Brabourne），以及一名十五歲的船員都被炸死。尼可拉斯的雙胞胎兄弟及父母則是受了傷，但存活了下來。

愛爾蘭共和軍承認造成這場爆炸，宣稱這是為了引發「英國人民對英國政府持續侵占我們國家的關注」。

巧的是，在爆炸發生前的兩個小時，愛爾蘭警方逮捕了麥克馬洪，因為他們懷疑麥克馬洪開的是一輛贓車。其後，法醫專家在他的衣服上發現船上的油漆碎片及硝化甘油的痕跡，他遂接受審判，並被判處了無期徒刑。沒有其他參與這場攻擊的人被逮捕，麥克馬洪也在一九九八年於《耶穌受難日協議》（Good Friday Agreement）下被釋放。

各派組織的暗殺行動

在暗殺蒙巴頓的同一天，愛爾蘭共和軍在北愛爾蘭殺害了十八名英國士兵，後來被稱為「沃倫波因特伏擊」（Warrenpoint Ambush）事件，這是在所有「北愛爾蘭軍事衝突」（The Troubles）中對英軍最致命的一次襲擊。

在北愛爾蘭宗教與政治鴻溝的另一邊，還有一九九九年「效忠派」（Loyalist）恐怖份子用汽車炸彈謀殺律師羅斯瑪麗・尼爾森（Rosemary Nelson）的事件，尼爾森代表了許多共和黨的客戶。

在西班牙，「埃塔」組織部署了多起暗殺行動，舉例來說，一九七三年，他們用遙控炸彈炸毀了一輛載著總理路易斯・卡雷羅・布蘭科（Luis Carrero Blanco）的汽車，布蘭科是該國獨裁者佛朗哥（Franco）總統指定的接班人。刺客讓人們以為這只是一場氣爆，然後在混亂中設法逃到了法國。

一九九一年，「泰米爾猛虎解放組織」中的一名自殺女炸彈客，趁印度前總理拉吉夫・甘地（Rajiv Gandhi，他是遇刺身亡的英迪拉・甘地(Indira Gandhi)之子），在泰米爾納德邦（Tamil Nadu）進行競選活動時炸死了他，原因是，他們不滿印度在四年前曾經幫助斯里蘭卡政府打擊「猛虎解放組織」。

亨德里克・維沃爾德（Hendrik Verwoerd）與迪米特里・察芬達斯（Dimitri Tsafendas）

在實行種族隔離政策的南非，另一種民族解放開始逐漸萌生，爭取的不是要驅逐被視為外國壓迫者的政體，而是本國之中根深蒂固的白人至上主義政權。

亨德里克．維沃爾德（Hendrik Verwoerd）是種族隔離政策的始作俑者之一，他在一九五〇年代擔任南非的本地事務部長時，通過了一連串旨在隔離種族的法案，像是「禁止異族通婚法」（Prohibition of Mixed Marriages Act）與「群體區域法」（Group Areas Act），後者是裁定哪些種族可以居住在哪些區域。

一九五八年他成為總理之後，仍繼續維持這項種族隔離舉措。兩年後，在沙佩維爾（Sharpeville），警察向抗議種族隔離法的群眾開槍，造成六十九人死亡，而且主要是老弱婦孺。從此之後，南非開始在國際上受到排斥，不僅聯合國譴責它的種族隔離政策，包括英國、美國在內的國家也都開始對它施行武器禁運。

沙佩維爾事件發生後幾週，來自納塔爾省（Natal）的一名農夫大衛．普拉特（David Pratt），在維沃爾德參加一場展覽開幕時，對他近距離開槍，射中了他的臉頰與耳朵，當時，外科醫生們設法保住了他的性命。

普拉特被認為是「精神錯亂，並有癲癇症」，被判處無限期拘留。一九六一年，他在布隆方丹精神病醫院（Bloemfontein Mental Hospital）上吊身亡。

五年之後，維沃爾德又在南非的國會會議廳，被一名穿著制服的信差迪米特里．察芬達斯（Dimitri Tsafendas）攻擊，他是來自（當時仍為葡萄牙殖民地的）莫三比克（Mozambique）的混血移民，只是一名臨時雇員。

他在被其他國會成員繳械之前，已在總理的脖子與胸部上刺了四刀，他們同樣設法挽救維沃爾德的性命，但維沃爾德在抵達醫院之前已經死亡。

察芬達斯告訴警方，他之所以殺害總理，是因為他對種族隔離政策「非常反感」，他還聲稱他的身體中有一條巨大的絛蟲，時不時就會和他說話。

他在接受審判時，和普拉特一樣，被認定有精神疾病。他在精神病院度過餘生，死於一九九九年，享年八十一歲。

約有二十五萬名白人出席維沃爾德的葬禮悼念他，醫院、道路及其他公共場所都以他的名字來命名，雖然大部分名稱在一九九四年種族隔離制度瓦解後，都已被重新命名了。

二〇一八年時，有人指出察芬達斯根本就沒有精神錯亂，而是一名心智健全的政治刺客。由著名法律人物彙編給南非司法部的一份厚厚檔案中指出，葡萄牙保安部門早已建立了察芬達斯的檔案，他們認為他是獨立的煽動者，但他們對南非隱瞞了這一事實。

報告中宣稱，維沃爾德遇刺的六年前，察芬達斯就告訴英國反種族隔離運動者，他願意做「任何事」來推翻南非政權。在這次暗殺行動之前，他原本打算在某個公開活動的場合射殺維沃爾德，但因總理沒有現身而未能成功。

他們也說，在暗殺事件發生後不久，對察芬達斯進行檢查的醫生發現他相當「鎮定」，沒有任何精神疾病的跡象，而且他完全沒提到絛蟲。報告還補充，一直到察芬達斯遭受精神折磨之後，精神失常的抗辯才被編造出來，南非政府得以緊緊抓住這個說法，因為如此一來，他們就不必承認一名出於政治動機的殺手，竟然得以滲透、進出國會。

報告宣稱，察芬達斯配合這故事演出，因為他擔心當局會殺了他，然後讓他看起來像是自殺身亡。

全球化的暗殺行動

在世界各地局勢不穩定的地區，譬如中東、拉丁美洲與非洲的大部分地區，「暗殺」幾乎成了家常便飯。

自一九六〇年以來，非洲有超過六十位重要的政治人物被謀殺；拉丁美洲則有四十多位，英國與美國在二〇〇三年入侵伊拉克後的十年中，至少發生二十四起重要人物的暗殺事件，其中包括有政治人物、工會主義者、士兵及宗教領袖。

同時，暗殺也出現了另一項重大的發展：就像商業，暗殺也走向了全球化。

正如我們所見，早在一六四九年，艾薩克．多里斯勞斯為奧立佛．克倫威爾去海牙出差時，被保王黨成員謀殺，儘管他們並非特意去海牙刺殺他，而是剛好被放逐到這座城市。

在現代，刺客的手臂伸得更長了，愈來愈多的受害者就像托洛斯基，在遠離自己祖國的地方送了命。

卡洛斯·普拉茨（Carlos Prats）

一九二九年，古巴第一個共產黨的創辦人朱利奧·安東尼奧·梅拉（Julio Antonio Mella）在密謀推翻古巴總統馬查多將軍（General Machado）時，就像托洛斯基一樣，在墨西哥城被謀殺了。但他究竟是被馬查多的特工，還是共產主義的對手所殺，我們無從得知。

卡洛斯·普拉茨（Carlos Prats）將軍在薩爾瓦多·阿葉德（Salvador Allende）命運多舛的社會主義政權中，曾擔任智利軍隊統帥，皮諾契特（Pinochet）將軍在一九七三年推翻阿葉德政府之後，普拉茨收到了許多死亡威脅，因此他逃往阿根廷避難，並在阿根廷為重建智利的民主而積極活動。

一九七四年九月三十日，他和妻子在布宜諾斯艾利斯（Buenos Aires）被汽車炸彈炸死。

二〇〇〇年，阿根廷法院以謀殺普拉茨夫婦罪名，判處智利前特工安立奎·阿蘭西比亞（Enrique Arancibia）無期徒刑，但阿根廷試圖引渡皮諾契特將軍接受審判的努力，卻被置之不理。

七年之後，阿蘭西比亞獲得假釋，但在二〇一一年遇刺身亡，屍體在他布宜諾斯艾利斯的公寓中被人發現。

安納斯塔西奧·索莫札（Anastasio Somoza）

普拉茨遇刺的五年後，尼加拉瓜（Nicaragua）總統安納斯塔西奧·索莫札（Anastasio Somoza），在桑定民族解放陣線（Sandinista）游擊隊推翻了他的政府後，逃往巴拉圭。

次年，索莫札在嚴密的維安措施保護下仍然難逃一死，一隊桑定民族解放陣線成員，朝他的裝甲鋼板車發射了火箭炮。這群人是在阿根廷革命份子安立奎·戈里亞蘭·梅洛（Enrique Gorriarán Merlo）的帶領下，悄悄潛入阿根廷行動。

亞美尼亞大屠殺

一個多世紀以來，在土耳其人與亞美尼亞人激烈爭鬥的復仇與暗殺故事中，全球化的暗殺也扮演了一個重要的角色。孔子應該會這麼說：「在開始你的復仇之旅前，先挖好兩個墳墓。」事實上，這段血腥的仇恨殺戮史挖了非常多的墳墓。

亞美尼亞人是鄂圖曼帝國的一個基督教少數派，約於十九世紀末，亞美尼亞人在忍受了多年的暴力與次等公民的對待之後，開始極力爭取自治權。蘇丹阿卜杜勒哈米德二世（Abdülhamid II）察覺到這一點，於是開始煽動與他們為鄰的庫德人（Kurdish）來反對他們。

一八九四年，庫德族人與土耳其軍隊聯手，殺死了成千上萬的亞美尼亞人。兩年後，亞美尼亞激進份子佔領了伊斯坦堡的鄂圖曼銀行（Ottoman Bank），在隨後的混亂暴動中，多達一萬名亞美尼亞人喪生於土耳其暴民之手，這些暴民顯然是由政府軍隊組織而成。

隨著第一次世界大戰開打，事態變得愈發不可收拾。土耳其選擇投向德國這一邊，而俄羅斯則加入了英國與法國的行列。雖然俄羅斯人也迫害他們自己境內的亞美尼亞少數民族，但隨著戰爭行動的展開，沙皇開始攏絡土耳其境內的亞美尼亞人，而這些亞美尼亞人則希望俄羅斯的勝利或可為他們帶來獨立的希望。

當時，在伊斯坦堡的青年土耳其黨人（Young Turks）實際上已從蘇丹手中接管了政權，他們擔心亞美尼亞人可能會成為敵人的第五縱隊，因此，在土耳其遭受一次慘敗（若干亞美尼亞人與俄羅斯並肩對戰土耳其）之後，土耳其政府的宣傳機制開始啟動，結果就是在凡城（Van Province）有五萬多名亞美尼亞人被殺，在特拉比松（Trebizond）則有一萬七千名，在其他地方也有成千上萬名。

接著，亞美尼亞人被大規模驅逐到沙漠中的集中營，過程中伴隨著強姦與謀殺暴行。儘管土耳其是德國的盟友，一位資深的德國外交官仍說，土耳其人「試圖消滅」他們國家中的「亞美尼亞民族」。

根據某些估計，六十萬名亞美尼亞人被屠殺，另外還有四十萬名死於驅逐途中的艱苦困境與殘酷暴行。

塔拉特．帕夏（Talaat Pasha）與索戈門．特利里安（Soghomon Tehlirian）

塔拉特．帕夏（Talaat Pasha）在大屠殺時期擔任土耳其的內政部長，當土耳其在一九一八年失利慘敗時，他搭著德國潛艇逃走，後來更逃到柏林避難。

另一名年輕的亞美尼亞人索戈門．特利里安（Soghomon Tehlirian）同時也來到這座德國首都，他的母親與兄弟都被土耳其人屠殺了，他遇到其他流亡的亞美尼亞人，他們告訴他關於「復仇女神行動」（Operation Nemesis），那是他們的一項暗殺計畫，目標是那些應對大屠殺負責的人。

有天，他在大街上認出了塔拉特，便開始跟蹤塔拉特。一九二一年三月十五日，當這位前部長到戶外透氣時，特利里安悄悄出現在他身後，朝他的後腦勺開槍。當時，特利里安差點被四周的圍觀者以私刑處死，但是在這名被告受審時，他的證人在法庭上述說了大屠殺的故事，他的律師說他是「人民的復仇者」，陪審團只花了一個小時就判他無罪。

在亞美尼亞人被驅逐出境的那年十二月，土耳其的大維齊爾（Grand Vizier）在羅馬被槍殺身亡。

一九二二年四月，大屠殺的兩個組織者在柏林被謀殺，還加上了涉及在巴庫（Baku）殺害亞美尼亞人的亞塞拜然謀殺者。

「誰會記得亞美尼亞人？」這是希特勒對任何懷疑他能擺脫入侵波蘭罪責的人所提出的輕

蔑問題，但事實證明，亞美尼亞的歷史記憶很長久。

一九七五年十月，三名亞美尼亞槍手猛攻強襲土耳其在維也納的大使館，並殺害了大使。兩天之後，土耳其在法國的外交使節也在車中被槍殺。一九七七年，亞美尼亞極端份子則重創了駐梵蒂岡的大使。

赫蘭特・丁克（Hrant Dink）

但暗殺並不全是單向的，也並未隨著二十世紀而結束。

赫蘭特・丁克（Hrant Dink）是一位亞美尼亞裔的新聞編輯，他撰寫了關於二〇〇五年大屠殺事件的文章，導致他因「侮辱土耳其人」而被逮捕。

二〇〇七年一月十九日，他在光天化日之下

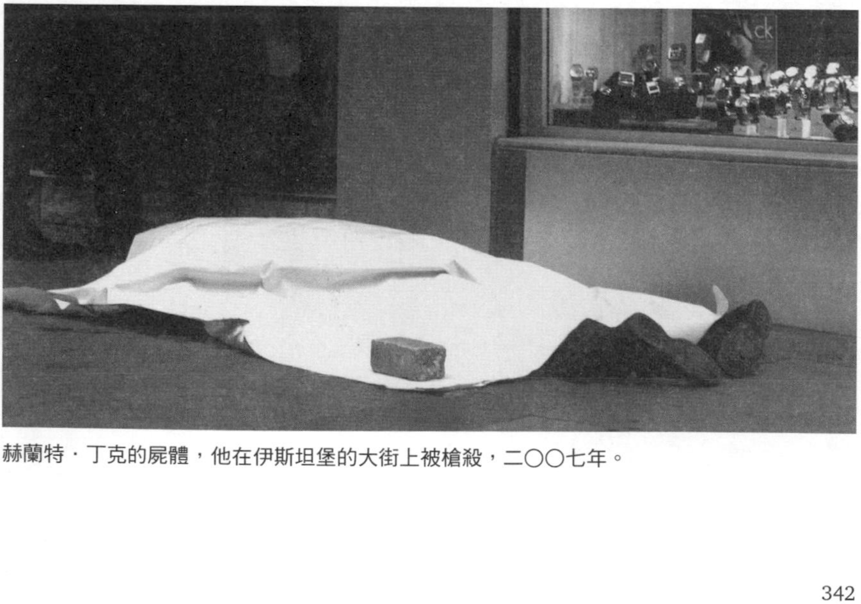

赫蘭特・丁克的屍體，他在伊斯坦堡的大街上被槍殺，二〇〇七年。

被一名年輕人槍殺，地點就在他的辦公室外伊斯坦堡繁忙的大街上。

二〇一一年，在槍擊案發生時才十七歲的奧京．薩馬斯特（Ogün Samast），因暗殺丁克被判入獄二十二年，還有一名極端民族主義者，則因煽動他而被判無期徒刑。但是，丁克的家人聲稱土耳其當局涉入了這場謀殺。

二〇一六年，三十四個人因此案而受審，其中包括了一名警察局長及數名警方情報負責人，其中若干人據稱還涉及一場試圖對埃爾多安（Erdoğan）總統發動的政變。

這項事實使某些人相信，這些指控是出於政治的動機。三年之後，一名昔日的警方線人因涉及丁克的謀殺及其他恐怖份子行動，被判處九十九年徒刑；另有四名被告則被處以不到兩年的徒刑。

國家沾滿血腥的手

境外的暗殺往往所費不貲，政府的參與是一大挹注，就像史達林可能委託、雇用殺手謀殺托洛斯基。而在現代，政府對暗殺的參與更是有增無減。

到了一九三〇年代初，史達林的政權已然沾滿了鮮血。隨著他那打算徹底改革俄羅斯工業的「五年計畫」（Five-Year Plan）陷入困境，他舉行了首次的公開審訊，到了一九三三年末，他已經肅清了一千多名紅軍（Red Army）軍官，並將一百多萬人踢出了共產黨。

當烏克蘭的數百萬人由於他搞砸的農業「集體化」而死於飢荒，他卻派遣「突擊隊作業員」（Shock Brigades）去奪取農民所剩無幾的食物，並處死了五千名據報藏匿農產品的人。

謝爾蓋．基洛夫（Sergei Kirov）

聖彼得堡舉世聞名的基洛夫芭蕾舞團（Kirov Ballet），是以謝爾蓋．基洛夫（Sergei Kirov）為其命名。

謝爾蓋．基洛夫曾是史達林的得力助手，一九三四年十二月，他就在聖彼得堡（當時稱為列寧格勒（Leningrad））被暗殺。蘇聯的領導者把他塑造成民族英

一九五六年的一枚蘇聯郵票，紀念在一九三四年被神秘暗殺的謝爾蓋．基洛夫。

雄，除了芭蕾舞團外，還有各式各樣的事物都以他的名字來命名。

基洛夫在黨總部頸部中槍而亡，但史達林並未將謀殺案的調查交給秘密警察來進行，而是在部屬的隨行下突襲聖彼得堡，謀殺案發生後不到兩天，他們就逮捕了最近才被黨史研究機構（Institute of Party History）開除的列昂尼德．尼古拉耶夫（Leonid Nikolaev）。

當局表示，這起案件的主謀是兩名以前遭到貶謫的史達林同事。但是，官方報告中有許多不一致的矛盾之處，連謀殺案發生的地方都寫錯，同時，除了那枚從近距離射中基洛夫頸部的致命子彈，還有另一枚子彈無法解釋地卡在天花板上。其中最具威脅意味的一件事是，基洛夫的保鑣在接受訊問之前，就先死於一場神秘的「車禍」之中。

這一切不禁讓人懷疑，是否是史達林親自下令殺害了基洛夫，因為他將基洛夫視為危險的對手。尼古拉耶夫被秘密審判後就槍決了，三個膽敢質疑官方說法的人也被一併處決了。

儘管沒有明確證據顯示史達林必須為這起謀殺負責，但也沒有任何證據顯示他不必負責。毫無疑問，他利用這起謀殺展開了激烈的恐怖統治，這表示在未來，那些被指控「策畫或執行恐怖行動」的人，將沒有請辯護律師及上訴的權利。

一九三四年黨代表大會的一千二百二十五名代表中，有超過一千一百名在一年中被逮捕，大部分都在審訊時或在西伯利亞的勞改營中喪生了。中央委員會的一百三十九名成員與候選人中，則有九十八名被逮捕或槍殺。

所羅門．米霍爾斯（Solomon Mikhoels）

史達林所殺害的數百萬人中，暗殺所占比例極微，但他展現出來的嘲諷及狂妄的作風，尤其讓人不寒而慄。

所羅門．米霍爾斯（Solomon Mikhoels）不但是傑出的猶太演員，也是國家猶太劇院（State Yiddish Theatre）的藝術總監。一九三九年，他被提名為「蘇聯人民藝術家」（People's Artist of the USSR），並被授予「列寧勳章」（Order of Lenin）。後來在戰爭期間，他成為猶太反法西斯委員會（Jewish Anti-Fascist Committee）的成員，在世界各地號召人們支持蘇聯。

但俄羅斯勝利之後，史達林變得愈來愈偏執，猶太人成了他優先迫害的目標。許多反法西斯委員會的成員都因叛國罪而受審，但這位蘇聯領導人擔心米霍爾斯太受人們歡迎，以致於不能讓他也因叛國罪受審，與其如此，一九四八年時，他乾脆讓這位演員被秘密警察謀殺，並為了讓整件事看起來像是意外，他的屍體還被放在馬路上讓卡車輾過。

當局為米霍爾斯舉行了一場國葬，跟基洛夫一樣，國家猶太劇院也以他的名字來命名，雖然史達林不到一年就關閉了該劇院，並持續迫害猶太人。

庫德黨（Kurdish Party）暗殺案

還有許多其他政府也都有組織、有計畫地進行暗殺。

一九七九年，「伊朗伊斯蘭革命」（Iranian Revolution）爆發後的三十年間，根據「伊朗人權文獻中心」（Iran Human Rights Documentation Centre）的資料顯示，該政權涉及了遍布十九個國家的一百六十起暗殺。

一九八九年七月，三名來自被禁的庫德黨（Kurdish Party）代表，同意在維也納的一間公寓會見來自伊朗政府的一個代表團。其後，代表團的伊朗人宣稱，不知從哪裡冒出來的槍手衝進來槍殺了三名庫德人。有一名伊朗人也受了傷，從其傷勢來研判，應該是其中一名庫德受害者曾經試圖反擊，但三名受害者最終皆被射中頭部一槍斃命。

警方設法訊問那名受傷的伊朗人及他的一位同事，但第三名伊朗人卻失蹤了。調查人員採信了有關神祕襲擊者的故事，並允許兩名伊朗人先回家。但在進一步訊問後，打算對他們發出逮捕令時，已經太遲，人已逃之夭夭，那名受傷的伊朗人還被伊朗情報部門（Iranian Intelligence）提拔到更高的職位。

沙普爾．巴赫蒂亞爾（Shahpur Bakhtiar）

從一九九一年伊朗前總理沙普爾．巴赫蒂亞爾（Shahpur Bakhtiar）遇刺一案，即可看出伊朗政府暗殺魔掌可及的範圍無遠弗屆。

伊朗國王在一九七九年任命巴赫蒂亞爾為總理，為的是希望阻止伊斯蘭原教旨主義者（Islamic fundamentalist）接管國家，但巴赫蒂亞爾卻驅逐了國王。

在國王被流放期間，這位新總理試圖施行若干溫和的改革。然而，當阿亞圖拉・何梅尼（Ayatollah Khomeini）結束流亡法國的日子返回了伊朗，巴赫蒂亞爾知道自己的時日所剩無幾，於是他躲藏起來，然後逃往法國避難。

巴赫蒂亞爾曾在法國讀書，也曾在第二次大戰期間為法國軍隊打仗，在那裡，他成立了伊朗反抗運動。後來，巴赫蒂亞爾雖自兩起暗殺行動中死裡逃生，但最後仍在巴黎郊區的家中被刺殺身亡，他的助手也一起喪了命。

法國法庭將兩名伊朗人送進監獄，其中一人判處無期徒刑，檢察官說，這項罪行是由「伊朗伊斯蘭共和國（Islamic Republic of Iran）核心」所組織安排。被判處無期徒刑的伊朗人在十六年後被釋放，並受到英雄式的歡迎返回德黑蘭（Tehran）。法國政府否認這是他們與伊朗政府達成交易的交換條件，為的是確保釋放一名為伊朗拘留的法國學者。

福克・伯納多特（Folke Bernadotte）與斯特恩幫（Stern Gang）

雖然伊朗定期舉行選舉，但由於不經選舉的神職人員擁有相當的權力，因此許多人並不把伊朗視為真正的民主政體，就像很少人會認為史達林統治下的蘇聯是一個民主政權。

不過，即使是民主國家也會利用暗殺。

舉以色列為例，它經常被認為是中東唯一的自由國家，譬如二〇一六年的「經濟學人智庫」（Economist Intelligence Unit）即指出了這一點。然而自建國以來，暗殺就在這個國家扮演了一個重要角色，至今也仍然是一項關鍵策略。

第二次世界大戰期間，一位名叫福克·伯納多特（Folke Bernadotte）的瑞典外交官拯救了大約一萬一千名猶太人，他和德國人談判，讓這些猶太人從德國的集中營中被釋放出來。但三年之後，極端猶太民族主義者「斯特恩幫」（Stern Gang）對此毫不領情。

一九四八年，伯納多特以聯合國調解人身分前往聖地，試圖終結猶太人與阿拉伯人之間的爭鬥，但正如我們所見，極端主義者往往將和平使者視為最危險的敵人。

九月十八日，這位外交官在一名以色列陸軍上尉護衛車隊的陪同下，駛經西耶路撒冷（West Jerusalem）一處剛被猶太軍隊佔領的地區時，一輛以色列的軍用吉普車突然轉向擋住前方的道路，三名身著以色列國防軍（Israeli Defence Force）制服的武裝人員下車走近他們，車上的乘客們紛紛掏出他們的文件。

說時遲那時快，三名人員中的一名突然跑向伯納多特乘坐的車子，把衝鋒槍伸進打開的後車窗中，對這位瑞典人連開了六槍。和伯納多特同行的法國上校是一位授勛的戰爭英雄，這次是以聯合國首席觀察員身分前來，亦被槍殺身亡。護送他們的以色列上尉趕緊將他們送往醫院，但兩人都被宣告到院前死亡。

這場攻擊發生的三十年後，「斯特恩幫」的成員承認他們應對這場攻擊負責，「斯特恩幫」的領導人包括了後來的以色列總理伊扎克・沙米爾（Yitzhak Shamir）。

伯納多特在遇害的前一天，提議將猶太人與巴勒斯坦人爭論了七十多年的耶路撒冷置於國際監督之下。雖然眾多以色列媒體大力譴責這起暗殺事件，該國的第一位總理大衛・本－古里昂（David Ben-Gurion）也以此作為鎮壓「斯特恩幫」的正當理由，但警方後續的調查可說十分拙劣，沒有任何人被繩之以法。

即便在伯納多特死後的六十年，一位「斯特恩幫」秘密廣播電台的前廣播員仍為這起暗殺辯護，說倘若沒發生這起事件，以色列將永遠無法控制耶路撒冷。

以色列情報機構「摩薩德」（Mossad）

根據一項估計指出，以色列建國之初的七十年內，就涉及了至少兩千七百起的暗殺陰謀。以色列的情報機構「摩薩德」（Mossad）已成為最富謀略、也最令人聞風喪膽的暗殺單位之一。

由於以色列試圖維持它在中東的核武壟斷地位，科學家就成了重要的暗殺目標，據說有六名伊朗科學家被效力「摩薩德」的伊朗反對派團體所殺。

葉哈雅・馬什哈德（Yahya al-Meshad）是為伊拉克工作的埃及核武科學家，一九八〇年時，在巴黎的旅館房間中被重擊致死，也被認為是「摩薩德」的受害者。

不過，「摩薩德」更知名的「戰利品」是傑拉德．布爾（Gerald Bull），這位六十一歲的加拿大人被視為世界頂尖的槍管彈道學專家，他的夢想是以巨砲來發射衛星，但在政府對這項專案不感興趣之後，他開始涉足武器。

據說以色列政府曾多次試圖延攬他為其工作，但布爾不怎麼喜歡猶太國家，所以，他反而決定將他的服務出售給薩達姆．海珊（Saddam Hussein），幫助他設計三門超級槍砲，可用攙入核能、化學或生物材料的砲彈擊中以色列。

一九九〇年三月二十日，布爾在他位於布魯塞爾一個時髦街區的家中，當門鈴響起他前去應門時，被三人一組的「摩薩德」刺客朝他的腦袋開了五槍，一個小時之後，這三名刺客已經在飛往他國的班機上了。

幾乎在同一時間，以色列方面開始啟動宣傳，散布假消息說布爾是被伊拉克人所殺，因為他正打算和他們毀約。

據說，「摩薩德」制定了嚴格的行為準則。舉凡是政治人物，「不論多麼極端」，都不應該成為攻擊目標，而且，每一起暗殺都必須有總理簽署的書面同意，這真是如實不虛的「殺人執照」。

除了槍殺，該機構還會採行各式各樣的暗殺方式，包括炸彈、絞殺、電擊、用毒。整體的運作也是十分周全縝密且有條不紊。情報人員訓練有素，會徹底而深入地研究受害者，也會嚴格分析過去的暗殺行動，以作為學習經驗與教訓。此外，該機構還有大批的支持者與幫手，譬如醫生、銀行家，以及可以提供諸如交通或住宿等現實需求的人。

「摩薩德」的作法是不對它的運作發表任何評論，有些人認為，這種沉默的誓言使它更令人畏懼。

「摩薩德」在二〇一〇年進行的一起大膽暗殺，其令人毛骨悚然的細節剛好被杜拜飯店的閉路電視捕捉到。這起暗殺的目標是「哈馬斯」（Hamas）的軍火供應商馬哈茂德．馬巴胡赫（Mahmoud al-Mabhouh），杜拜當局後來表示，他們尋找這起暗殺的有關人等不下二十六名。

閉路電視捕捉到一些帶著網球裝備的矮胖男人、一名身著商務套裝的女子，以及一名戴著便帽的男子，他們全都是使用假護照，從歐洲各地的機場飛來這裡，馬巴胡赫在他的飯店房間中，被一種使人痲痺的藥物所殺。

當那六本偽造的護照被發現盜用了英國公民的身分時，英國政府相當憤怒，並將以色列駐倫敦大使館中的「摩薩德」高級官員驅逐出境。

當然，以色列自身也是暗殺的受害者。二〇〇一年，極右派的旅遊部長雷哈瓦姆．澤維（Rehavam Ze'evi）曾呼籲將所有的阿拉伯人與巴勒斯坦人驅逐出以色列，後來，他在耶路撒冷的一間飯店中被一名巴勒斯坦槍手射殺。

這起暗殺陷入了令人沮喪的以牙還牙模式：「解放巴勒斯坦人民陣線」（Popular Front for

the Liberation of Palestine, PFLP）表示，謀殺澤維是為了報復該組織領導人穆斯塔法・茲布里（Mustafa Zibri）在以色列的飛彈襲擊中喪生；而以色列則回應，茲布里被殺是因為他策畫了一連串的汽車炸彈事件。

美國中央情報局

美國也準備暗殺敵人，但這種做法遭受的爭論，遠比以色列所見更為公開。一九七五年，傑拉德・福特（Gerald Ford）總統無意間透露中央情報局涉及暗殺陰謀，因此，參議院成立了「丘奇委員會」（Church Committee）來調查中情局的活動。

福特總統試圖讓委員會不要公開美國涉及暗殺的相關消息，理由是此舉將損害國家聲譽，並危及情報人員性命。有些情報界的人士認為，中情局駐雅典的站長，在委員會成立數月之後被殺，即足以證明這項危險性並未被誇大，但委員會的成員拒絕了這一請求：「我們相信公眾有權知道他們的政府部門所做的一切。」

委員會認為，美國的聲譽並不會因為揭露了「令人尷尬」的資訊而受到損傷，反而會因為其他國家尊敬它的誠實而得到改善。

於是，一長串不可思議的事例出現了。

中情局曾經涉及的暗殺陰謀，其中尤為知名的包括了斐代爾・卡斯楚（Fidel Castro）與勞爾・卡斯楚（Raul Castro）、切・格瓦拉（Che Guevara）、中國共產黨領導人周恩來、非洲民族主義者帕特里斯・盧蒙巴（Patrice Lumumba，為剛果爭取獨立並成為剛果的首任總理）、多明尼加共和國的右翼獨裁者拉斐爾・特魯希略（Rafael Trujillo）。

美國人對那些酷愛政治謀殺的人，長久以來始終樂得睜一隻眼閉一隻眼。中情局預謀的受害者主要是左翼的牛鬼蛇神，被認為與蘇聯走得太近，特魯希略雀屏中選的原因，甚至只是因為中情局擔心他變得過於極端，可能會激怒左翼人士來接管政權。

額外加油添醋的，是暗殺所使用的奇特工具或手段，像是為盧蒙巴準備的有毒牙膏，或是為斐代爾・卡斯楚浮潛時準備的貝殼炸彈。

中情局策畫的陰謀，大部分都失敗了，以盧蒙巴的情況來說，委員會的結論是，雖然美國打算暗殺他，但並未直接涉入他在一九六一年被分離主義者所殺的事件中。至於同一年發生的特魯希略被暗殺一案，委員會裁定，美國的確有供應武器給特魯希略的敵人，但並無足夠證據認定此事與他的謀殺有直接關聯。

調查顯示，中情局偏好的一貫手法（Modus Operandi）是將暗殺外包給當地的刺客。最後，委員會作出了結論：「未達戰爭階段，暗殺無法見容於美國的原則、國際秩序及道德規範，不應作為外交政策的一項工具。」

暗殺執行的命令是由兩位中情局主管威廉・科爾比（William Colby）與詹姆斯・施萊辛格

（James Schlesinger）下達，兩人也都因此下台。

但問題來了：美國總統對於中情局的作為，到底知情到什麼程度？中情局的政策是以「一旦被發現，美國的角色可以被合理否認的方式」運作。這意味著中情局與政府之間的關係「往往錯綜複雜、迂迴含糊」。

艾森豪（Eisenhower）總統曾在一場會議中說過他很想看到特魯希略與斐代爾・卡斯楚都被「鋸掉」這樣的話，他也的確曾經呼籲要採取「強烈行動」以「除掉」盧蒙巴，但委員會也承認無法拼湊出「清晰」的全貌，「很難確定暗殺活動得到了哪個層級的知情與授權」，並補充：「這種情況製造出令人不安的可能性是，政府官員可能得在缺乏來自總統明確授權的清楚指示下，著手進行暗殺陰謀，也可能在總統曾經授權，但後來模糊不清的情況下出現『合理推諉』（Plausible Denial）。」

不論是哪種情況，以委員會的觀點來看，白宮必須擔負起這個責任：「不論各任總統是否知情或授權執行這些暗殺陰謀，身為美國首長，每位總統都必須為其部屬的行動承擔起最終責任。」

一九七六年，福特總統頒發了一項行政命令：「美國政府的任何雇員均不得參與或密謀參與政治暗殺活動。」隆納・雷根（Ronald Reagan）在一九八一年又重申了這項禁令。

針對性格殺（Targeted Killing）

但當暗殺被換湯不換藥地重新命名為「針對性格殺」（Targeted Killing），上述禁令的效果就被削弱了。在九一一恐怖攻擊之後，這個用語被使用得更頻繁了，它的用字選擇相當有趣，因為「丘奇委員會」對暗殺的定義是「冷血無情、具針對性、有意圖地殺害個別的外國領導人」。有些人覺得很難判別「暗殺」與「針對性格殺」兩者之間的區別。

安瓦爾．奧拉基（Anwar al-Awlaki）是美國公民，也是「蓋達組織」（al-Qaeda）的領導人，情報單位判斷他與一連串不利於美國的恐怖陰謀脫不了關係，二〇一一年，他在葉門被一架美國的無人機擊倒。這是否算得上是一起「暗殺」？美國司法部長（Attorney General）埃里克．霍爾德（Eric Holder）表示，他拒絕「使用那個有圈套的用語」，但這並未終結暗殺行動有國家支持之爭論。

歐巴馬（Obama）政府曾將奧拉基列在暗殺黑名單上，而「美國公民自由聯盟」（American Civil Liberties Union）與「憲法權利中心」（Center for Constitutional Rights）應奧拉基父親的請求，將美國政府告上法院，以阻止奧拉基成為暗殺目標。法官在不乏疑慮的情況下拒絕受理此案，理由是美國憲法為政治人物保留了這類的決定權。

二〇一一年五月，奧拉基在一場殺了兩名「蓋達組織」特務的飛彈攻擊中倖存了下來，但四個月後，他還是被殺了。

據估，歐巴馬總統一共下令進行了五百四十多次的無人機攻擊，格殺了將近三千八百人。

霍爾德曾於二〇一三年寫道，歐巴馬已然在盡可能不危及國家安全的情況下，公開美國對於「針對性格殺」的政策，並堅持所有的運作「符合我們的法律與價值觀」。除了被「特別針對」的奧拉基，他說還有三名美國公民雖然並非特定目標，卻也因而喪生，「少數」旅居海外的美國公民「決定犯下不利於自己國家的暴力攻擊罪行」，這是「一個讓人深感遺憾，但不容否認的事實」。

霍爾德認為，格殺一名「對美國暴力攻擊，構成立即威脅」，而無法抓獲的美國公民，是可允許的行為。

美國前法官亞伯拉罕・索費爾（Abraham Sofaer）也認為以自衛為理由的「針對性格殺」有其正當性，與「被廣泛定義為謀殺」的暗殺截然不同。

當「丘奇委員會」譴責暗殺時，其所指的暗殺目標，是被視為在戰略上違反美國利益的政治領袖，而非可能策畫攻擊行動的恐怖份子。

索費爾寫道：「美國官員不能僅因其政策被視為不利於美國的利益而殺害他們，但自衛殺人在國際事務上已非『暗殺』，而只是我們的警力在對付國內的謀殺案兇手。」

他也提出警告，「針對性格殺」可能會因為激怒對方而弊大於利，尤其是在行動出了差錯的時候。然而，「美國公民自由聯盟」對於針對「遠離任何戰場，且未被合法判決有罪」的人們進行格殺仍深感憂慮不安，認為此舉無異於冒險將「全世界變成一座戰場。如果美國開始派遣無人機對付世界各地的可疑敵人，那麼就沒有什麼可阻止其他國家也如法泡製。」

奧薩瑪．賓拉登

九一一恐怖攻擊發生十年之後，奧薩瑪．賓拉登（Osama bin Laden）被擊殺，這可說是歐巴馬總統最偉大的勝利之一。

賓拉登是世界上最惡名昭彰的恐怖份子，也是聯邦調查局的頭號通緝犯，他出生於沙烏地阿拉伯的利雅德（Riyadh），在家中五十二個兄弟姊妹中排行第十七，他的父親擁有該國最大的建築公司。

賓拉登在十七歲時就娶了第一個妻子，其後又陸續娶了四個妻子，並一共生了二十六個子女。

賓拉登在享有特權的環境中長大，取得了土木工程的學位，當他在學校就學時，受到了一位激進學者阿卜杜拉．阿扎姆（Abdullah Azzam）的影響，這位學者深信，所有的穆斯林都應該發起聖戰，建立一個獨一無二的伊斯蘭國。

蘇聯在一九七九年入侵阿富汗（Afghanistan）後，賓拉登和阿扎姆一起前往巴基斯坦，在鄰近阿富汗邊境之處進行運作，為那些與俄羅斯人交戰的聖戰士（Mujahideen）提供資金與支援，同時，他們還招募來自全球的志願者加入這場叛亂暴動。

蓋達組織（al-Qaeda）

蘇聯在一九八九年撤退之後，賓拉登返回沙烏地阿拉伯，開始致力於成立一個新組織，也就是「基地」（the Base）蓋達組織，專門從事象徵性的恐怖主義行動。

沙烏地阿拉伯當局在一九九二年將他驅逐出境，四年之後，他回到阿富汗對美國宣戰：「中東的弊病源自於美國試圖接管這個地區、源自於美國對以色列的支持，沙烏地阿拉伯已然變成了美國的殖民地。」

蓋達組織資助了一連串不利於西方世界的恐怖攻擊，例如，一九九七年有六十二名觀光客在埃及盧克索遇害；次年，居間籌謀對美國在肯亞與坦尚尼亞（Tanzania）大使館進行的炸彈攻擊，導致超過兩百二十人死亡；接著就是二〇〇一年的九一一攻擊事件，恐怖份子劫持了四架飛機，並撞上紐約的世貿中心雙子塔及華盛頓的五角大廈，造成近三千人死亡。

當美國人在搜捕賓拉登之際，他還會發布極盡嘲諷的影音檔案，且並未停止恐怖暴行，二〇〇二年在峇里島，兩百多人死於炸彈攻擊；二〇〇四年在西班牙，一列通勤列車上有一百九十一人被炸死；美軍佔領的阿富汗及伊拉克地區亦發生多起爆炸事件。

美國海軍海豹特種部隊的突襲

在二〇一〇年下半年時，美國人被一處高牆深院的神秘宅院所吸引，它坐落在阿伯塔巴德（Abbottabad）一個有巴基斯坦駐軍的靜謐蓊鬱城鎮，距離阿富汗邊界約一百九十公里（一百二十英哩）。

美國人攔截到一通手機電話，來自賓拉登最信任的情報員之一（也有一說是一位前巴基斯坦情報人員向美國人洩漏了那座大宅的消息，以換取一筆相當可觀的報酬）。但由於屋宅建有高牆，加上每座陽台有簾幕遮蔽，所以很難看到室內的狀況。同時，這處宅院沒有任何電話或網路連結，就連垃圾也都在裡頭焚燒掉，進入的唯一方法就是穿過兩道巨大的金屬安全門。

中情局隨即展開秘密調查，並在附近設置了一間安全屋。當地人告訴他們，那處宅院的住戶極少冒險外出，即便外出了，他們也會迅速開車離去。

雖然不清楚巴基斯坦當局是否知道賓拉登的行蹤，但那處宅院距離若干軍事基地很近，而即使他們知情，也必須謹慎行事，因為對許多巴基斯坦人來說，賓拉登是個英雄。

至於美國人這方面，他們部署了一架先進的無人機，能飛過大宅上方的高空拍照攝影而不被察覺，他們藉此發現了一個經常在裡頭走來走去的人，但無法肯定這個人就是賓拉登。

在美國政府與軍方當中，歐巴馬總統是得知這處宅院的極少數人之一，他後來說，他們只有百分之五十五的把握該人即是恐怖份子的首腦，雖然還是有人說，巴基斯坦的消息來源提供了他們可茲證明賓拉登身分的 DNA 證據。

最後，總統授權在二〇一一年五月二日一個月黑風高的夜晚，對這處宅院發動突襲。

兩架直升機載運了二十幾名美國海軍海豹特種部隊所組成的小隊，他們在阿富汗被召集，派遣來這處宅院進行突襲。

計畫原本是要直升機把這些隊員直接空投到宅院裡頭，但其中一架直升機遇上了麻煩不得不緊急降落，於是另一架直升機將隊員放在建築外頭，讓他們自行想辦法進入，因而他們得爆破一道圍牆，以及一道保護賓拉登和他家人居所的內牆。

當賓拉登的一位密友從一間守衛室對他們開火時，他們射殺了他和他的妻子。接著隊員們進入主建築，遭到那位密友的兄弟攻擊，於是隊員們也射殺了他，賓拉登的一個已成年的兒子在樓梯上遇到了海豹特種部隊隊員，也遭遇了射殺的命運。

從部隊隊員進入建築，到終於看見賓拉登，一共花了二十分鐘時間。賓拉登躲在一間臥室中，有兩個女人設法保護他。關於他被槍殺的確切地點或被擊中了幾槍，有好幾種說法，但可以肯定的是，他的確被射殺了，無法肯定的是巴基斯坦當局對這場突襲知道多少。

海豹特種部隊抵達四十分鐘之後，恐怖份子的首腦已死，一架直升機出現，將隊員們、賓拉登的屍體，以及找到的文件與電腦硬碟一起載走。在離開前，隊員們毀了那架受損的直升機。

他們不久就回到了阿富汗，賓拉登的屍體則交由一艘美國的航空母艦進行海葬，確保他的追隨者沒有陵墓可以參拜。

這是一場蓄意的暗殺，還是一項原本打算逮住賓拉登的計畫？

負責這項行動的軍事指揮官威廉·麥克雷文（William McRaven）海軍上將說，這名恐怖份子「絕對」可以被活捉，殺死他並非這項行動的目的，但行動並非完全按照計畫進行，因為有一架直升機墜毀了。

歐巴馬總統對於無法將賓拉登繩之以法、進行審判以「阻止他成為烈士」，表達了失望之意，但事實上，要在一個許多人支持他的國家捕捉他，並將他帶回美國掌控的領土，著實是一項風險極高的艱鉅任務。

卡西姆·蘇雷曼尼（Qassem Suleimani）

根據一位前中情局主管所言，二〇二〇年格殺「伊朗革命衛隊」（Iran's Republican Guard）的要角卡西姆·蘇雷曼尼（Qassem Suleimani）將軍，比誅殺奧薩瑪·賓拉登的「後果」嚴重多了。

當時的美國總統唐納·川普（Donald Trump），也氣憤地反駁蘇雷曼尼是被暗殺的說法，儘管蘇雷曼尼是在巴格達機場被一架無人機擊中。

這起事件只是美國與伊朗之間長達數十年的報復與復仇大賽的一部分，導致蘇雷曼尼被殺的激烈暴行，是從二〇一九年的下半年開始不斷加劇。

蘇雷曼尼負責協調親伊朗民兵在該國境外的活動，由於伊朗的經濟在美國嚴厲的經濟制裁下搖搖欲墜，伊拉克有些同情伊朗的人，遂攻擊了位在伊拉克的一處軍事基地，並殺死了一名美國承包商。

三天之後，美國採取報復行動，殺了二十多個該為此事負責的民兵。第二天，示威者包圍了美國在巴格達的大使館，並燒毀了大使館的大門。

川普總統在推特上說，如果伊朗繼續這樣下去，將會付出「重大代價」。對此，一個連結伊朗最高領袖阿亞圖拉・阿里・哈米尼（Ayatollah Ali Khamenei）的推特帳號反擊：「你什麼也做不了！」

如果這聽起來像是兒戲玩笑而非國際外交，那麼接下來所發生的事可就毫無幽默可言。

二〇二〇年一月三日凌晨，蘇雷曼尼及一名伊拉克民兵的高階首領都被殺了。

美國一開始為其行動的正當性辯解，理由是蘇雷曼尼正計畫一場攻擊，對美國公民構成了迫在眉睫的危險。但是等到被要求拿出證據時，又改口說，蘇雷曼尼必須對過去許多被殺害的美國人負責。

批評者則認為，川普總統是為了轉移眾人對他被國會彈劾的注意力，才發動這場攻擊。雖然伊朗此時是一個嚴重分裂的國家（二〇一九年十一月，反對該國政權的大規模示威抗爭活動，引發了當局以武力野蠻鎮壓的回應），仍有成千上萬人對蘇雷曼尼將軍表示敬意（即便是在對政府當局充滿敵意的地區），在蘇雷曼尼的家鄉，甚至有五十多名前來悼念的人因人群過度擁擠而意外死亡。

伊朗的領導人誓言要為將軍之死復仇，在無人機攻擊事件發生五天之後，他們對美軍在伊拉克的基地發射飛彈，儘管他們似乎已盡力減少人員傷亡，伊朗外交部長甚至試圖和長期宿怨下所發生的此一事件撇清關係，在推特上說該國「採取了自衛的適當措施」。

接著，意想不到的後果定律應驗了：伊朗採取「適當」回應的四個小時之後，一架烏克蘭的大型客機從德黑蘭機場起飛後墜毀，機上一百七十六人無人生還。剛開始，伊朗人說這是個意外，但三天之後，他們承認這架飛機是被他們擊落的，因為他們誤以為那是美國發射的巡弋飛彈。

伊朗政權面對了更多的抗議活動，這些活動都被強硬地鎮壓了下來。在此之際，報紙媒體及一位知名的電視節目主持人，都為他們多年來欺騙伊朗人民而道歉。

暗殺與大眾傳播媒體

我們有加夫里洛・普林西普暗殺法蘭茲・斐迪南大公之後被逮捕的照片，也有槍擊發生前的車隊照片，這類影像對「行動的宣傳」來說可能是一大激勵。

南斯拉夫國王亞歷山大一世（Alexander I）

第一次被鏡頭捕捉留下動態影片的暗殺事件，是南斯拉夫國王亞歷山大一世（Alexander I）遇刺（順帶一提，他也是最後一位被暗殺的歐洲君主），當時是一九三四年，他正在法國馬賽（Marseilles）進行國事訪問（State Visit）。

亞歷山大從德拉古廷．迪米特里耶維奇（於一九一七年被處決）的暗殺行動倖存下來之後，成了南斯拉夫的首位國王。其後，他變得愈來愈專制獨裁，試圖將截然不同的各個民族結合成單一國家，並在這樣的過程中禁止以族群為基礎的政黨成立。

亞歷山大一世抵達馬賽才五分鐘，一名槍手就跳上了他乘坐的敞篷車腳踏板，接著就槍殺了亞歷山大一世、坐在他旁邊的法國外交部長路易斯．巴爾杜（Louis Barthou）及駕駛。

攝影師並未拍到槍擊的致命時刻，但他距離暗殺行動發生的地點只有幾英呎遠，因此拍攝到的影片中有國王屍體的特寫鏡頭，還有這名為馬其頓分離主義者的刺客自殺時群眾混戰的鏡頭。

淺沼稻次郎（Inejiro Asanuma）

接著，電視出現了。

一九六〇年十月十二日，日本社會黨領導人淺沼稻次郎（Inejiro Asanuma）正在一場電視選舉辯論中發言時，一名十七歲的右翼極端份子山口二矢（Otoya Yamaguchi）跳到台上，用一把傳統的武士刀刺穿了淺沼稻次郎的身軀。

不像亞歷山大一世遇刺時，攝影師沒能拍到那致命的瞬間，稻次郎被殺則是完完整整地被鏡頭補捉了下來。

雖然這場辯論並非現場轉播，但後來在那天傍晚，這段影片的連續鏡頭就在電視上播放出來了：受害者顯然並未意識到有什麼不對勁，直到最後一刻，隨後，他驚恐地往左邊看的

淺沼稻次郎在日本的一場電視辯論中，被一把武士刀所殺，一九六〇年。

眼神，在慢動作的鏡頭播放下，讓人更深感驚駭。

殺手被逮捕時，據說仍然面帶微笑，他遵循了日本極右派政治謀殺的悠久傳統，正如我們所見，極右派份子的暗殺行動在「革命時期」極為活躍，一九三一年之後的五年當中，就有三位日本首相被謀殺。

稻次郎遇刺後不到一個月，二矢就在他的少年拘留所牢房中，撕毀床單做成繩子，然後掛在燈具上，上吊自殺了。

約翰．甘迺迪總統

事實上，第一名被電視現場拍攝到的暗殺受害者，本身也是一名刺客，或者有些人會說，一名被指控的可疑刺客。

一九六三年十一月二十二日之後的那幾年，「當你聽到甘迺迪總統遭到槍擊時，你在哪裡？」成了一個標準問題，幾乎每個人都可以告訴你答案。

亞伯拉罕．扎普魯德（Abraham Zapruder）拍下遇刺那一刻

約翰．甘迺迪總統（President John F. Kennedy）的遇刺，可說是歷史上最沸沸揚揚、備受

爭議的事件之一。在甘迺迪生命中的最後一天，他拜訪了德州，希望提高民主黨的支持度，因為德州預期會是來年總統大選中的一座關鍵戰場。

四十六歲的甘迺迪身為美國有史以來最年輕的總統，他和妻子賈姬（Jackie）正是年輕與魅力的化身，同時，他即將促成旨在結束種族隔離、備受爭議的公民權立法通過，德州的「民主黨全國委員會」（National Democratic Committeeman）委員拜倫．斯凱爾頓（Byron Skelton）敦促總統別來達拉斯，認為此行並不安全，那一年，達拉斯已經發生了將近一百起的謀殺案。

但就像法蘭茲．斐迪南大公與他的妻子，以及南斯拉夫的亞歷山大一世，約翰．甘迺尼還是堅持偕妻前往，而且乘坐著一輛敞篷車，由德州州長約翰．康納利（John Connally）與他的妻子陪同。

當時，「美國納粹黨」（American Nazi Party）已經在市內到處分發「叛國通緝犯」（Wanted for Treason）的傳單，上頭印著總統的肖像。另外，在十一月二十二日早晨，極端保守的《達拉斯晨報》（Dallas Morning News）刊出了一幅全頁廣告，來自一個自稱為「美國事實調查委員會」（American Fact-Finding Committee）的組織，譴責甘迺迪是共產黨的擁護者。

賈姬擔憂了起來，但她的丈夫只是嘲諷地說：「我們要前進瘋子的國度了。」儘管如此，他們還是受到了溫暖與熱情的歡迎，他們的車隊以每小時約十一英哩的速度前進，並在午後十二點三十分抵達了迪利廣場（Dealey Plaza）。

槍聲響起！

一位業餘攝影師亞伯拉罕．扎普魯德（Abraham Zapruder）當時正用八釐米小型攝影機在拍攝這幅壯觀的場景，剛好看到甘迺迪抓住自己的胸膛，一開始，他還以為甘迺迪是在和群眾互動，但很快就恍然大悟他是受了傷。

總統被擊中背部、喉嚨及後腦勺，康納利也受了傷。車子載著他們飛奔至醫院，但總統不久後就被宣告死亡。

李．哈維．奧斯華（Lee Harvey Oswald）被捕

目擊者說，槍聲來自德克薩斯州

約翰．甘迺迪總統遇刺，德州達拉斯，一九六三年十一月二十二日。

教科書倉庫大樓（Texas School Book Depository）。在六樓的一扇窗戶旁，警方發現了一把廉價的郵購步槍及三發空彈殼，而在那裡擔任送貨員的李・哈維・奧斯華（Lee Harvey Oswald）失蹤了。

奧斯華在槍擊案發生之後，搭巴士回到寄宿公寓，然後他帶著手槍再度外出，並在光天化日下，以及眾多目擊者前殺了一名正在巡邏的員警。

事發的經過據猜測，應該是這名員警發現奧斯華符合警方正在搜尋的那名涉及總統槍擊案的嫌犯描述。目擊者則說，兩人交談了幾句，但員警似乎並無逮捕奧斯華的明顯意圖。

後來，這名嫌犯躲進一間戲院，經過短暫反抗之後被逮捕了。雖然有些人認為逮捕的過程輕鬆到過於可疑，而且就在總統被槍殺之後的八十分鐘發生。

第二天，他被控犯下了兩起謀殺罪行，但他全盤否認，說自己只是「代罪羔羊」，一個替死鬼。

第一起電視現場轉播的暗殺事件

一名警察向媒體洩漏了消息，確保奧斯華在十一月二十四日被移送至郡立監獄時會引發騷動。當時，群眾中有一個叫傑克・魯比（Jack Ruby）的夜總會老闆，據說與犯罪集團有關聯，他走向前，近距離開槍擊中了這名囚犯的腹部，而所有正在看電視的觀眾，都看到了這起槍擊

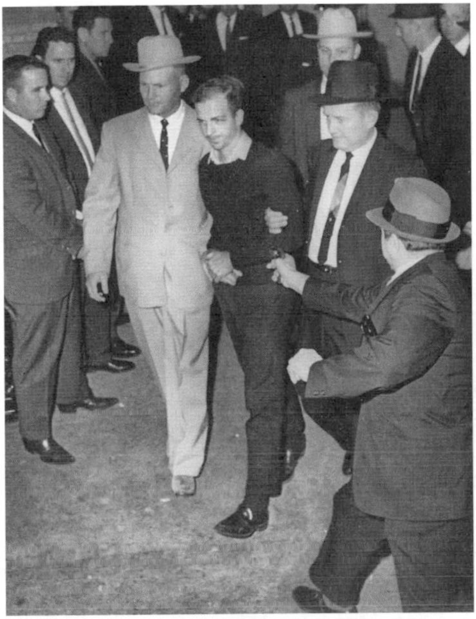

傑克・魯比射殺李・哈維・奧斯華是電視史上第一樁被現場轉播的暗殺事件，一九六三年十一月二十四日。

的發生，可說是第一起經電視現場轉播的暗殺事件（扎普魯德有拍到甘迺迪被槍殺的關鍵時刻，但這段影片被認為過於寫實，所以直到一九七五年才在電視上播出）。

奧斯華死於甘迺迪被宣告不治的同一間醫院。魯比宣稱，他殺奧斯華是為了讓賈姬免於上法庭作證的折磨。

在奧斯華被殺的第二天，甘迺迪的葬禮經電視播送到全世界的觀眾眼前。半個多世紀之後，再看到三歲大的小約翰・甘迺迪（John Kennedy Jr）對亡父的靈柩致敬，尤其讓人深感痛心。

雖然甘迺迪遇刺的那一刻並未被現場轉播，它仍是第一樁被現代大眾傳播媒體在眾目睽睽下捕捉到的暗殺事件，這是否影響了隨後萌生並持續至今的諸多懷疑與問題？

在某些人看來，警方似乎過於急切地想確定罪魁禍首就是奧斯華，然後他在能回答任何問題之前就死了。奧斯華是否真的能從那麼遠的距離射中總統？嫌犯似乎只開了三槍，那麼，為何有那麼多的目擊者認為他們聽到了第四槍？

在總統下葬之前，司法部副部長在一份內部備忘錄中，已然提及對陰謀論滿天飛的擔憂：「以一種使人民滿意的方式，公開甘迺迪總統遇刺事件的所有事實，至關緊要。」不到十天，新就任的總統林登．詹森（Lyndon Johnson）成立了一個委員會，並在美國首席大法官（Chief Justice）厄爾．沃倫（Earl Warren）的帶領下召開了第一次會議。

李．哈維．奧斯華（Lee Harvey Oswald）生平

奧斯華二十四歲，父親在他出生前就過世了，他有一個四處漂泊的童年，從一個家搬到另一個家，因為他母親換了一個又一個的老公。

他喜歡獨來獨往，雖然他頗為熱衷閱讀，但常在學校生悶氣並逃學。十四歲時，他告訴一位精神科醫生：「我討厭所有人。」

雞毛蒜皮的小罪讓他在監獄待了一段時間，他退了學、加入海軍陸戰隊，接受了用槍的訓練，但我們並不清楚他的射擊技術到底有多好，因為在一項測試中，他達到了最高的「神射手」

一九六三年三月，在暗殺甘迺迪之前的八個月，李．哈維．奧斯華（一九三九－一九六三年）手持步槍攝於達拉斯。

（Marksman）成績，但在另一項測試中，他只拿到了排名較低的「狙擊手」（Sharpshooter）成績。

同時，他學習俄語，公開表達了他對共產主義的支持。其後，他接受了兩次軍事法庭的審判，並在一九五九年叛逃到蘇聯，還在那裡娶了一個蘇聯女人。

一九六二年六月，他幾乎毫無困難地（對一個像他這樣的可疑人士來說，相當令人驚訝）帶著妻子與小女兒回到了美國。接下來，他不停地換各式各樣的工作，不太認真地進出各種反共產黨團體，以及若干支持古巴卡斯楚政權的組織，但在暗殺發生的前幾個月，他可能在考慮要回俄羅斯。

奧斯華可能曾經試圖暗殺極右派約翰・博齊協會（John Birch Society）的一名宣傳者，他的妻子說他急於出名，想盡一切辦法「以任何無論好的或壞的方式」在歷史上留名。

沃倫的委員會在一九六四年九月提出了報告，附帶二十六卷文件作為佐證。報告中對好些執法機構提出批評，包括以保護總統為其職責的特勤局，舉例來說，控訴它未能對車隊行進路線上的建築物進行適當的檢查。

委員會的結論是，奧斯華是一個單獨行動的失敗者與不滿政治現狀的反抗者，儘管就他的動機而言，他們無法「做出任何決定性的判決」。因此，雖然這起暗殺驚駭又可怕，令人感到安慰的事實是，殺手僅是社會適應不良的單一個案，而非美國社會中普遍瀰漫的不安症狀，甘迺迪也不是政治陰謀的受害者，然而，這份報告並未終結各種臆測。

陰謀論四起

俄羅斯人相信甘迺迪是被極右派所殺，美國則有各種陰謀論，包括他是被俄羅斯人、親卡斯楚的團體、極右派、中情局或黑手黨所殺。在某些人看來，以犯下這等滔天大罪來說，奧斯華是太微不足道的一個角色，儘管一開始時，絕大多數的美國人似乎都接受了沃倫的裁定，但是後來，一九七〇年代初的「水門案」（Watergate scandal）爆發，人民對政治人物的信心跌落到谷底。

扎普魯德的影片終於公諸於世後，國會重啟對甘迺迪暗殺案的調查。一九七九年，「眾議院暗殺特別委員會」（House of Representatives Select Committee on Assassinations）認可了奧斯華是殺手的結論，但認為第四槍的射擊是有可能的，雖然他們對可能是誰幹的未得出任何結論，而且有些專家認為，迪利廣場的回音使人很難確定民眾到底聽見了幾聲槍響。最重要的是，委員會推斷總統「可能」是某項「陰謀」的受害者，雖然他們並未提出關於有誰牽涉其中的看法，只有一長串誰並未牽涉其中的清單，包括了俄羅斯人、卡斯楚、反卡斯楚組織、保安部門、以及有組織的犯罪集團。

然後是傑克．魯比的問題，他最初因謀殺奧斯華被判處死刑，但他的判決在上訴時被撤銷了。在沃倫的委員會面前，他似乎暗示他的動機並不僅止於之前所說的，為了讓賈姬免除上法庭作證的痛苦。對於如此誘人的消息，大法官的愚鈍回應顯得十分反常。

魯比在一九六七年被診斷出罹患肺癌，一個月後就死於監獄，享年五十五歲，他當時正在等待再審，深信自己是被注射了癌細胞。委員會相信他可能涉及某些「見不得人」的交易，但不考慮他涉及有組織犯罪集團的建議。

時至今日，陰謀論仍然方興未艾，超過一千本書提出了源源不絕的證據。直到這起槍擊案發生之後五十四年，美國政府釋出了許多前所未見的新資料。

二〇一七年，我們得知奧斯華與一位蘇聯國家安全委員會（KGB）資深官員有聯繫，後者負責的事務是「從事破壞活動與暗殺」（國家安全委員會是蘇聯主要的安全組織）。我們也發現傑克·魯比曾經告訴聯邦調查局的一名線人，在甘迺迪的車隊駛經達拉斯時「觀賞煙火秀」（watch the fireworks），同時，聯邦調查局曾經警告達拉斯警方有一個要謀殺奧斯華的陰謀在進行。

有趣的是，川普總統在最後一刻以對國家安全將造成「不可逆的潛在傷害」為由，阻止了上百份與這起暗殺相關的文件釋出。

儘管甘迺迪有著電影明星般的長相與光鮮亮麗的外表，他實際上是個病人，深受嚴重的脊椎與腎上腺疾病之苦，所以即使他在一九六四年連任總統，恐怕也無法撐過他的第二個任期。

他的死對公民權的立法來說，或許是一項助力，因為這項立法必然會在國會受到強力阻撓，但詹森總統可以主張，堅持這項立法才是紀念甘迺迪精神的最佳方式。

一九六四年，民權法案（Civil Rights Act）通過了。此外，甘迺迪的死也可能讓美國人更堅定了支持太空計畫的決心，從而使他想把人類送上月球的雄心壯志在十年之後被實現。但是，很難說甘迺迪是否會像詹森一樣，陷入越南泥沼的災難困境之中，可以肯定的是，他擔任總統的這段時期，被理想化為一個失去純真的黃金年代（儘管這位總統有過許多婚外情），隨著一九六三年十一月二十二日達拉斯的一枚暗殺子彈而逝去。

在他任職總統的短暫期間內，所取得的成就極為有限，但他或許是第一位名人總統，因為傑克與賈姬（Jack and Jackie，約翰．甘迺迪也被稱為傑克．甘迺迪）的光芒和魅力與新興媒體技術密不可分，輕便的攝影機使電視也變得更加即時，讓甘迺迪的鏡頭得以被轉播至每個人的家中，自然呈現於觀眾眼前，也使得這個第一家庭家喻戶曉，彷彿是每個美國民眾都認識的熟人一般。

馬丁．路德．金恩

馬丁．路德．金恩（Martin Luther King）是甘迺迪在公民權改革上的幕後推手，也是公民權改革的強力倡議者之一，他深受「聖雄」甘地例子的啟發，希望亦能在美國用非暴力抗議擊敗種族主義。

金恩跟隨他父親的腳步成為一名牧師，從一九五五年在阿拉巴馬州的蒙哥馬利（Montgomery）從事運動而獲取了經驗。當時二十幾歲的他，支持黑人抵制本地公車，進行為期一年抗議乘客隔離的活動。第二年，三K黨（Ku Klux Klan）炸了他的房子。

一九五八年，他差點被一名黑人婦女殺死，當時他正在哈林區（Harlem）舉辦簽書會，這名婦女用一把拆信刀刺向他的胸膛，他後來說，刀鋒非常接近他的心臟，如果他當時打個噴嚏就必死無疑。這名因精神錯亂而犯罪的婦女，被送進了一間治療機構。

金恩繼續他的反種族主義抗議活動，他的敵人也不斷以他為攻擊目標。

一九六三年，他們試圖炸毀他所在的汽車旅館房間以及他兄弟的家。第二年，他成了諾貝爾和平獎有史以來最年輕的得主，而他租的一間海灘小屋則被發現佈滿了彈孔。

後來，金恩開始擴大他的抗議活動，包括譴責越戰以及美國的貧窮現象。

一九六八年，曼菲斯（Memphis）地區做垃圾清潔工的黑人繼續進行罷工，以抗議危險的工作條件以及工資比白人同事低。金恩即便收到了死亡威脅，還是決定在四月三日去曼菲斯支持他們。當天晚上，他在擠得水洩不通的人群面前發表了他最著名的演講之一：

「就像任何人一樣，我也想活得長久，長壽值得嚮往。但是，我現在關心的不是這件事……我已看見那應許之地，也許我無法和你們一起去到那裡，但在今晚，我想讓你們知道，身為一個民族，我們一定會去到那應許之地。所以今晚，我很高興……我不懼怕任何人，我已見證主降臨的榮耀。」

第二天傍晚六點，金恩在離開他洛林汽車旅館（Lorraine Motel，曼菲斯少數幾間歡迎黑人住客的旅館之一）的房間時，遭到槍殺。

詹姆斯·厄爾·雷（James Earl Ray）

警方在附近發現了一把步槍與各式各樣的個人物品，並從這些東西上面發現了詹姆斯·厄爾·雷（James Earl Ray）的指紋。

詹姆斯·厄爾·雷年約四十歲，是一名上不了檯面的小罪犯，當時正逃出了監獄，待在距離洛林汽車旅館一個街區的寄宿公寓裡。

聯邦調查局相信槍手是從該棟公寓的一扇浴室窗戶瞄準，並殺害了金恩，雖然據稱，從此處看向金恩被致命子彈擊中之處的視野極差。如果聯邦調查局所言屬實，那麼這會是由狙擊手成功暗殺的極少數案例之一。

根據雷的一些獄友說，每當他看到電視上的金恩，就會暴跳如雷、信誓旦旦地說：「如果有一天我自由了，我就要去殺了他。」一道聯邦逮捕令被發出，指控雷與其他不知名人士共謀殺害金恩。六月八日，雷在倫敦的希斯洛機場（Heathrow Airport）被逮捕。

成千上萬人出席了金恩的葬禮，一個星期之後，曼菲斯的垃圾清潔工結束了罷工，因為他們如願獲得加薪與更好的工作條件。

一九六九年三月，雷藉著承認謀殺金恩的罪行而免除被判處死刑，改判九十九年的有期徒刑，但是當辯方與檢方一致同意沒有其他人涉及這起暗殺時，他在法庭上跳起來抗議。

三天之後，他寫信給法官試圖撤回他的供狀，與李·哈維·奧斯華如出一轍，他形容自己只是個「代罪羔羊」，於是一時之間，那些圍繞著甘迺迪暗殺案的猜疑與陰謀論，又開始聚焦於金恩的謀殺案上了。

雷在逃亡時曾經去過加拿大與葡萄牙，然後才在英國被逮捕，儘管他幾乎沒有半毛錢，但據估計，他肯定已花了大約九千美元，那麼這些錢從何而來？

雷聲稱有一名叫「拉烏爾」（Raoul）的神秘金髮古巴人，提供了他財務上的資助。「拉烏爾」要他去預購一把步槍，並寄到他的寄宿公寓，然後這個古巴人或說共犯，就用這把步槍槍殺了金恩，並把槍丟在它被發現的地方，上面還有雷的指紋。但是，「拉烏爾」一直沒被找到。

此外，還出現了其他引人猜疑之處。那把留有雷的指紋的步槍發射出殺了金恩的子彈，這項指控的證據從來沒有被成立。同時，目擊者提到，有個神秘人物從汽車旅館對面的灌木叢中徒步逃走，這人也從來沒被找到。

陰謀論再起

可以確定的是，聯邦調查局向來不怎麼欣賞這位民權領袖。

聯邦調查局局長約翰·埃德加·胡佛（J. Edgar Hoover）曾經稱他為美國「最惡名昭彰的騙子」，並聲稱他有「共產黨的關係」，有些聯邦調查局探員應該會對他的死額手稱慶。

一九六四年，聯邦調查局送了一卷錄音帶給金恩，聲稱是金恩與女性通姦的證據，並威脅要揭露這些錄音，除非金恩自殺。

當金恩踏上這趟致命的曼菲斯之旅，當地警方原本派出了幾支由黑人警探組成的小隊，以謹慎保護這位民權領袖，但就在他抵達之後不久，警長（曾經曾擔任聯邦調查局探員）卻派這些小隊去執行了其他任務。

一九七九年，檢視這些證據之後，眾議院暗殺特別委員會做出了結論：雷的確射殺了金恩，但殺手與他的兩個兄弟「有可能」共同策畫這項暗殺陰謀（雖然他的兩個兄弟都沒被指控），動機是要領取兩名富有的白人種族主義者，對這位民權領袖的腦袋所發出的高額懸賞金，但這兩名白人當時也都不在人世了。對於這些陰謀的相關證據，未在金恩被謀殺之後立即加以妥善檢視，委員會深表遺憾。

馬丁·路德·金恩被謀殺之後，超過一百個美國城市發生了動亂，照片中是發生於華盛頓特區的若干毀損。

還有其他理論也紛紛提出，舉例來說，三K黨是暗殺的幕後黑手，證據顯示出雷與該組織有若干聯繫。或者，右翼人士陰謀殺害金恩，為了在黑人貧民窟挑起暴動，從而為一位保守派人士贏得即將到來的總統大選。

這位民權領袖被謀殺之後，在一百多個城市中的確爆發了嚴重的騷亂，理察・尼克森（Richard Nixon）成為新總統。

又或者，是對廢棄物處理生意有興趣的黑手黨（Mafia）不滿金恩的介入干預？甚至有人聲稱，這起暗殺是政府外包的殺人合約。

當然，金恩的家人無法接受雷是兇手的說法，一九九八年，他們針對一個名叫洛伊德・喬爾斯（Lloyd Jowers）以及「未知的共謀者」提出民事訴訟。

喬爾斯在雷的寄宿公寓一樓開了間小餐館，也就是留有雷的指紋的步槍與其他物品被棄置之處。喬爾斯曾經上電視說，一名與黑手黨有關係的曼菲斯商人，付了他十萬美元安排槍擊金恩，槍手則是一名曼菲斯的警察，但他後來也死了。

雖然許多人相信他只是為了想賺點錢而胡謅一通，但陪審員仍認為他應該為金恩的死負責，並補充說，未確定的「政府機構」也牽涉其中，他們並未判給金恩的家人任何賠償金額。

司法部的確調查了喬爾斯，但說他的供述一直前後不一，他們認為此案的證據「不是由不正確與不完整的資訊，就是由無事實根據的猜測所組成」，並說各種關於金恩之死的陰謀論，沒有一種能「經得起嚴格檢驗」。

喬爾斯死於二〇〇〇年，兩年之後，一位佛羅里達的牧師說他的父親亨利·克萊·威爾遜（Henry Clay Wilson，是名三K黨徒）是雷的舊識，也是該起謀殺案的刺客，他和另外三名三K黨徒（Klansman）一起行動。但威爾遜已於一九九〇年過世，而如果雷還有其他尚未吐露的秘密，也都在一九九八年隨他一起帶進了墳墓。

金恩的遺孀描述金恩的死是一場「悲劇」，並說美國永遠無法得知她丈夫被暗殺的真相。

巴比·甘迺迪

當甘迺迪總統的弟弟巴比·甘迺迪（Bobby Kennedy）聽到馬丁·路德·金恩被暗殺，他把頭埋在雙手中悲嘆：「喔，上帝，這種事何時才會停止？」

後來，他發表了一場鏗鏘有力的演說，譴責他在美國看到的是「不斷加劇的暴力，無視於我們的共同人性與文明主張……我們美化了電影與電視螢幕上的殺戮事件。」他控訴人們太容易取得武器，但他也抨擊了「機構體制的暴力……折磨窮人，並且毒害人與人之間的關係，只因為他們的膚色不同。」

兩個月後，一九六八年六月五日凌晨十二點十分，他正在慶祝加州民主黨總統初選

On May 7,
Indiana can choose
the next President of the
United States.
Make your vote count.
Kennedy for President Committee

巴比・甘迺迪在一九六八年命運多舛的選舉活動小冊。

（California Democratic Party Presidential Primary）勝利。當時，美國正因越戰而四分五裂，詹森已宣布不再競選連任，而儘管巴比・甘迺迪在民主黨的提名仍然落後副總統休伯特・韓福瑞（Hubert Humphrey），許多人還是相信他會勝出。

甘迺迪在洛杉磯的一間飯店發表演說慶祝他在加州的捷報，之後，他的團隊小心地護送他穿過飯店的廚房，帶著他前往參加接下來的一場記者招待會。這一區擠滿了新聞記者與擁護支持者，甘迺迪邊走邊和工作人員握手致意。

這時，一個年輕人突然掏出槍

來，朝甘迺迪開了八槍，經過一番扭打被制伏在地上。他除了射中甘迺迪，還射中了另外五人。這五人的性命皆無大礙，總統候選人只勉強問了一句：「其他人都還好吧？」然後，圍觀群眾中有一名天主教徒為他主持了最後的儀式，接著他就被火速送往醫院，在二十六小時之後宣告不治。

索罕．索罕（Sirhan Sirhan）

開槍的人是二十四歲的巴基斯坦人索罕．索罕（Sirhan Sirhan），在以色列建國時經歷了他的人民被驅逐的過程。

他在十三歲時來到美國，做過許多諸如雜貨店和勞力的兼差工作，一位警官後來說，索罕是他曾訊問過的「最機敏、最聰明的人之一」。索罕曾經想當賽馬騎師，但他有次從馬背上摔下來，頭部受到重創，這不但終結了他的夢想，似乎也改變了他的個性，他變得孤獨而內向，並逐漸對神祕學產生興趣。

一九六八年三月，他買了一把槍，開始在日記中反複寫下甘迺迪必須在六月五日之前死去的話語，而六月五日正是「六日戰爭」滿一周年的日子，以色列人在這場戰爭中大敗阿拉伯人，索罕因為甘迺迪支持以色列人而對他氣憤不已。

六月四日時，索罕去練習了打靶，然後前往這位候選人所在的飯店。雖然他平常不喝酒，但這時的他嚥下了四杯雞尾酒。他聲稱自己不記得喝完酒之後的事情了，但在被催眠之後，他說他記得遇到一個想喝咖啡的女孩，所以他就跟她一起去了廚房。

在接受審判時，索罕承認「二十年來一直預謀」殺害甘迺迪。他被判犯下謀殺罪名，並以毒氣室執行死刑，但他後來逃脫了死刑，因為在他行刑之前，剛好加州禁止了死刑。

巴比・甘迺迪絕非聖人，他不但狂熱地投身於參議員約瑟夫・麥卡錫（Joseph McCarthy）的反共獵巫活動，而且也一直對妻子不忠，但他的死，就像他哥哥的死一樣，使全國陷入深切的悲痛與失望中。

許多人將他視為一個可使嚴重分裂的美國重新團結的人，是真正致力於為那些沒能趕上國家繁榮腳步的人改善生活。他的死亡代表了希望的幻滅，迎來理察・尼克森腐敗的總統任期。但至少這一次，殺手的身分是毫無疑問的，索罕・索罕當場開槍被逮，在數十名目擊者面前鐵證如山。

諸多疑點

事實上，諸多疑問仍然迅速湧現。證據顯示在廚房中開的槍一共有十三發，但索罕只開了八槍；驗屍官在報告中說，所有擊中甘迺迪的子彈都是來自他的身後，而那一發殺死他的子彈是從他的右耳後方擊中他，是在距離他的頭骨不超過一英吋之處所開的槍。但是，目擊者幾乎異口同聲地說，那名巴基斯坦人是站在甘迺迪前方，而且距離他至少三英呎遠。

一位權威的犯罪學家信誓旦旦地說，射中其中一名倖存者的一枚子彈，不可能與那枚從甘迺迪頸部取出的子彈來自同一把槍，彈道專家小組也說，可能有第二位槍手。

此外，還有報告說，一名體格健美、穿著圓點洋裝的年輕女子從廚房跑出來，大喊：「我們殺了甘迺迪參議員！」還說警方試圖威嚇人們說出他們從沒見過這名女子的話。

有些目擊者相信他們見到一名身著制服的保安人員，在甘迺迪身後掏出了一把槍。如果不是索罕，而是另有其人殺了這位候選人，那麼動機會是什麼呢？極右派。

根據一項媒體調查，那天晚上，中情局秘密反卡斯楚行動的三名成員，也在甘迺迪被槍殺的那間飯店，其中一名成員據稱後來吹噓說：「當我們逮住那個王八蛋（甘迺迪總統）的時候，我在達拉斯，當我們逮住那個小雜種的時候，我在洛杉磯。」

根據另一個理論，中情局催眠索罕去射殺甘迺迪，這解釋了他為何對槍擊事件沒有清楚的記憶。還有說法是關於有組織的犯罪集團，因為甘迺迪在擔任司法部長時，曾大力追捕犯罪組織的暴徒，而索罕與黑社會有聯繫，曾有一段時間在犯罪集團合夥人擁有的跑馬場裡工作，而且他的辯護律師曾代表過一名黑手黨頭子，後來，索罕抱怨這位律師很「刁滑」，說他是被選派來「確保我被定罪」。

二〇一八年，當甘迺迪逝世的五十周年紀念日即將到來之際，他的兒子小羅伯特・甘迺迪

（Robert F. Kennedy Jr）說，他確定索罕·索罕（仍在服他的無期徒刑）並未暗殺他的父親，並要求重啟調查。

名人暗殺案

正如我們所見，甘迺迪總統被視為第一位名人總統。在現代，名人成了新一類的暗殺受害者，藉著殺害名人，刺客可以沾上受害者的名氣而變得有名，或至少讓自己變得惡名昭彰。

莎朗·泰特（Sharon Tate）

電影明星莎朗·泰特（Sharon Tate）是最先受害的名人之一，她是備受爭議的電影導演羅曼·波蘭斯基（Roman Polanski）之妻，波蘭斯基所執導的《失嬰記》（Rosemary's Baby）是關於一個被惡魔強姦的女人生下了他的孩子，發行於一九六八年。泰特自己則是在一部恐怖電影《凶宅驚魂》（Eye of the Devil）中飾演一名美麗的女巫。

《失嬰記》上映的第二年，一九六九年八月九日，當時年方二十六歲而且已經懷孕八個半月的這位影星，和四位朋友（包括一位咖啡事業的女繼承人以及一位名人的髮型設計師）待在洛杉磯的家中（波蘭斯基正在倫敦工作），他們全都被殘忍地槍殺、刺殺和勒死了。

第二天晚上，一對洛杉磯的中產階級夫婦，也以類似方式在家中被謀殺，屋內的牆上用鮮血塗寫「豬」、「滑滑梯」（Helter Skelter）等標語。

查爾斯·曼森（Charles Manson）

殺手是兩名年輕男子與三名年輕女子，來自所謂的曼森（Manson）「家族」。

查爾斯·曼森（Charles Manson）三十四歲，本是個微不足道的小罪犯，在加州的沙漠中聚集了一群以他為中心的追隨者，有時他自稱為撒旦或耶穌，並藉著毒品的取得權，以及誰可以和誰發生性關係的決定權來控制這群人。

他的團體中，有一人如此宣稱：「我是魔鬼，我來此行魔鬼之事。」曼森捏造出「每個人都是其他人的一部份，因此殺人是沒有關係的，你只是抹除了一部份自己」這類的意識形態，是基於心理學囈語與不知所云的胡言亂語。

他深信美國正瀕臨一場黑人與白人之間的世界末日種族大戰，他將其形容為「滑滑梯」，他擅用了「披頭四樂團」（Beatles）的一首喧鬧而激烈的情歌名稱，他宣稱這首歌傳達給他一個特別的訊息。

曼森想像要殺害一堆「美麗的人物」，譬如伊莉莎白·泰勒（Elizabeth Taylor）、法蘭克·辛納屈（Frank Sinatra），以及湯姆·瓊斯（Tom Jones）。

曼森團體中的一個女子殺了莎朗・泰特，僅把她當成「商店裡的服裝模特兒假人」而不予理會。泰特和她的朋友們被謀殺，有可能是因為她們住的這間房子，不巧曾經是一位製作人的家，而這位製作人曾經回絕曼森試圖獲得唱片的合約。曼森曾想在音樂界發展，他做過一張失敗的專輯，「海灘男孩樂團」（Beach Boys）錄製了其中一首歌的版本。

經過一場宛如媒體馬戲團的審判，犯案的五人全都被判處死刑。曼森被判犯下了十起謀殺，儘管有些人認為，曼森「家族」犯下的謀殺案件可能高達三十五起。後來，一九七二年，加州最高法院（California Supreme Court）宣布死刑違憲，所以，就像索罕・索罕，他們的死刑被減輕為無期徒刑。

曼森在二〇一七年死於獄中，享年八十三歲。對某些人來說，他和他的追隨者突顯了巴庫寧的無政府主義之危險性：「認清除了消滅的作為，別無其他活動可言。」這不啻為所有意欲報復社會的不適應者、性格孤僻者、精神變態者提供了哲學的藉口，只因他們覺得這個社會錯待了他們。

查爾斯・曼森因串謀謀殺罪被提審，洛杉磯，一九六九年。

但左翼的激進團體「地下氣象員」（Weathermen）卻歌頌曼森的殺戮，並想像他們自己也跟隨他進行一場混亂的暴力活動。莎朗・泰特的謀殺案發生後不久，他們就在芝加哥引爆了炸彈。

約翰・藍儂（John Lennon）

莎朗・泰特謀殺案發生十一年之後，「滑滑梯」這首歌的共同創作者約翰・藍儂（John Lennon）當時四十歲，已成為世界上最知名的人物之一。他對毒品的使用使他不為美國當局所喜，並在一九七二年被逮捕，後來，他對世界和平的激進主張與各種左翼的理念使當局深感不安，據說他一直受到聯邦調查局與中央情報局的監控。

一九八〇年十二月八日下午稍晚時候，一群歌迷等在紐約的達科塔公寓（Dakota apartment block）外頭，那是藍儂和妻子小野洋子（Yoko Ono）的住所。當他們出現時，已經在附近徘徊了好幾天的二十五歲前保安人員馬克・查普曼（Mark Chapman）走上前去，向這位前「披頭四樂團」成員要求在他的新專輯上簽名。

「他很從容，」查普曼回憶，「問我是否還需要什麼別的。他的妻子和他一起出來，她已經在禮車裡頭等他。這是我常常想到的一件事，他對一個完全陌生的人是多麼地親切。他簽好名後把專輯還給我，然後才坐上禮車。」

約翰和洋子是去一間錄音室，六個小時之後，他們回來了，查普曼仍在外頭等著，但這次，當這對夫妻走進大樓時，這名前保安人員卻朝藍儂的後背開了四槍。藍儂被緊急送往醫院，但在抵達醫院前已然死亡。

查普曼靜靜地坐在案發現場，讀著傑洛姆．大衛．沙林傑（J. D. Salinger）的經典青少年小說《麥田捕手》（The Catcher in the Rye）。

這名殺手已婚、圓胖、戴著眼鏡、若有所思，他在學生時代表現普通，曾經待過一陣子搖滾樂團。

紀念約翰．藍儂，紐約市中央公園。

安迪．沃荷（Andy Warhol）曾說：「如果你是個騙子……你可以寫書、上電視、接受訪問—你是個大人物……而人們只想要明星。」安迪．沃荷或許比任何人更致力於塑造對名人的狂熱崇拜，而他本身也曾經是暗殺未遂的受害者。

馬克．查普曼（Mark Chapman）

在這個名人當道的時代，馬克．查普曼就像李．哈維．奧斯華，是個誰也不認識的無名小卒，但他不甘於這樣的命運。在上班的最後一天簽退時，他的簽名寫著「約翰．藍儂」。

當他第一次看《麥田捕手》這本書時，開始有了殺害這名歌手的想法。書中的英雄霍爾頓．考爾菲德（Holden Caulfield）總是在批評「冒牌貨」，而如今，查普曼開始相信他就是考爾菲德，而藍儂則是個糟糕的冒牌貨，唱著「想像有一天沒有了財物」（在他知名的歌曲「想像」（Imagine）中的歌詞），他自己卻是這麼有錢。

儘管如此，最重要的一點是查普曼想出名，如果他無法成功暗殺藍儂，他還有其他的暗殺備案，對象包括約翰．甘迺迪的遺孀，也就是現在的賈桂琳．歐納西斯（Jackie Onassis）；還有演員喬治．史考特（George C. Scott）；或是電視節目主持人強尼．卡森（Johnny Carson）。

警方拍攝的犯人大頭照：暗殺約翰．藍儂的馬克．查普曼，一九八〇年。

當他謀殺這位歌手時，他說：「我彷彿是置身於一部電影中。」他在一場假釋聽證會上說，他殺害藍儂之前的最後一個小時：「我的確在自言自語，我禱告，祈求上帝幫助我扭轉這件事。我做不到……我對他的兒子、他的妻子或他自己都沒有任何感覺。我只執迷於一件事，就是槍殺他，如此一來我就可以變成名人了。」

二〇一六年，他申請假釋被拒，部分的原因是假釋委員會認為這起罪行具備了「追星的犯罪特質」。

就像約翰・甘迺迪的暗殺，陰謀論也如雨後春筍般冒出：藍儂是安全部門的犧牲者，他們擔心再過一個月他就要成為美國公民，殺害他的人是一名由中央情報局操縱的精良殺手。或許馬克・查普曼就像李・哈維・奧斯華一樣，對於殺害如此一位舉世聞名的大人物來說，似乎是個太過微不足道的小角色。

正如我們所見，馬克・查普曼如果沒能成功暗殺約翰・藍儂，他心目中的名單上還有許多其他可能的名人受害者。

布萊恩・史密斯（Brian Smith）

本來是為加拿大冰上曲棍球的明星，後來轉戰運動播報員的布萊恩・史密斯（Brian Smith）於一九九五年八月一日被槍殺，只因為他是殺手認得出來的第一位名人，而這名殺手當時正等在渥太華（Ottawa）電視台外頭。

三十八歲的傑弗里・阿倫伯格（Jeffrey Arenburg）是一名偏執型精神分裂症患者，一直聽見他腦袋裡有個聲音在和他說話，因此，他決定要讓全世界都知道。他說，他對史密斯或他的家人沒有任何意見，但他必須射殺他「以引起人們來關注這一切……搞砸我生活的胡言亂語」。

第二天，他就向警方自首。阿倫伯格被判對該起謀殺「無刑事責任」，並被還押送至一所精神健康中心，九年之後更得到假釋，使得社會輿論一片嘩然。他後來又因觸法而服了兩個刑期，六十歲時死於心臟病發。然而自始自終，他從未對殺害史密斯表示過任何悔意。

吉兒．丹多（Jill Dando）

一九九九年四月，英國電視明星吉兒．丹多（Jill Dando）被謀殺。剛開始，大眾認為又是一名社會不適應者要對此項罪行負責。

三十八歲的丹多，在她位於倫敦一條幽靜街道上的家門口被槍殺，而再過幾個月她就要結婚了。

這起謀殺案的所有特徵，都指向是一位職業殺手所為：殺手在光天化日下，冷靜地走到她身後，就在她正要打開她家前門之際，殺手穩定地用手槍抵住她的腦袋，讓她不敢發出任何聲響，並讓殺手自己不會被噴射而出的血液濺到，接著，一槍斃命。

貝瑞．喬治（Barry George）

一個月後，警方起訴了一個名叫貝瑞．喬治（Barry George）的本地人。喬治曾被發現躲藏在肯辛頓宮（Kensington Palace）的庭園中，戴著巴拉克拉法帽、穿著戰鬥服，帶著一首為查爾斯王子寫的詩及一把刀子。

在他髒亂的公寓裡找到一張便條，上頭寫著：「我無法接受被拒絕……我會開始憤怒……

開始一連串我無法控制的事件。」他曾經告訴一位女性友人：「他們認識的那個我，並不是真正的我，或許我還有另外一面。」

他深受癲癇之苦，還曾經上過為「適應不良兒童」所開設的學校。他無法找到工作，因此，捏造出虛構的公司，然後說自己為他們工作。他宣稱自己是世界級搖滾明星的朋友或是和他們有關係，又把自己的名字改成「布爾薩拉」（Bulsara），那是「皇后樂團」（Queen）主唱佛萊迪・墨裘瑞（Freddie Mercury）的本名，並且假裝是這位明星的表親。還有一次，他冒充自己是一名空手道冠軍。

喬治曾經在英國地方自衛隊待過一段時間，也接受過若干使用槍枝的訓練，並對此展現了濃厚的興趣。他還曾經被判猥褻侵犯與強姦未遂罪名，有十幾名女性向警方提供他偷偷跟蹤她們的證據。

二〇〇一年，他被判處無期徒刑，但許多人相信有關當局抓錯了人。經過多次上訴，喬治在七年後被重審。他的辯護律師形容這名被告是「本地的怪人」，並說他沒有能力執行這麼一樁經過精心策劃的暗殺，而陪審團也同意了，於是他被釋放。

那麼，到底是誰殺了吉兒・丹多？各式各樣的理論都出籠了：有人說她主持了一個節目叫《犯罪觀察》（Crimewatch），許多罪犯都因這個節目而被定罪，是否其中有個罪犯或是他們的同夥因此懷恨在心？或者是出於預防的動機？謠傳在她被槍殺之時，她製作的節目內容正好要揭露某個戀童癖集團。

她是某個瘋狂粉絲的受害者嗎？或者是激情犯罪，殺手是她以前的戀人？又或者，儘管丹多是如此知名的人物，有沒有可能被誤認為他人？

本案中冷酷而專業的犯案特點，使得塞爾維亞恐怖份子可能參與其中的推測甚囂塵上，目的是為了報復「北大西洋公約組織」（NATO）的巡弋飛彈攻擊了塞爾維亞的電視台總部，只是，恐怖份子通常會做出某種責任的聲明，否則，殺戮的宣傳價值就被浪費了。

新聞記者成為暗殺目標

新聞記者往往是暗殺的目標。

二〇一六年，超過九十位記者慘遭暗殺；二〇一七年則超過了八十位。墨西哥的受害者人數最多，高達十三位，大部分的謀殺案都未破案，但據信罪魁禍首多為被新聞記者撰寫的內容所激怒的犯罪團體或腐敗官員。

受害者人數第二多的是阿富汗，多達十一位。獨立的新聞監察者「阿富汗記者安全委員會」（Afghan Journalists' Safety Committee）說，「塔利班」（Taliban）與所謂的「伊斯蘭國」（Islamic State）要對大多數的攻擊負責，但是據報導，安全部門與隸屬政府的人員也是其中若干起案件的幕後黑手。二〇一八年四月，僅僅一天就有九名新聞記者在爆炸事件中喪生，第十名記者則是被槍殺身亡。

第三個多事之區是伊拉克，有十名受害者。一個伊拉克的人權組織「17舒巴特人權」（17Shubat for Human Rights）說，新聞記者受到了來自武裝組織、政黨以及有關當局的威脅。

歐洲的情況如出一轍，新聞記者成為暗殺目標。在西班牙，巴斯克（Basque）恐怖組織「埃塔」（ETA）嘗試過數十次暗殺行動。

安娜·波利特科夫斯卡婭（Anna Politkovskaya）

根據「國際保護記者委員會」（Committee to Protect Journalists）資料顯示，一九九二年與二〇一八年之間，俄羅斯有三十七人被謀殺，其中最知名的就是安娜·波利特科夫斯卡婭（Anna Politkovskaya），二〇〇六年，她被發現在莫斯科公寓大樓的電梯裡中槍身亡。她在譴責普丁（Putin）總統的政府腐敗貪污與侵犯人權之後，遭受了無數的死亡威脅，尤其是在車臣（Chechnya）戰爭期間。

八年之後，有五人因這起謀殺而入獄，其中兩人被判無期徒刑，但「歐洲人權法院」（European Court of Human Rights）批評俄羅斯政府未能妥善調查該起暗殺的幕後主使，波利特科夫斯卡婭的親戚則責怪安全部門該為此事負責。

歐洲新聞記者暗殺事件

有組織犯罪集團以新聞記者為暗殺目標的現象，不只發生在墨西哥。一九九六年，愛爾蘭毒梟謀殺了知名的調查記者維若妮卡·格琳（Veronica Guerin）。二〇一七年在馬爾他（Malta），專門揭發貪腐的達芙妮·卡魯阿娜·加利西亞（Daphne Caruana Galizia）死於汽車炸彈攻擊，二〇一九年，一名據稱與該國政府首長關係密切的本地大亨被控涉及此案之後，該國總理辭職了（儘管他說自己並未做錯任何事）。

在義大利，除了政治人物、法官、檢察官、警官及工會領袖，黑手黨在一九七〇年至一九九三年間，謀殺了至少十位新聞記者。二〇一八年，有將近兩百人被置於警方的保護之下，同年，一位二十七歲的斯洛伐克記者揚·庫西亞克（Jan Kuciak）與未婚妻在家中被槍殺身亡，當時他正在調查該國政府與義大利黑手黨之間的關聯。這起暗殺事件引發了街頭抗議示威，從而導致斯洛伐克政府垮台。二〇二〇年一月，一名前士兵承認自己是殺手，而另一個人承認雇用了他，一名斯洛伐克商人則被控安排了這起暗殺。

有時，蓬勃發展的大眾媒體會成為暗殺的參與者，而非受害者。

一九二二年二月十四日，芬蘭的內政部長（Minister of the Interior）赫吉·里塔維里（Heikki Ritavuori）在位於赫爾辛基（Helsinki）的家門前被槍殺，殺手是個名叫恩斯特·坦德菲爾特（Ernst Tandefelt）的貴族，他說他是受到右翼媒體所刊載的文章刺激，那些文章譴責這位部長對國家構成了危險。

這起案件是芬蘭歷史上唯一的一樁政治暗殺，發生於左翼與右翼軍隊爆發激烈內戰的四年之後，這場內戰在左翼最終被擊敗之前，已有三萬六千人喪生。里塔維里因為在內戰後致力為左翼的戰俘爭取特赦，而惹惱了右翼人士。

坦德菲爾特原本被判處無期徒刑，但後來宣稱自己「部分精神失常」，於一九四八年在一所精神病院離世。

暗殺新技術

令人訝異的是，我們注意到數百年來暗殺的方式幾乎無甚改變，雖然有槍枝與炸彈這類重大的技術創新，但老派的做法在現代仍然適用。

老派暗殺方式沿用至今

正如我們所見，一九六〇年，日本政治家淺沼稻次郎就是死在一把傳統的武士刀下。在古羅馬，對受害者下毒是一個頗受青睞的暗殺方法，而在二〇〇四年，印尼重要的人權活動家穆尼爾・賽義德・塔利卜（Munir Said Thalib）也是被毒殺喪命。

穆尼爾在途經新加坡的樟宜機場（Changi Airport）時，他的咖啡被人摻入了砒霜。當時，他正從雅加達轉往阿姆斯特丹的途中，要去領一項獎學金以進修國際法。目擊者說，在雅加達到新加坡的這一段航程中，穆尼爾坐在一名不值勤的印尼民航公司的機師旁邊，這位機師名叫波利卡普斯・布迪哈里・普里揚托（Pollycarpus Budihari Priyanto），他在新加坡下了機，但有人看見他在機場拿了一杯咖啡給穆尼爾。接下來，這位民權活動家就在下一段前往阿姆斯特丹的旅程中，死於砒霜中毒。

波利卡普斯被懷疑是為印度的情報單位工作，有些證據在他的審判中被提出，證明了他經常去情報單位的總部開會。這名機師因該案在獄中服了六年刑期，但一名高級情報官員排除了所有參與其中的嫌疑，並聲稱印尼政府對於追究此案毫不感興趣。

同年，俄羅斯記者安娜・波利特科夫斯卡婭（後來於二〇〇六年被暗殺）也喝下了一杯俄羅斯航空公司（Aeroflot）的空服員給她的毒茶，但她倖存了下來。

萊因哈德・海德里希（Reinhard Heydrich）與揚・庫比什（Jan Kubiš）、約瑟夫・蓋布茨克（Josef Gabčík）

雖然老派的方式被沿用至今，我們也看到上個世紀在暗殺上有了若干重大創新。愈來愈多的事件只要有錢就可被執行，而因為政府往往比叛亂份子的資金更為充足，無怪乎他們經常走在最前端。

一項新的發展是更精良的暗殺訓練與組織。

我們看到「摩薩德」的暗殺行動是如何精心策劃，但還有更早的案例，第二次世界大戰期間，人稱「劊子手」（Hangman）的萊因哈德・海德里希擔任被納粹占領的捷克共和國總督，親自負責處決了數百名捷克人，他也組織了格殺行動小隊，謀殺了將近一百萬的波蘭及蘇聯猶太人。

一九四一年，捷克在倫敦的流亡政府開始計畫暗殺萊因哈德・海德里希。經過嚴格的挑選過程，從大約兩千五百名逃到英國的捷克軍人中選出了兩個人，並在英國特別行動執行處（Special Operations Executive）的協助下，讓這兩人接受了跳傘、突擊隊及反審訊技巧的訓練，並讓他們對即將展開暗殺行動的地區進行深入了解。

揚・庫比什（Jan Kubiš）與約瑟夫・蓋布茨克（Josef Gabčík）這一對搭檔都是二十多歲，蓋布茨克在和法國人並肩作戰時表現出色，贏得了「十字勳章」（Croix de Guerre）。他們兩人都是絕佳的射擊手，而且都會說流利的德語。

弗朗齊歇克・莫拉維克（František Moravec）將軍從倫敦安排了這項行動的運作，並為他們計畫了一條脫逃路線，但也警告他們，他們的命運幾乎可以肯定是「死路一條，而且可能還是非常痛苦與受辱的死亡。」

莫拉維克告訴他們，他們得完全靠自己，而且他們不得聯繫捷克的地下組織，因為該組織已然被海德里希的密探滲透殆盡。

一九四二年四月十五日，這兩名刺客跳傘降落在捷克被納粹占領的地區，他們無法與倫敦保持聯繫，所以長達六週之久，沒有任何人得知他們的消息。

蓋布茨克與庫比什發現，海德里希每天都會從他的住處走同一條路線到他在布拉格的辦公室，就跟沃爾特·拉特瑙一樣，海德里希的這段行程也會行經一個轉彎處，在這裡，他的那台賓士敞篷座車一定得減速慢行。

五月二十七日，當他的座車行經這個轉彎處時，蓋布茨克手持一把衝鋒槍跳到車子前方，但正如我們所見，很多時候暗殺並不容易，這次也是一樣，衝鋒槍卡住了。

這兩名刺客也帶了手槍與炸彈，但他們需要命運之神的幫助。海德里希犯了和麥可·柯林斯一樣的錯，他不但不加速駛離這個危險地帶，還命令駕駛停下車來，然後掏出他的手槍。此舉給了庫比什扔出炸彈的機會，炸彈在車子附近爆炸，並且炸傷了這個納粹首腦，他在走回車中倒下之前，還嘗試短暫地追捕他的襲擊者。八天之後，海德里希死於炸傷引發的敗血症。

希特勒為他舉行了兩場盛大的國葬，一場在布拉格；一場在柏林，然而私底下，他對海德里希的「愚行」盛怒不已，因海德里希竟然在沒有武裝人員的護送下，也沒有坐在裝甲鋼板車子裡就出行。

庫比什與蓋布茨克逃脫了，但三週之後，在逃亡途中，他們被一個覬覦豐厚賞金的叛徒出賣，並被圍困在他們藏身的教堂之中。經過與「黨衛軍」（SS）及「蓋世太保」（Gestapo）的部隊激烈交火之後，他們服下氰化物藥丸自殺，那是在任務一開始時就交給了他們的藥物。

納粹隨後展開了無情的報復行動，兩名刺客的家人都被圍捕並槍殺，兩個村莊也都被夷為平地，據估有一萬五千人因而被殺。

休・弗雷澤（Hugh Fraser）

我們即將看見，政府在暗殺的新技術發展上也扮演了重要的角色，但這並不意味著他們壟斷了這些創新的方法。

有一種理論是說，隨著國家開始不拘泥於採用的方法造成平民傷亡，例如空襲，刺客們就開始有樣學樣、遵循其作法，不再那麼擔心附帶損傷（這是使用炸彈的缺點之一）。

二〇〇五年，當以一枚汽車炸彈對付黎巴嫩總理拉菲克・哈里里（Rafiq al-Hariri）時，連帶有二十一人死亡及兩百人受傷。

有時候，炸彈只會造成附帶損傷，一九七五年在倫敦，「臨時派愛爾蘭共和軍」在保守黨議員休・弗雷澤（Hugh Fraser）的車子底下安裝了一枚炸彈，但他的鄰居戈登・漢密爾頓・費爾利（Gordon Hamilton Fairley）教授（一位舉世聞名的澳大利亞癌症專家），在遛狗時發現了這枚炸彈，當他想進一步查看時，炸彈爆炸了，他也因而身亡，而弗雷澤仍然安全地待在他的家中，毫髮無傷。

這枚炸彈還差點造成另一項令愛爾蘭共和軍得不償失的附帶損傷，因為炸彈爆炸時，約翰．甘迺迪總統的女兒卡洛琳．甘迺迪（Caroline Kennedy）正與這名議員及他的家人在一起，而且他們正要送她出門去坐那輛安裝了炸彈的車子。如果甘迺迪女士果真被殺或受傷，可能會重創愛爾蘭共和軍在美國支持者心中的地位，這些支持者可是愛爾蘭共和軍重要的資金來源。

阿爾弗雷德．赫爾豪森（Alfred Herrhausen）與「紅軍派」

不論變得愈來愈麻木不仁是否為其原因，刺客開始愈發頻繁地使用炸彈是無庸置疑的事實。新技術意味著更易取得精密複雜的引爆設備，也提供了行兇者更從容的脫逃機會。

阿爾弗雷德．赫爾豪森（Alfred Herrhausen）是德國工業界的巨頭，也是龐大企業德意志銀行（Deutsche Bank）老闆。他不僅是總理海爾穆．柯爾（Helmut Kohl）的重要顧問，也同時擔任了全錄（Xerox）、戴姆勒－賓士（Daimler-Benz）等公司的董事職位，然而，他在減輕第三世界國家的債務負擔及支持隨著一九八九年十一月柏林圍牆倒塌後興起的東德經濟上，抱持著自由主義的看法。

不到一個月之後，一九八九年十二月一日，在距離他位於法蘭克福郊區高級住宅不到一英哩的繁忙大街上，一枚炸彈炸毀了他的裝甲賓士車，他被炸死，司機受了重傷，強大的爆炸威力將車子拋向空中，變成一團火球。

赫爾豪森的賓士車事實上是行駛於車隊之中，前後還有兩台維安車輛護送，那枚炸彈是藏在一輛自行車後方，在這位銀行家的座車行駛過去，切斷一道橫跨馬路的紅外線光束時引爆。

警方說，這枚炸彈是由一條從公園延伸過來的電纜所控制，而這座公園距離爆炸現場約兩百公尺（兩百

一八九八年，德國商人阿爾弗雷德·赫爾豪森在他被炸毀的汽車中遇難。

碼）。刺客讓車隊中的第一輛車子通過，才啟動紅外線光束，這需要使用分秒不差的計時裝置。留在現場的一張便條指出這起暗殺是「紅軍派」所為，他們將攻擊的重點放在他們所謂的「軍事工業複合體」（Military-Industrial Complex）上，但不清楚赫爾豪森被選為暗殺目標，是因為極左翼人士對較溫和的資本主義實踐者的一種慣性恐懼，亦或只是為他自己的盛名所累。

三年前，這個組織曾用一種遙控炸彈謀殺西門子（Siemens）的研究與技術總監卡爾・海因茨・貝克爾茨（Karl-Heinz Beckurts），在他開車去到慕尼黑（Munich）附近工作的途中。「紅軍派」也謀殺顯赫傑出的政治與法律人物，與其為可能在德國遭到壓迫的群眾而戰，他們相信他們的任務是代表被壓迫的第三世界去「摧毀歐洲的財富之島」，他們也希望挑起德國政府的激烈反應，從而激發大規模的革命運動。

該組織的共同成立者之一安德烈亞斯・巴德爾（Andreas Baader）是個高中輟學生，他和烏爾麗克・邁因霍夫（Ulrike Meinhof）都是學者之子，歐洲的共產主義崩解後，東德的秘密警察被發現為該組織提供了訓練、住所及補給品。

自殺炸彈客

二十世紀末出現了一種帶著炸藥的新刺客，也就是自殺炸彈客，而正如馬基維利在五個世紀前指出，不怕死的殺手或許是最難阻止的一種刺客。

一八八一年，刺殺沙皇亞歷山大二世的炸彈客自己也陪葬了，但並沒有證據顯示他本來就打算自殺。

第一位被典型的自殺炸彈客暗殺的政治家，是一九九一年的拉吉夫．甘地。當時他正在印度的泰米爾納德邦從事競選活動，一名為斯里蘭卡「泰米爾猛虎解放組織」效力的女子，將她的裝置藏在一籃鮮花中，衝上前去假裝向這位印度前總理致意。這名刺客自己也在這場爆炸中身亡，而且她顯然並不在乎除了這位政治家之外，還有十四個人也被她的炸彈炸死。

班娜姬．布托（Benazir Bhutto）

二〇〇七年，一名自殺炸彈客奪去了巴基斯坦前總理班娜姬．布托（Benazir Bhutto）的性命。

一九八八年，布托成了有史以來領導穆斯林國家的第一位女性，但巴基斯坦的政治形勢艱難險惡，保守派總統加拉姆．伊沙克．汗（Ghulam Ishaq Khan）不久就和高階軍官合作，並試圖以捏造的腐敗指控來抹黑她。

媒體揭露了這項陰謀，多名軍官因而入獄，但汗並未放棄，而且在一九九〇年終於攆走了布托。到她擔任總理之前，她已經經歷了她父親佐勒菲卡爾．阿里．布托（Zulfikar Ali

Bhutto）成為總理後，在一場軍事政變中被廢黜，然後又因被指控共謀殺害某個政敵而被處決（有些人認為這是莫須有的罪名），班娜姬因而有數年時間都遭到軟禁，而她的兄弟也被神祕地毒死了。

班娜姬在一九九三年再次當選為總理，並在一九九五年一場失敗的軍事政變中倖存了下來。後來，她又有一位兄弟被殺，她自己則在一九九六年被另一位巴基斯坦總統法魯克・萊加里（Farooq Leghari）以貪腐罪名解除了職務。

班娜姬於是逃到杜拜避難，直到二〇〇七年，當時的總統佩爾韋茲・穆沙拉夫（Pervez Musharraf）在一場軍事政變中奪取了政權，並逃過多次的暗殺，他駁回了對班娜姬所有懸而未決的刑事訴訟。

班娜姬及時回到巴基斯坦參加大選的競選活動，但她在十月十八日抵達喀拉蚩（Karachi）的國際機場後，她的車隊遭到兩枚炸彈攻擊，她倖存了下來，但約有一百五十人卻喪生了，主要是她的支持者與她的「巴基斯坦人民黨」（Pakistan People's Party）派來的五十名警衛。

「蓋達組織」的戰地指揮官薩伊德・阿爾－馬斯里（Saeed al-Masri）聲稱這項攻擊是他們的傑作，但巴基斯坦政府則把責任歸咎於「塔利班」領袖貝圖拉・馬哈蘇德（Baitullah Mehsud）。

布托的家人與政黨對這兩種解釋都嗤之以鼻，並說她在軍方與情報單位中的敵人才是這項攻擊的幕後主使。穆沙拉夫宣布進入緊急狀態，並將布托軟禁起來，但來自公眾的強烈抗議又使他不得不釋放布托。阿爾－馬斯里與馬哈蘇德後來都被美國的無人機格殺了，但這起暗殺的炸彈客從未被找到。

就這樣，二〇〇七年十二月二十七日，在大選前兩週，布托在拉瓦爾品第（Rawalpindi）從事競選活動。她來到一處五十六年前某位總理被暗殺的地點，她正從防彈車的天窗探出頭來向群眾揮手致意，說時遲那時快，一名十五歲的自殺炸彈客趨前朝布托開槍，然後引爆他身上穿著的炸彈背心，造成了二十多人喪生。

布托被火速送往醫院進行緊急手術，仍然未能保住性命。

若是要探究誰是幕後主使，我們必然會陷入深不可測的泥沼。

穆沙拉夫在二〇〇九年逃離巴基斯坦，結果就像布托一樣到杜拜去，他被控謀殺及共謀殺人罪行，還有指控說他曾警告這位喪生的前總理別返回她的祖國，但穆沙拉夫全盤否認，並指責巴基斯坦政府機關中其他未透露姓名的人士。

暗殺發生之後數週，有五個人承認提供協助自殺炸彈客，但隨後卻又撤回供詞。儘管有一些法醫證據，仍未能做出對他們不利的判決。

有些巴基斯坦人指控布托的鰥夫阿西夫・扎爾達里（Asif Zardari），他在他的妻子遇刺之後，贏得了二〇〇八年的總統大選，並擔任了五年的總統，但他氣憤地否認了這些指控，他也被批評毫不積極追查他妻子被暗殺的真相，以致於那些本該負起責任的人都得以逍遙法外。

一項英國廣播公司（BBC）所進行的調查發現，有兩個曾經幫助自殺炸彈客的人，隨後都在一處軍事檢查站被槍殺了，其他許多據稱涉及這項暗殺的人也都死於非命。

當布托遇刺時，她的一位保安人員哈立德・薩亨沙（Khalid Shahenshah）距離她僅幾英呎遠，被看到抬眼望向她，並同時用手指比出劃過喉嚨的手勢，二〇〇八年七月，他在自己家門外被槍殺。

二〇一三年，國家檢察官喬杜里・祖爾菲卡爾（Chaudhry Zulfikar）也在剛告訴朋友他在本案大有進展的消息後被槍殺。

朱韋納爾・哈比亞利馬納（Juvénal Habyarimana）

我們已經看到，隨著政府走在創新的最前端，另一種新技術「無人機」如何成為一項暗殺工具，除了美國，至少還有九個國家利用這項技術格殺敵人，包括英國與以色列。

什葉派的武裝份子「真主黨」（Hezbollah）也部署無人機作為監視之用，至少直到二〇一九年為止，尚未作為暗殺之用，但另一項新武器「導向飛彈」（Guided Missile），則在一九九四年時被用來擊落盧安達總統朱韋納爾・哈比亞利馬納（Juvénal Habyarimana）的飛機。

數十年來，盧安達一直因占大多數的胡圖族（Hutu）與少數的圖西族（Tutsi）相互敵對而處於分裂的狀態。一九七三年，胡圖族的軍官哈比亞利馬納在一場政變中奪取了政權，他的統治雖然嚴厲而專制，但始終努力避免引發胡圖族對圖西族的迫害。

到了一九八〇年代中期，乾旱以及全球咖啡（盧安達的經濟命脈之一）價格下跌使盧安達陷入艱難困境，叛亂組織「盧安達愛國陣線」（Rwanda Patriotic Front, RPF）拙劣地嘗試推翻哈比亞利馬納的政權，雖然該組織的若干支持者是胡圖族，但主要的組成份子皆為圖西族，因此，在盧安達境內，數百名圖西族人因而被殺。然而在西方世界的壓力下，哈比亞利馬納被迫與叛亂份子達成協議，讓其中若干人士進入他的政府。

此舉讓「胡圖族至上主義者」怒不可遏，他們發起了一項「胡圖力量」（Hutu Power）的運動，獲得失業者與不滿者的強力支持，而胡圖族的攻擊性刊物（小冊與報紙）則報導說，圖西族正計畫要屠殺他們，因此，各地開始紛紛湧現手持大砍刀的胡圖族準軍事「自衛」隊。

一九九四年四月三日，一個以反圖西族惡意宣傳而聞名的廣播電台，廣播說「某件小事」即將發生。三天之後，哈比亞利馬納在三蘭港（Dar es Salaam）的非洲領袖高峰會結束後，搭著他的私人噴射機（一份來自法國總統密特朗（Mitterand）的禮物）返回盧安達，隨行的還有七位政府成員以及搭他便車的鄰國蒲隆地（Burundi）總統。當飛機接近盧安達首都基加利（Kigali）時，兩枚飛彈擊中了它，並使它墜毀，機上乘客無一生還。

到底是誰對他們發射飛彈仍是個謎，但哈比亞利馬納總統被暗殺的後果則是確信無疑的，路障隨即如雨後春筍般在全國各地出現，胡圖族開始屠殺圖西族，在一百天中，至少就有八十萬人被殺，可說是歷史上發生得最快速的一場大規模屠殺。儘管「胡圖族至上主義者」後來被「盧安達愛國陣線」擊敗，後者組成政府，並自其時起一直執掌政權至今。

發射氰化物的特製噴槍

印尼人權活動家穆尼爾．賽義德．塔利卜被毒殺，可能是使用了一個可溯及暗殺之初的古老方法，但「下毒」在現代也產生了重大的技術變革，而俄羅斯在其中扮演了一個重要角色。

在一九五七年與一九五九年，蘇聯國家安全委員會的一名殺手博格丹．斯塔辛斯基（Bogdan Stashinsky），用一種可以發射出氰化物的特製噴槍，分別毒殺了兩位流亡慕尼黑的重要烏克蘭反共產主義者。

當斯塔辛斯基用這種噴槍直接將毒藥噴射在受害者臉上時，會讓他們迅速致死，而且不會留下任何明顯可見的痕跡，使整樁事件看起來就像他們是死於心臟病發。

這樣的情節給了伊恩．佛萊明（Ian Fleming）撰寫詹姆士．龐德小說《007：金槍人》（The Man with the Golden Gun，一九六五年）靈感。

第二次暗殺發生在兩年之後，斯塔辛斯基在他的小兒子舉行葬禮當天逃往西方，後因謀殺在西德受審，但事實是，蘇聯秘密警察藉由威脅他的家人迫使他為他們效力，其中一位法官形容他是「在命令的壓力下自動行事的可憐魔鬼」，後來，他在監獄中待了四年。

喬治·馬可夫（Georgi Markov）

如果被一種致命的臉部噴霧所殺聽起來有點像間諜小說的情節，那麼，在倫敦大街上被一把毒傘刺傷又如何呢？這就是喬治·馬可夫（Georgi Markov）的命運。

馬可夫在英國廣播公司「保加利亞服務」（Bulgarian Service）節目工作，他是個保加利亞異議人士，就托多爾·日夫科夫（Todor Zhivkov）的共產黨政權（保加利亞當時還是蘇聯的附屬國）來說，馬可夫讓他們宛如芒刺在背。

馬可夫是一位名聲顯赫的作家，他的劇作被禁之後，於一九六九年逃往英國，並在英國開始製作尖刻的諷刺性廣播節目，將日夫科夫描述為一個「不足取的庸才，卻自稱是如神般的英雄人物」。不令人驚訝的是，這些不中聽的話語傳到保加利亞首都索非亞（Sofia）時，並不受歡迎。

一九七八年九月七日，這一天是日夫科夫的生日，當時，馬可夫正在滑鐵盧橋（Waterloo Bridge）等搭公車載從英國廣播公司返家，突然覺得腿上像是被針刺了一下，只見一個男人帶著一把雨傘經過，用外國口音向他低聲道歉，然後跳上一輛計程車走了。

馬可夫唯一的傷勢就是一個疙瘩般的小紅點，但過沒多久，他開始發燒，四天之後毒發身亡了。

在他的屍體中發現了一小粒致命的蓖麻毒素，它被包裹在蠟丸之中，一旦注入馬可夫的腿中就會開始融化。

蘇聯的高階叛逃者證實，保加利亞人的確找過蘇聯國家安全委員會，請求他們協助這次的行動，但那名持傘殺手的身分從來沒被人發現。

亞歷山大·利特維年科（Alexander Litvinenko）

俄羅斯人對毒藥的興趣，並未因蘇聯的解體而減少半分。

二〇〇六年在倫敦，一位前蘇聯國家安全委員會官員亞歷山大·利特維年科（Alexander Litvinenko）被人用放射性的釙元素毒殺。

蘇聯垮台之後，利特維年科便為蘇聯國家安全委員會的繼任組織俄羅斯聯邦安全局（Federal Security Bureau, FSB）工作，他聲稱他在一九九七年時和上司們鬧翻，當時他被下令要去暗殺俄羅斯商人鮑里斯·別列佐夫斯基（Boris Berezovsky），別列佐夫斯基是一個大膽批評普丁總統的人。與其執行指令，利特維年科選擇告訴別列佐夫斯基這件事，於是這名商人隨後便向全世界披露了這則消息，從而引發出重大醜聞。

之後，俄羅斯聯邦安全局解除了利特維年科的職務，而且以「瀆職」之名監禁了他一個月，後來他獲釋，條件是要他離開俄羅斯。因此，這位俄羅斯人搬到倫敦，並開始為英國的軍情六處（MI6）工作，也公開抨擊佛拉迪米爾・普丁（Vladimir Putin）。

二〇〇六年十一月一日，就在他入籍成為英國公民不久，他和另外兩名前蘇聯國家安全委員會特工狄米崔・科夫頓（Dmitri Kovtun）與安德烈・盧戈沃伊（Andrei Lugovoi）共進午餐，不久之後，利特維年科就病倒了，三週之後於醫院病逝。

病理學家說，他是因輻射中毒而死，據信是有人把釙加入了他的茶中。到這時候，兩名嫌犯已安然返回俄羅斯。英國申請要引渡他們，但普丁總統拒絕了，而且否認俄羅斯參與其中，盧戈沃伊甚至當選為俄羅斯議員。

這起事件尤其令人不寒而慄的一點是，微量的釙竟然在多處被發現，包括旅館、餐廳、計程車及商用客機上，而刺客們對於劇毒的釙可能造成的附帶損傷竟表現得毫不在乎。

順帶一提，二〇一三年，別列佐夫斯基被發現在他位於波克夏（Berkshire）的家中，神祕上吊死亡。

謝爾蓋・斯克里帕爾（Sergei Skripal）

俄羅斯人利用新型毒藥遂行暗殺的另一個例子，表現出更不在乎附帶損傷的態度。

二〇一八年，「諾維喬克」（Novichok）系列的一種神經毒劑，被用在六十六歲的前蘇聯間諜謝爾蓋·斯克里帕爾（Sergei Skripal）、以及他的女兒尤利婭（Yulia）的身上。

謝爾蓋曾是俄羅斯軍事情報部門的一名上校，他在二〇〇六年因為將臥底探員的身分洩露給英國軍情六處，而被判處了十三年有期徒刑，四年之後，他以換俘的方式被釋放，並來到了英國。

二〇一八年三月三日，尤利婭從俄羅斯飛來索爾茲伯里（Salisbury）探視他，這是她定期探視的其中一次。第二天，他們去索爾茲伯里的一間餐廳用餐，當天下午稍晚時候，他們被發現癱倒在餐廳外的一張長凳上，尤利婭口吐白沫，兩人處於「一種極度嚴重的病況」。

根據警方的調查顯示，「諾維喬克」被塗抹在謝爾蓋家的門把上，一位去過他家的警官也病倒了，而且病勢嚴重。尤利婭在醫院待了一個多月，她的父親則是待了兩個半月，兩人才得以出院，並被送往安全地點，儘管目前尚不清楚他們和那名警官是否會受到長期後遺症的影響。另外還有四十八個人必須去醫院檢查，高達五百多人被告知要清洗衣物與所有物，同時有關當局還部署了四百多名反恐及軍事人員，並封鎖了部分城市與周邊地區。

順帶一提，斯克里帕爾好些親戚的健康狀況似乎也都不盡理想，他的妻子、哥哥及兒子都在過去的六年中逐一離世，而且家人認為，有些人的病況相當可疑。

「諾維喬克」神經毒劑的後續調查

暗殺的目標或許倖存了下來，但一名來自十英哩外埃姆斯伯里（Amesbury）的女人就沒那麼幸運了，她不但因而身亡，她的伴侶也因病重而住院三週，因為他們都曾暴露在「諾維喬克」之下。

當時，她的伴侶在一個慈善箱中發現了一個香水瓶，瓶口有一個經過特別改裝的噴嘴，瓶中裝的正是「諾維喬克」的神經毒劑。不知情的男人噴了些內容物在他自己身上，女人也塗了些在她的手腕上。

警方鎖定了亞歷山大．彼得羅夫（Alexander Petrov）與魯斯蘭．波希羅夫（Ruslan Boshirov）兩名嫌犯，這兩人在三月二日飛往倫敦，來到索爾茲伯里進行了快速偵查，並將神經毒劑塗抹在斯克里帕爾家的門把上，然後在三月四日晚間飛回莫斯科，他們的行蹤被一連串的閉路電視鏡頭捕捉到。

在俄羅斯電視台的一次奇怪訪談中，這兩個人宣稱他們是造訪英國的觀光客，前往參觀索爾茲伯里這處「令人驚嘆的小鎮」中的知名教堂（即使他們根本沒花多少時間在那裡）。

調查記者發現這兩人使用的都是化名，自稱叫「波希羅夫」的事實上是一名高階的授勛軍官，而「彼得羅夫」則是一名為蘇聯情報單位工作的醫生，他在過去十八個月中已經來訪英國三次。

英國申請引渡他們，英國首相德蕾莎．梅伊（Theresa May）更表示，這次的攻擊「幾乎可以肯定」獲得了最高層級的批准授意，但是，俄羅斯人再一次譏諷地否認與此事有任何關連，駁斥梅伊的指控「瘋狂而荒唐」，並指出英國的「波登當」（Porton Down）國防研究機構距離索爾茲伯里僅八英哩之遙，俄羅斯人認為「諾維喬克」可能就是來自該處，反過頭來指責英國妨礙調查該起犯罪活動。

有些人認為，以史達林蔑視任何批評或指摘的傳統來說，俄羅斯的否認事實上是難以置信的。

英國針對這場攻擊所採取的報復行動是，把二十多名俄羅斯外交官及其家人遣送回俄羅斯，英國的盟國也將另外一百五十名俄羅斯人驅逐出境，俄羅斯人則以同樣方式回報了英國。

金正男（Kim Jong-nam）

或許最異乎尋常的一起毒殺，涉及了北韓的孤立主義共產獨裁專政。

自電視問世以來，「名人」始終是不可或缺的一個主題，但大約從二十世紀末開始，我們的螢幕充斥了愈來愈多試圖成為名人的無名小卒，許多節目也逐漸為「實境」秀所取代。因此，當兩名年輕女子被控在二〇一七年於吉隆坡機場，謀殺北韓最高領導人金正恩（Kim Jong-un）的兄長金正男（Kim Jong-nam），她們的答辯是，她們以為自己正在參與這樣的一個整人節目。

印尼籍的西蒂・艾莎（Siti Aisyah）與越南籍的段氏香（Doan Thi Huong）說，當她們在從事陪伴工作時，有人（據信應該是北韓的國家特工）接近她們，並告訴她們即將參與一個日本的 YouTube 節目，在節目中，她們被要求在人們臉上塗抹乳液當成是一種惡作劇，金正男被指認是她們惡作劇的對象，而她們說，她們完全不知道金是誰，也不知道她們要塗抹在他臉上的東西竟然是 VX 神經毒劑。

這兩名女子被控與北韓共謀殺害金正男，檢方說，段氏香走到金正男的身後，並將神經毒劑塗抹在他臉上，然後跑去浴室洗手，不到二十分鐘，這位北韓人就死了。

金正男原本被視為最有希望繼任他父親金正日（Kim Jong-il），成為北韓領導人的人選，但他在二〇〇一年時，因為試圖逃離他貧困的國家去暢遊迪士尼樂園，嚴重地損傷了他以往的良好形象，他的父親因此驅逐了他，後來他便避居澳門。

當他的弟弟繼任為北韓領導人時，金正男把他當成一個「笑話」而不予理會，但法庭被告知，金正男其實一直活在被暗殺的恐懼中，當他被暗殺時，他的隨身提袋中也攜帶了 VX 神經毒劑的解毒劑。

二〇一九年三月，對西蒂的指控撤銷了，段氏香也在承認「傷害」罪名後幾個月獲釋，國際刑警組織（Interpol）對據信是北韓人的四名男子發出逮捕令，他們在謀殺案發生當天逃離馬來西亞，如今仍然在逃。

的槍枝也是如此。

佐蘭．金吉奇（Zoran Djindjić）／卡迪亞．薩瓦迪蓬（Khattiya Sawasdipol）

飛彈、無人機、炸彈、毒藥等方面的新科技，都使刺客更容易從遠距離展開攻擊，更精準的槍枝也是如此。

二〇〇三年，曾經協助推翻斯洛波丹．米洛塞維奇（Slobodan Milošević）的塞爾維亞總理佐蘭．金吉奇（Zoran Djindjić），在走近一棟政府大樓時，遭到狙擊手槍殺，有十二個人後來因這起暗殺而被定罪，他們與超民族主義的準軍事組織以及黑社會有關連。

二〇一〇年，泰國陷入了因黃衫軍（主要的支持者是保皇黨與城市的中產階級）與紅衫軍（主要的成員是農村工人）對抗而嚴重分裂的局面。五月十三日，紅衫軍的保安負責人少將卡迪亞．薩瓦迪蓬（Khattiya Sawasdipol）在接受記者採訪時，遭到狙擊手殺害，這名狙擊手可能是軍人。

薩瓦迪蓬始終堅持穿著他的綠色軍服，這使得他在一堆穿紅衫的支持者中顯得異常醒目，成為一個易於瞄準的目標。

但即使是在現代，狙擊手還是很少見，近距離接觸受害者仍然是最受青睞的暗殺方式。

對付暗殺的新方法

若說暗殺的技術日新月異，那麼是否有新的應對措施呢？我們可以看到在「革命時期」，諸如亞伯拉罕・林肯、弗雷德里克・卡文迪許勳爵，或是西班牙總理荷西・卡納萊哈斯・門德斯等受害者的表現，真是粗心大意到令人驚訝的程度。

那麼到了現代，防範暗殺的舉措是否變得更為嚴密？

「硬目標」與「軟目標」

一九八六年二月二十八日，一個男人在斯德哥爾摩大街上走到瑞典首相奧洛夫・帕爾梅（Olof Palme）面前，朝他的頭開了槍，當時，他在和妻子從電影院走回家的路上，身邊沒有任何保鑣。但帕爾梅是一個特例，大部分重要的人物都會確保自己是安全無虞的，這種情況導致的後果就是，恐怖份子開始將暗殺對象從有嚴密保護的「硬目標」（Hard Target，譬如顯赫的政治人物）轉向軟目標（Soft Target，譬如去聽音樂會或在辦公室上班的平民百姓）。

一項分析檢視了從一九六八年到二〇〇五年間，分布全球的一萬二千起攻擊事件，得出的結論是，將近四分之三的攻擊對象是「軟目標」。

當「八大工業國高峰會議」（G8 summit）於二〇〇五年七月在英國舉行時，恐怖份子按兵不動，畢竟這場會議有一千五百名警察與維安人員保護（其中許多人是從倫敦調過來支援），相反地，自殺炸彈客炸死了五十多名搭乘地鐵與公車通勤上班的尋常倫敦人。

亞伯丁大學（Aberdeen University）的恐怖主義專家大衛．卡皮坦奇克（David Capitanchik）如此描述攻擊者的哲學：「有那麼多頭綿羊的時候，為什麼要去攻擊一隻老虎？」

對付暗殺的傳統方式

一項部署防範暗殺的新科技，在一九九八年時拯救了喬治亞總統愛德華．謝瓦納茲（Eduard Shevardnadze）。他能從暗殺的魔掌下逃脫，全歸功於他的豪華轎車上所安裝的裝甲鋼板。當時，至少有十名全副武裝的男子，以機關槍與火箭推進榴彈攻擊他的車隊，造成他的三名隨行人員死亡。

但正如我們所見，裝甲車未能拯救一九八〇年的安納斯塔西奧．索莫札或是一九八九年的阿爾弗雷德．赫爾豪森。

大部分對付暗殺的防範措施，仍然偏向較為傳統的方式。一個方式是避開可能的刺客，在專制政權下，只要把他們關起來就行了；但在民主社會中，得用上更巧妙的手段，舉例來說，一九五〇年代在法國，當蘇聯政要即將前來進行正式訪問時，在這段訪問期間，所有可能製造麻煩的俄羅斯流亡者，都被半強迫地請去舒適的鄉間宅邸度假，費用全由法國政府負擔。

印度，一九六二年。約翰・甘迺迪遇刺前一年，他的妻子賈姬和英迪拉・甘地坐在一起，後者在二十二年後也遭到暗殺。

另一個方式是雇用保鏢，現代的領導人以及其他知名人士，大部分都會確保自己有保鑣保護，有時候甚至是多名保鑣。舉例來說，南非的「總統保護單位」（Presidential Protection Unit）據傳在二〇一八年雇用了一千三百八十二個人。

有許多例子是保鑣犧牲自己的性命去保護那些他們負責照看的人，譬如那些為墨西哥革命份子龐丘・維拉工作的保鑣。同樣地，二〇〇三年，當一名女自殺炸彈客試圖炸死車臣（Chechen）總統艾哈邁德・卡德羅夫（Akhmad Kadyrov）時，他的五名保鑣也因保護他而身亡。一年之後，卡德羅夫在另一次爆炸中仍難逃一死。二〇〇七年，有五十名保鑣死於一場針對班娜姬．布托的炸彈攻擊中。

但誠如我們所見，保鑣的存在有時就是一種暗殺的風險，自從四千三百多年前埃及法老王特提被他的侍衛所殺以來便是如此。到了現代，一九八四年，拉吉夫．甘地的母親英迪拉在擔任印度總理時，也是被她身為錫克教徒的兩名保鑣所殺，原因是英迪拉下令對金廟（Golden Temple）發動突擊，以驅趕在該處避難的分離主義份子，惹惱了錫克教徒。

二〇一一年在巴基斯坦，旁遮普邦（Punjab）總督薩爾曼．塔西爾（Salman Taseer）亦因為支持廢除該國的褻瀆法，而被他的保鑣所殺。

如果一項防範措施是除去任何可能是刺客的人，那麼另一個方法就是讓可能的目標保持在潛在殺手無法染指之處。但這在民主國家中尤其不容易做到，特別是在選舉活動時，政治人物必須接近潛在的選民。

二〇一八年在墨西哥大選前夕，超過一百位候選人被謀殺，其中有一位甚至是在和支持者合影時，被人從身後朝他的腦袋開槍。

正如我們所見，巴比．甘迺迪就是在競選活動時被暗殺，拉吉夫．甘地與班娜姬．布托也遭遇了同樣的命運。

＊＊＊＊＊＊＊＊＊＊＊＊＊＊＊＊＊＊＊

特勤局的一名探員與一名心理學家進行了一項法醫分析，檢視了美國在一九九九年之前的五十年間，八十三人涉及的七十四起暗殺與暗殺計畫（其中的計劃衍生出三十四起真正的攻擊），發現手槍還是最受歡迎的武器，一半的事例選用手槍，刀子則被用了十一次（有時候是因為殺手無法取得槍枝），爆炸物只在六起暗殺中出現。

該研究還揭露了其他有趣的見解，涉及暗殺的人以白人（六十三起）與男性（七十一起）為主。八十三人之中半數為單身，四十七人沒有子女。只有二十人在計畫時涉及激進的好戰團體，但有五十三人涉及極端組織，或是對極端組織深感興趣。

十六人曾因至少一項涉及暴力的罪行被逮捕，四十四人曾因非暴力罪行被逮捕，但有五十二人從未入獄。大部分都有使用武器的經驗，但並未受過正式訓練。

雖然百分之八十的人都先行策劃了他們的攻擊行動，但極少數人會「以流行文化所描述的那種專門技術」來執行任務，而有逃脫的計畫的人不到四分之一。的確，樣本數中有十四人引用「自殺」作為動機，二十九人曾經揚言自殺，二十七人有濫用毒品的歷史，二十九人則被描述在攻擊時處於「妄想」的狀態。

二十五人的動機是贏得關注或獲得惡名，其他人則表示報復、希望帶來政治變革，或是希望與他們針對的對象建立「特殊的關係」。

這些想成為刺客的人從十六歲到七十三歲不等，研究人員特別提醒，他們並不符合「任何單一側寫」，他們常是有著「遷移與多變歷史」的「社會孤立者」，並補充其中幾乎所有的人都是「遭遇（或是相信自己遭遇）困難，無法應付生活問題的人」，並指出那些「認為自己過得一帆風順的人，鮮少會試圖從事暗殺行動。」

那麼，暗殺是否發揮了預期的作用呢？

正如我們在萊因哈德．海德里希的例子中所見，暗殺的確會招來嚴重的恐怖報復，也可能產生與預期相反的效果。

當菲律賓總統斐迪南．馬可仕（Ferdinand Marcos）宣布戒嚴時，班尼格諾．艾奎諾（Benigno Aquino）是菲律賓主要的反對黨領袖，艾奎諾入獄八年，並在一九七七年被判處死刑，後來獲准前往美國進行心臟手術，才得以被判緩刑。

當艾奎諾離開菲律賓時，總統解除了戒嚴令，於是他決定返國，一九八三年，他的班機才剛降落馬尼拉機場，他就被人開槍擊中頭部身亡。這對艾奎諾來說，似乎是在他的意料之中，因為在班機上，他事先提醒了記者要把相機準備好，因為可能會發生「迅雷不及掩耳」的事情，而在發生之後，他說：「我可能無法再和你們說話了。」

但這起暗殺並未使馬可仕的總統寶座坐得更安穩，反而加速了他的垮台。全國各地開始大規模示威遊行，隨後進行的調查發現，國軍參謀長竟然是暗殺的幕後主使。

當這起案子開庭審理後，參謀長與另外二十五人被總統任命的法官宣判無罪，但艾奎諾的遺孀柯拉蓉（Corazon）接續她丈夫的火炬，在一九八六年的大選中打敗了馬可仕，迫使他辭職，並流亡海外。

二〇〇七年，美國國家經濟研究局（National Bureau of Economic Research）的兩位學者，分析了自一八七五年以來，將近三百起對國家領導人所嘗試的暗殺行動（其中五十九起暗殺成功），發現暗殺似乎在某一方面上發揮了作用。他們得出的結論是，殺害民主國家的領導人不會造成多大改變，但就專制政權而言，若暗殺成功，從專制政權過渡到民主政體的可能性，比暗殺失敗提高了百分之十三。

我分析了一百起發生在現代、涉及一百零三名受害者的暗殺行動，並假設公認的故事情節是正確的，舉例來說，假設的確是李．哈維．奥斯華槍殺了甘迺迪總統。

受害者中有四十七名是重要的政治人物，包括九位總統、一位前總統、六位總理或首相，以及四位前總理或前首相。

皇室成員仍然是暗殺目標，但人數減少許多，只有四位受害者，包括兩位國王及一位帝國皇位繼承人。

在藩籬的另一邊，則有二十六名革命份子、民族解放主義者、民權活動家被謀殺。

在一百零三名受害者當中，有四名是因為身為名人而被攻擊，還有兩名是藝術界人士、六名是記者或作家、兩名是宣傳工作者。至少有三名受害者進行了反擊，包括麥可・柯林斯、托洛斯基，以及一九八九年被伊朗人謀殺的數名庫德人之一。此外，至少有四人從較早的暗殺行動中倖存下來。還有六名受害者是女性。

至於暗殺發生的地點，將近半數（四十八起）發生在歐洲，其中有三十八起發生在西歐，還有十二起在中東、十起在印度次大陸、八起在北美。但要注意的一點是，上述數字可能有所偏差，因為我們在歐洲與北美取得的資訊，比在世界其他地區諸如非洲與拉丁美洲等地取得的資訊要來得精準。

數字最高的國家是德國與美國，各為七起；其次是法國與愛爾蘭，各為六起。此外，暗殺的運作也開始邁向全球化，有二十起具備了「域外」（Extra-Territoriality）的性質，換句話說，受害者在他們自己國家以外的地區被殺害，或是刺客是在本國以外的地區運作暗殺行動。

四分之一的暗殺是由爭取民族解放或（在一例中）反對種族隔離者所為，另有十四名殺手是右翼的激進份子、八名是左翼人士；有七起暗殺的動機是宗教，三起則是有組織的犯罪集團所為。另一方面，至少有十八名或可能高達二十六名殺手是政府派出的特工探員。

最危險的政府是前蘇聯，涉及了四起或可能五起暗殺，加上一起發生於蘇聯垮台之後的俄羅斯；其次是美國、伊朗、以色列，各有三起。

有四名殺手是保鑣，而隨著王位野心的動機逐漸式微，來自家族成員的刺客人數也相對減少，只有一名姪子或外甥，以及一名姪女或外甥女，後者是受伊斯蘭原教旨主義組織青年黨（Al-Shabaab）影響而變得激進，對她的叔叔（索馬利亞的一位重要政治人物）進行了自殺炸彈攻擊，還有三到四起的暗殺也是自殺炸彈客所為。

至少有十二起或可能多達十九起的暗殺是由單一刺客所為，四起則是由「豺狼類型」（Jackal-Style）的雇用殺手執行。最年輕的殺手年僅十五歲，就是炸死班娜姬．布托的那名自殺炸彈客，另有三名則是十七歲。

只有七起暗殺涉及女性，包括似乎是被哄騙而犯下罪行的唯二女性殺手（在二〇一七年毒殺北韓的金正男）。至少有四起暗殺是由精神失常的殺手所為，另有兩起暗殺（李．哈維．奧斯華與馬克．查普曼）則是由社會適應不良者所犯下。而除了意識形態的動機，為報復、憤怒、憎恨所驅使的暗殺也有二十五起之多。至少有十二起暗殺萌生出沸沸揚揚的陰謀論之說，一九三四年時，有三人膽敢質疑蘇聯政治人物謝爾蓋．基洛夫遇刺案官方說法，也都被處決了。

暗殺的技術革命在現代已然完備。用刀刺殺曾經備受青睞，如今一百起暗殺中只有兩起使用這個方式，槍枝顯然取而代之，成為最常被運用的暗殺方式（六十六起，包括一起使用了有毒的槍），只有四名刺客是《豺狼末日》類型的狙擊手。

炸彈受歡迎的程度僅次於槍枝，有十八起暗殺使用炸彈。其次，就是歷史悠久、備受推崇的古老方法「下毒」，有七起暗殺運用了這個方式。

儘管科技日新月異，但在九十四起我們可以確定的暗殺中，多達七十七起是近距離執行的，有兩起不是近距離的例子則涉及了擊落飛機的極端手段，一起是載運了盧安達總統朱韋納爾·哈比亞利馬納的飛機；另一起是一手策劃出「珍珠港事件」的日本海軍上將山本五十六（Isoroku Yamamoto），他所搭乘的飛機在一九四三年被美軍擊落。

在炸彈愈來愈頻繁被使用的情況下，愈來愈多的附帶損傷也隨之出現，在三十二起暗殺中，除了暗殺目標之外，還有將近三百人也因而喪生。其中最血腥的一起謀殺，就是二〇〇三年對伊拉克什葉派宗教領袖阿亞圖拉·穆罕默德·巴基爾·阿爾哈基姆（Ayatollah Mohammad Baqir al-Hakim）的汽車炸彈攻擊，這起爆炸陪葬的人命高達一百二十人。

那麼，刺客的命運又如何呢？

我確認了共有二百零六人涉及這一百起的暗殺事件，而在這二百零六人當中，有二十六人被處決，雖然正義的伸張曠日費時，整整花了四十五年時間才將謀殺孟加拉總統穆吉布·拉赫曼的其中一人處決。

有十三名刺客當場死亡或身受致命重傷，另外十一人則是稍後被殺害或是被暗殺，除了六名自殺炸彈客，另外還有五名刺客自殺，包括謀殺沃爾特·拉特瑙的年輕德國超民族主義者的其中一名，以及在二〇一六年殺害加拿大歌手克莉絲汀娜·圭密（Christina Grimmie）的一名精神失常者。

共有七十七人入獄，十三人死在獄中，四十二人服完十五年或更長刑期；三人服刑五到十五年，十一人只被監禁了五年或更短的時間。

二〇一九年，七十七人之中還有八人仍在獄中服刑二十年或更長刑期。另有四名刺客被送往精神病院，其中三名死在那裡；第四名是暗殺運動播報員布萊恩．史密斯的兇手，他在九年之後被釋放。

七起案例中的刺客得到了獎賞，包括殺害墨西哥革命份子埃米利亞諾．薩帕塔與龐丘．維拉的兇手，此外，有五十多名刺客仍然逍遙法外。

在受害者中，有二十多人成為民族英雄，城鎮、行政區、機場、大學以及街道都以他們的名字來命名，薩帕塔的頭像甚至出現在紙鈔上。對某些人來說，托洛斯基成了一名國際英雄，而對某些特別的團體來說，有些刺客甚至成為他們的英雄或烈士，暗殺饒勒斯的刺客就成了法國右翼的英雄，而暗殺沙達特的刺客則成了埃及「吉哈德聖戰者」（Jihadist）的英雄。

從愛爾蘭重要政治人物凱文．奧希金斯（Kevin O'Higgins）的故事，即可看出驅動暗殺的激情有著恆久不變的本質。一九二七年，凱文．奧希金斯就像麥可．柯林斯一樣，因為支持與英國締結和平條約而被暗殺，過了八十五年後，人們才為他豎立紀念碑，但不到一個星期，這座紀念碑就被損毀了，因為有個自殺炸彈客在阿富汗政治人物哈米德．卡爾扎伊（Ahmed

Karzai，於二〇一一年遇刺身亡）的悼念會上炸死了四個人。

要釐清暗殺所帶來的後果往往相當困難，但至少其中兩起在後來的重大事件中占有絕對分量是無庸置疑的，法蘭茲．斐迪南大公的遇刺成了第一次世界大戰的導火線，以及總統哈比亞利馬納的遇刺挑起了盧安達種族滅絕的大屠殺。

有七起暗殺的發生造成更加混亂不安或不穩定的局勢，包括新聞記者揚．庫西亞克在二〇一八年被謀殺，引發街頭抗議示威，從而導致斯洛伐克政府垮台；有五起引發了令人恐懼的報復，尤其是納粹在萊因哈德．海德里希與一名黨衛軍領導人於波蘭被暗殺之後，展開血腥報復行動。

另外還有六起造成安全鎮壓，包括史達林在基洛夫遇刺後展開的恐怖統治，以及沙達特遇刺後，埃及頒布了長達三十一年的緊急狀態。

五起暗殺出了岔，反而對受害者致力發揚的志業起了推波助瀾之效。舉例來說，美國的民權方案或許得助於甘迺迪總統與馬丁．路德．金恩的遇刺。

在五起暗殺中，意欲藉由殺害目標而擾亂現狀的目的並未達成。舉例來說，南非總統維沃爾德被謀殺後，種族隔離的狀態又持續了二十八年；羅伯特．甘迺迪（Robert Kennedy）被暗殺的事實，並未動搖美國對以色列的支持；俄羅斯駐土耳其大使在二〇一六年被謀殺，也並未使俄羅斯軍隊撤出敘利亞。

另一方面，拉吉夫．甘地在二〇〇六年遇刺，的確使印度結束了它對斯里蘭卡的干預；而黎巴嫩前總理拉菲克．哈里里在前一年遇害，且敘利亞涉嫌參與的憤怒回應，導致敘利亞軍隊不得不撤出黎巴嫩。

在某些情況下，我們很容易判定暗殺是成功或失敗。一九八九年，南非政府的安全部門殺害反種族隔離激進份子大衛．韋伯斯特（David Webster）顯然是失敗了，因為種族隔離政策在次年開始被逐步廢除。然而，以色列在一九九〇年謀殺傑拉德．布爾顯然是成功了，因為此舉成功地阻止了伊拉克繼續研發超級槍砲。

但是就其他多起暗殺來說，要給出斬釘截鐵的答案就沒那麼容易了，也很難斷定主使者對結果滿意與否，但就我的評估而言，我們可以將四十一起視為成功，還有八起視為可能成功，同時將十四起視為明顯失敗，另外十八起則是可能失敗。

第七章
成功逃脫暗殺的名人

戴高樂總統（President de Gaulle）

在小說中，最著名的暗殺行動或許都是經過精心策劃。在弗雷德里克·福賽思的《豺狼末日》小說中，暗殺戴高樂總統的殺手，為自己準備了不同姓名的各式護照，他委託人製作一把特別設計的超薄步槍，加上尖端含汞的爆炸性子彈，在邁向最終目標的過程中，他毫不留情地殺害了許多阻撓他的人。

他偽裝成一名受傷的退伍軍人，將特製步槍藏在他的枴杖之中，他還咀嚼無煙火藥（Cordite）讓自己看起來又老又病，以便順利通過安檢。他已經確認了射殺總統的完美時機，就是在總統呈獻紀念第二次世界大戰解放巴黎的裝飾品之際。

於是，「豺狼」用一把偷來的鑰匙進入了房間，如今，總統已在他的視線範圍內了。

但是就像美國國家經濟研究局分析師所檢視的五分之四以上暗殺案一樣，這一起也失敗了，「豺狼」的槍本已分毫不差地瞄準了目標，但在最後一刻，戴高樂低下頭去親吻一位退伍軍人的臉頰，這一發子彈剛好錯過了目標，而且再無第二次機會，因為緊追不捨的警察闖入，並殺了他。

在現實生活中，戴高樂因為對阿爾及利亞的獨立讓步，從而激怒了法國的右翼份子，這些右翼份子認為戴高樂此舉無異於背叛。戴高樂遭遇過至少三十次的暗殺，《豺狼末日》即以處決一個真實人物讓－馬里．巴斯蒂安－特里（Jean-Marie Bastien-Thiry），揭開了該書的序幕，此人的確涉及多次暗殺戴高樂的行動。

穆罕默德（Muhammad）

歷史充斥著知名人物的故事，述說他們如何驚險地逃脫暗殺，後來才有機會完成那些流芳百世或惡名昭彰的事蹟。這讓人忍不住要揣想，這麼說吧，如果約翰．甘迺迪沒有遇刺，那麼可能會發生什麼事？

在這些逃脫暗殺的事件當中，最關鍵性且影響深遠的一次涉及了先知穆罕默德，西元六二二年，他險些在麥加（Mecca）被謀殺。

他所傳達的訊息，關於財富的虛榮以及與窮人分享的必要，使他樹敵眾多。有一天，他發現麥加政府當局參與了一項計畫謀殺他的陰謀，因此，他要求他的表親阿里．賓．阿布．塔利卜睡在他的床上，讓他可以悄悄溜走，避開旅人常走的路徑前往麥地那。

當那些同謀者手持匕首進入穆罕默德家中，找到的人卻是阿里，他們原本火冒三丈地準備要殺了阿里，但阿里毫無懼色地對抗他們，於是他們決定饒他一命。

伊斯蘭的日曆即從這位先知抵達麥地那的那一天開始算起，在麥地那，穆罕默德創立了一個神權國家（Theocratic State），一直到他十年後去世時，大部分的阿拉伯部落皆已皈依了伊斯蘭教。

阿道夫．希特勒

歷史上最引人入勝的「如果……可能會怎樣」的假設，就是如果阿道夫．希特勒（Adolf Hitler）在挑起大規模屠殺，使世界陷入最具毀滅性的戰爭之前被殺，可能會發生什麼事？

希特勒在一九三三年上台之前，至少已遇過七次暗殺。最早的一次發生在一九二一年十一月，年輕的他還是個籍籍無名的激進份子，當時，他在慕尼黑知名的「皇家啤酒屋」（Hofbräuhaus）發表演說，聽眾中有許多新納粹黨的成員，同時也有許多左派的反對者，雙方爆發了鬥毆，而在這場混戰中，一群不知名的襲擊者開始向希特勒的方向開火。

這位未來的元首（Führer）毫髮無傷，事實上，他繼續激昂地演說了二十分鐘，直到警察前來。

兩年後，類似的情節又在圖林根（Thuringia）上演；同年在萊比錫，有人對他的車子開槍。一九三二年，一名槍手朝他往返慕尼黑與威瑪（Weimar）之間的火車開槍。

喬治・埃爾瑟（Georg Elser）

希特勒掌權之後的數年間，發生過二十五次以上要取他性命的暗殺行動。其中最巧妙的一次，是由一名共產主義者，名叫喬治・埃爾瑟（Georg Elser）的木匠所策劃。

埃爾瑟從一九三八年下半年開始製造一枚定時炸彈，完成之後，他夜復一夜地潛入慕尼黑的「貝格勃勞凱勒啤酒館」（Bürgerbräukeller），那裡正是一九二三

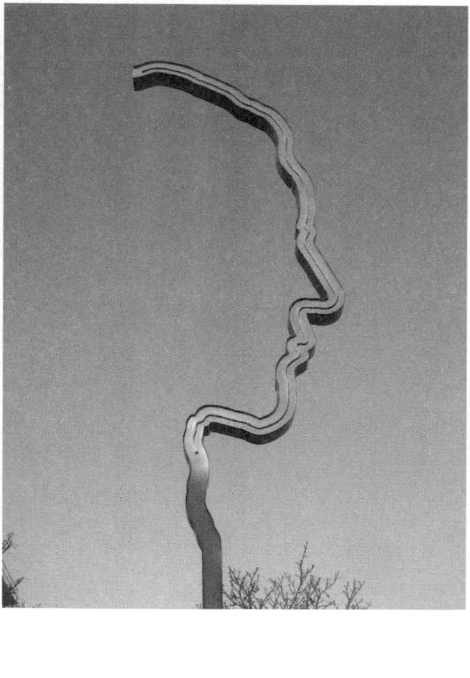

柏林一座獨特的紀念碑，紀念曾試圖在一九三九年暗殺阿道夫・希特勒的喬治・埃爾瑟。

年希特勒策動「啤酒館政變」（Beer Hall Putsch）失敗的所在地。

埃爾瑟潛入此處是為了在講台旁的石柱挖出一個隱藏的凹洞，因為他知道，希特勒將於一九三九年十一月八日來此處演講，那一天正是「啤酒館政變」的周年慶，在納粹的日曆上是個大日子。

終於，這名木匠成功地將炸彈安裝在凹洞中，並設定好在希勒特演講到一半時爆炸。一切都很完美，這項裝置果真如預期地爆炸了，而且還炸毀了一部分的屋頂，剛好砸在演講者的講台上，造成數十人受傷、八人死亡，但希特勒卻不在其中，因為戰爭使他更動了他的時間表，他比預計時間更早結束了演講，所以等到炸彈爆炸時，他早已在十三分鐘之前揚長而去。

埃爾瑟被逮捕並關入集中營，在戰爭結束前的最後幾天被處決。

克勞斯·馮·史陶芬堡（Claus von Stauffenberg）

所有行刺希特勒的密謀當中，最知名的就是克勞斯·馮·史陶芬堡（Claus von Stauffenberg）在一九四四年七月二十日所策劃的行動。

身為受傷的戰爭英雄、學者及貴族，馮·史陶芬堡帶領了一群心懷不滿的軍官，意圖要刺殺元首、推翻其政權，並與同盟國談和。他因為擔任高階軍事要員，得以定期與希特勒開會，他趁此機會在公事包中裝滿塑膠炸藥，置放在盡可能接近元首之處，再假裝離開會議室去打電話。

幾分鐘之後，炸彈爆炸了，有四人當場死亡，而元首雖然這一次的確受了些輕傷，但再一次地死裡逃生。事實是，一名官員剛好移動了那個公事包，就在它爆炸之前，將它移到一根厚重的桌腳後方。

共謀者於是全遭到圍捕，連同上百名異議者一併處決。當然，即使馮·史陶芬堡的行動成功，希特勒到那時也已經執行了大部分最令人髮指的作為。

一九四四年八月，邱吉爾（Churchill）警告英國議會別對暗殺計畫抱持太大寄望，納粹戰爭機器比德國元首更殘酷。英國的「特別行動執行處」有自己的方案，但他們從未付諸實行，就是因為擔心可能會失敗或是弄巧成拙，反而讓希特勒成為烈士。

有些人甚至相信，如果除掉希特勒，讓某個頭腦更清楚的人接掌了他的位子，可能會使德國變成一個更難以對付的可怕敵人。就像馮·史陶芬堡的密謀所產生的反效果，這項暗殺未遂的行動似乎大大鼓舞了希特勒的士氣，在爆炸後，他不斷重複這句話：「我是刀槍不入的！我是不死的！」

如果希特勒被成功暗殺了

但是，如果在希特勒上台之前，其中的一次暗殺行動成功地殺了他呢？果真如此，這個世界是否就能免於承受他所帶來的恐懼與折磨呢？

有個理論是，暗殺民主國家的領袖鮮少能改變歷史的進程，不論是亞伯拉罕・林肯、史賓塞・珀西瓦爾，或是奧洛夫・帕爾梅，暗殺他們的確引發了舉國同悲的回應，或許也會加強維安措施，然而，一旦新的領袖出現，和已故的領袖也沒有太大差別，那麼政府就會繼續跟以往一樣如常運作。

但如果被暗殺的是獨裁者，正如我們從美國國家經濟研究局看到的數字，事情產生改變的機會更大。當你暗殺了一個像希特勒一樣可怕的大人物，很難相信沒有了他，一切會沒改變地如常運行。沒錯，德國仍然免不了要面對同樣的悲慘遭遇：《凡爾賽條約》（Versailles）的羞辱、一九一八年軍隊被政客捅了「背後一刀」的傳說、一九二〇年代經濟崩潰；但是，希特勒運用魅力、殘酷、狡猾等黑暗天賦來利用這些事件，所以，如果沒有他，即使歐洲歷史免不了要寫下這麼一篇恐怖的章節，或許也不至於到如此慘烈的地步。

貝尼托・墨索里尼

希特勒的法西斯盟友貝尼托・墨索里尼（Benito Mussolini），也從一連串針對他的暗殺行動中倖存了下來，包括一九二六年在短短七個月之內發生的四起暗殺。

獨裁者的鼻子受了傷：墨索里尼展示他從暗殺未遂的行動倖存下來的傷勢，一九二六年。

這一年的四月，愛爾蘭大法官的女兒維奧萊特．吉布森（Violet Gibson）開槍射擊他，差點把他的鼻子打掉，但他剛好在關鍵時刻轉頭（宛如《豺狼末日》的情節），結果就是鼻子受了「輕」傷。

墨索里尼被自己可能被一個女人槍殺這件事給嚇壞了（尤其是一個他認為「醜陋得令人退避三舍」的女人），當時，英國尚未將墨索里尼視為敵人，因此，吉布森被送入英國的一所精神病院，並於一九五六年死於院中。

她企圖暗殺墨索里尼的六個月之後，一名十五歲的無政府主義者也試圖槍殺這位獨裁者，但沒能射中，這名男孩被暴民以私刑處死，而墨索里尼也利用這次的攻擊事件廢止了公民自由，並解散反對黨。

與試圖暗殺他的那些人比較起來，這位領袖（Il Duce）在安排暗殺的表現，顯然更勝一籌，因為他的打手謀殺了一批政敵。但是，一九四五年，當他的法西斯政權輸掉這場戰事，他試圖和情婦逃離義大利時，卻被共產黨游擊隊捕獲並槍斃。

這一夥人對他毫不留情，就和他以往對付他的敵人一樣，他們將他和情婦兩人的屍體倒掛在肉鉤上，在公共廣場上公開示眾。

佐格國王

一九三九年，墨索里尼宣布阿爾巴尼亞是受義大利保護的領地，並驅逐它的統治者佐格國王（King Zog）流亡他國。

佐格或許是唯一一位向刺客開火、挫敗其暗殺企圖的國王，但他可不是普通的君主，他英俊、謙恭有禮、殘忍無情，還是個老菸槍。

佐格出生於一個封建領主的家庭，當時，阿爾巴尼亞仍然屬於鄂圖曼帝國。阿爾巴尼亞獨立之後，他成了總統，但在一九二八年，他決定讓自己成為國王，也是歐洲唯一的穆斯林君主。

兩年之後，兩名心懷不滿的軍官，在佐格一行人從維也納的歌劇院走出來時伏擊了他們，當槍聲大作時，音樂愛好者們四散奔逃、找地方躲藏，佐格的副官中槍身亡，倒在他正在保護的國王身上，佐格把他的屍體推開，從他禮服長褲的腰帶拔出一把槍開始回擊。最後，槍手們（也穿著晚禮服）投降了。

佐格躲過數十起的暗殺陰謀，後來甚至習以為常了，某次暗殺使他流血掛彩，但他還是淡定地坐在他的辦公桌前繼續工作。他從所有的暗殺中倖存了下來，還過著相當愉快的流亡生活，有些時候會住在倫敦的麗茲酒店（Ritz），靠著侍從隨身攜帶的行李箱裡的金條度日。

一九六一年，他平靜地在巴黎離世。

德意志皇帝威廉二世

就像希特勒從許多暗殺行動中倖存下來，這個被指責為第一次大戰罪魁禍首的德意志皇帝威廉二世（Kaiser Wilhelm II）也是如此，雖然針對他的暗殺行動都沒經過審慎計畫。

二十世紀初，突然發生了一連串針對歐洲皇室成員的攻擊：一八九八年，奧匈帝國的伊麗莎白皇后被謀殺；一九〇〇年，則是義大利國王翁貝托一世（Umberto I）遇刺。

在翁貝托一世遇刺後幾個月，一個據稱「精神錯亂」的女子朝皇帝的馬車丟了一把斧頭，但沒有造成任何損傷。一九〇一年在不萊梅（Bremen），一名「心智不健全」的年輕工人走近威廉，用鐵製搭鉤劃傷了他的臉頰，海軍內閣部長指出：「若是擊中太陽穴或眼睛，將會造成致命的結果。」

正如我們在第六章所見，有些人相信第一次世界大戰是無法避免的，但我們還是忍不住想知道，如果威廉皇帝被暗殺了，會發生什麼事？他的長子（也叫威廉）會繼承他的皇位。事實上，沒有明確的跡象顯示情況將會截然不同，有些人覺得這位王儲的頭腦比他父親來得清楚冷靜，但他似乎也頗為渴切於擴展德國的疆域。他在第一次世界大戰的角色頗為活躍積極，一九三〇年代時，他也在德國的極右翼政治中攪和了一陣子。

即使在一場世界大戰中，我們可以看到英國政府並不熱衷於嘗試暗殺希特勒，而他不過是一名突然竄紅的新貴！你可以想見，他們必定是更不情願考慮暗殺威廉皇帝，他可是英國國王喬治五世（George V）的表親啊！

但事實上，愈來愈多的證據浮現，顯示英國的確在一九一八年六月策劃了一項暗殺這位皇帝的陰謀。協約國的情報單位發現了威廉在法國的秘密總部，一幢位於比利時邊界附近的別墅。十幾架英國皇家空軍（RAF）的轟炸機被派去進行攻擊，丟了三十枚炸彈，但這幢別墅在砲火轟炸下幾乎毫無毀損，受損的主要是停在外頭的車子，但其實德國皇帝早在十九個小時前就離開了別墅。

同一天，一架英國飛機發現德國的皇家火車，行駛於通往別墅的私人鐵道上，於是以機關槍猛烈掃射這輛火車，這項攻擊據信造成了多人傷亡，遺憾的是，德國皇帝還是不在這輛火車上。

列寧

在二十世紀的第二個十年發生了另一起重大的災難，就是一九一七年的「俄國革命」。

范雅．卡普蘭（Fanya Kaplan）

事實上，一個名叫范雅．卡普蘭（Fanya Kaplan）的二十八歲女子，在一九一八年八月三十日，近距離地對革命的發動者弗拉迪米爾．伊里奇．列寧（Vladimir Ilyich Lenin）開了三槍，使得這場革命險些沒了下文。

這三發子彈，一發射穿他的外套但沒有傷到他，另一發射傷了他的手臂，第三發貫穿他的頸部並刺穿左肺，這場攻擊發生在這位革命英雄於莫斯科一間軍火工廠發表演說之後，當時群眾圍擠在他身邊，卡普蘭被當場逮捕。

她是猶太人，一位老師的女兒，來自今日的烏克蘭地區，十幾歲時，她離家去學習製帽，到了十六歲時，她已經加入了無政府主義組成的恐怖份子團體。

一九〇六年，一名女傭在卡普蘭公寓裡被炸彈炸死，於是她被判終身監禁在西伯利亞的勞改營。她在那裡過了一段很糟的日子，直到革命爆發，才被釋放出來。

卡普蘭加入了社會革命黨，該黨是列寧的布爾什維克派政敵，而當這位蘇聯領導人禁了社會革命黨時，卡普蘭認定他是「革命的叛徒」。

槍殺列寧之後，她很快就簽署了一份聲明：「今天我射殺了列寧，這件事是我自己做的，我不會說出我是從誰那裡取得左輪手槍。」九月三日，一發子彈射進她的腦袋，處決了她。

但事實上，卡普蘭在勞改營遭受的虐待使她失明，雖然醫生幫助她恢復了部份視力，但她的視力是否變好到能開槍射傷列寧的程度？又或者她的自白是為了保護某人？頗令人疑竇叢生。

這次失敗的暗殺，帶來了若干顯而易見的後果。一九一八年八月三十日，不只是卡普蘭試圖暗殺列寧，還有人暗殺了彼得格勒秘密警察頭子莫伊塞·烏里茨基。不管是出於真正的恐懼，還是機會主義使然，布爾什維克派展開了恐怖統治。秘密警察奉命對成千上萬名有嫌疑的政敵，展開大規模處決，保皇人士與富人被劫持為人質，並在必要時被處決。據估有十四萬人被殺。

列寧從未從這次的槍傷及四年之後的中風完全康復，他於一九二四年離世。

如果他在一九一八年因暗殺身亡，那麼事態的發展可能會截然不同，布爾什維克派仍然會占有優勢，還是另一個左翼政黨會接管政權？又或者，保皇黨的白軍（White Army）會勝出？

俄羅斯是否可免於史達林的恐怖統治致使數千萬人喪生的命運？

病中的列寧曾經警告他的同志防備這名喬治亞人，但他仍然躋身至最高職位。如果這場革命的始作俑者早在一九一八年身亡，史達林或許永遠無法晉升至得以掌權的高位。

拿破崙

就像希特勒，拿破崙也有著非凡的個人魅力、冷酷無情、深具遠見，但讓人欣慰的是，他沒有德國領袖對大屠殺的熱情，同時他也是最偉大的軍事指揮官之一。

沒錯，他擁有當時任何法國領導人都會善加利用的優勢：一個歐洲人口最多的國家，是他英國死敵的兩倍之多，而且正經歷過一場除舊布新的革命，徹底掃除了無效率的舊政權，整個國家欣欣向榮，充

在一幅十九世紀初版畫作品中的拿破崙．波拿巴（Napoleon Bonaparte）。

滿蓬勃朝氣。但是很難相信除了他以外，有任何人能和他一樣如此有效率地動員這些資源，或是建立這樣的一個帝國。

據估，拿破崙一生中逃脫了三十起的暗殺陰謀。有些殺手試過有毒的鼻煙，還有人密謀要在歌劇院刺死他，或是放火燒毀他房子附近的別墅小屋，讓保護他安全的隨員跑出去滅火，留下他單獨一人。

一八〇九年，拿破崙占領維也納之後，一名德國醫學系學生試圖拿刀刺殺他，但在他還來不及掏出武器之前就被逮捕了。拿破崙表示，如果這名學生願意道歉，他可以饒他一命，但這名學生說他不後悔，而且如果有機會的話，他一定會再度刺殺皇帝。於是，他被押去了行刑隊。

「詭雷」（Infernal Machine）

或許最有趣的一起暗殺陰謀，就是發生在一八〇〇年聖誕節前夕，涉及了所謂的「詭雷」（Infernal Machine）。

這項攻擊計畫發生在拿破崙前往觀賞歌劇的路上，一群保皇黨人決定要炸死他，他們的靈感來自敵對的極左派雅各賓黨人所設計的一項爆炸裝置，他們取得類似巴黎運水工穿著的藍色制服，並且製造出一枚炸彈，放在水桶裡，然後將水桶放上運貨馬車。接著，他們將運貨馬車駛至拿破崙會經過的路線上等待。

密謀者的領袖被稱為「聖雷松特」（Saint-Réjant），他在這條路上等著接收他同伴傳來信號，讓他知道拿破崙已經離開了杜樂麗宮（Tuileries Palace），但是，信號遲遲未來，聖雷松特開始擔憂了，於是他親自動身去偵查情況，並付錢給一名十四歲的女孩為他牽馬。

皇帝（當時還是第一領事）出門晚了，因為他的妻子約瑟芬（Josephine）在臨出門前又去換了一套衣服。突然，聖雷松特發現拿破崙的馬車在一支擲彈兵分遣隊後方逐漸駛近，並且正迅速朝他們那輛擋住部分街道的運貨馬車前進，當巡邏隊前頭的人要推開那輛運貨馬車時，聖雷松特點燃了引信，然後趕緊逃離以尋找掩護。

幾秒鐘之後，炸彈被引爆了，爆炸的威力十分驚人，不但窗戶被炸碎，人們也被炸飛到空中，只見玻璃、瓦片、磚石等如雨水般從空中落下，那名仍在幫聖雷松特牽馬的女孩以及其他的十幾個人都被炸死，拿破崙的馬車也被炸到從地面彈起，但他竟然毫髮無傷，他的妻子則是在另一輛馬車中。

但不像俄國的亞歷山大二世，拿破崙並未下車來查看傷者，而是命令他的司機火速趕往劇院。事實上，他的家人都安然無恙，只有他的繼女因搭乘的馬車窗戶破裂而割傷了手臂。

聖雷松特也失去意識，被埋在瓦礫堆下，但他一甦醒過來，就發現拿破崙已經逃走。雖然身受重傷，他仍然冷靜地從現場脫身，並設法找到醫生治療傷勢，然後，他回家躺在床上，希望警察別找上門來調查這起爆炸案。

在劇院中，爆炸聲響清晰可聞。是為了慶祝法國軍隊某一場戰事大捷，而鳴放的禮炮嗎？還是某件不祥的事發生了？

藉機剷除政敵

當拿破崙出現時，他看來相當鎮定，約瑟芬就顯得疲憊多了。但是一刻鐘之後，他離開去見他的警政部長約瑟夫・富歇（Joseph Fouché）。拿破崙將此事怪罪到雅各賓黨人頭上，下令富歇逮捕了一百多名黨人，並且尚未審判就將他們迅速發配到法屬圭亞那（Cayenne）與塞席爾（Seychelles）。

當警政部長明白這次攻擊其實是保皇黨人所為，他詢問拿破崙是否要撤消對雅各賓黨人的處罰，但拿破崙不願錯失這麼一個可以剷除數十名政敵的大好機會，因此他說，「為了他們已經做過的一切以及可能會做的一切」，他們理當被放逐。

但事實上，只有三人是策劃這起爆炸案的主謀，其他被牽連的二十人則與他們一起受審。聖雷松特與炸彈製造者被處決，被告中有八人無罪釋放，其餘人等，包括那名為聖雷松特治療的醫生，都被判處了長短不一的刑期。

幕後主使為英國政府？

英國政府雖然不怎麼熱衷於暗殺希特勒，但他們似乎確實積極參與了暗殺拿破崙的計畫。儘管「滑鐵盧戰役」的勝利者威靈頓公爵（Duke of Wellington）似乎不太能接受這項計畫，當他被告知他的槍手已經看到拿破崙在視線範圍內了，他仍然顯得毫無興趣，只說「互相射殺對方不是指揮官該做的事」。

但最近的研究顯示，一八〇四年保皇黨人向皇帝馬車丟擲炸彈失敗的暗殺計畫，英國政府曾為其幕後主使。

拿破崙三世

針對拿破崙的姪子，也就是法國皇帝拿破崙三世（Napoleon III）的一起暗殺事件，造成了極不尋常的結果。

菲利斯・奧西尼（Felice Orsini）

一八五八年一月十四日在巴黎，一個名叫菲利斯・奧西尼（Felice Orsini）的義大利民族主義者和他的同夥，朝皇帝與他妻子搭乘前往觀賞歌劇的馬車丟了三枚炸彈，爆炸造成八人喪生，

奧西尼在一八五八年行刺拿破崙未遂，出自 24 年後發表的巴黎歷史。

但這對皇室夫婦毫髮無傷。

奧西尼因而被捕並處決，他的兩名同黨也被判死刑，其中有一人被減刑並逃出了「魔鬼島」（Devil's Island），後來還加入美國的騎兵部隊，在「庫斯特最後據點戰役」（Custer's Last Stand）中背水一戰，並存活了下來。

在這起暗殺拿破崙三世的事件發生之際，義大利被劃分成許多個不同的國家，北方各國多由奧地利統治，十五年來，奧西尼始終致力為統一義大利而奮戰，他也是一個相當知名的人物，因為他撰寫了有關他自己的冒險經歷，這些記述極受歡迎。

他相信如果他殺了拿破崙，就能挑起法國的革命野火，從而延燒至義大利。

這起攻擊似乎喚起了皇帝的回憶，或者說是良心，他允許公開了一封奧西尼寄給他的信：「讓我的國家自由！」

皇帝想起自己在年輕時也曾經為義大利的統一而戰，於是他開始與統一運動的領導人進行密談，並於一八五九年入侵被奧地利占領的義大利領土，贏得若干重大勝利，像加里波底（Garibaldi）這樣的民族英雄也加入了這場爭鬥。

到了一八六一年，奧西尼的夢想實現，義大利終於統一了。拿破崙得到尼斯（Nice）與其他義大利領土作為回報，但他的勝利相當短暫，因為他在一八七〇年的「普法戰爭」（Franco-Prussian War）中失利並被俘，使他失去了皇帝的寶座。

火藥、叛國與陰謀

威廉二世（William II）

許多英國君主皆不得善終，愛德華二世（Edward II）、理查二世、亨利六世（Henry VI），可能還有愛德華五世（Edward V，「塔中的王子」之一），全都被囚禁他們的敵人所殺，而查理一世則是被斬首。

但自從諾曼人征服英格蘭（Norman Conquest）之後，就只有一人可能是被暗殺（根據我們在本書中所使用的定義）。

一一〇〇年，經常被稱為威廉．魯弗斯（William Rufus）的威廉二世（William II），在新森林（New Forest）的一場狩獵「意外」中喪生，他被一支據說是由一名神射手射出的流箭所傷，而這名神射手得到了新國王（威廉的兄弟亨利一世）的豐厚酬謝。

羅伯特．卡茨比（Robert Catesby）

但即便鮮少或完全沒有暗殺事件，也並不意味著沒有人企圖嘗試，其中最驚人的一樁，當然要算是一六〇五年十一月五日那起臭名昭著的火藥陰謀（Gunpowder Plot），如今和羅馬天主教徒蓋．福克斯（Guy Fawkes）劃上了等號，每年在這起事件的周年紀念日，他的人偶還是會被放在成千上萬的篝火上焚燒。

但事實上，福克斯並非這起陰謀的領頭者，而是另一名羅馬天主教徒羅伯特．卡茨比（Robert Catesby），目的是為了將英國的天主教徒，從他們所遭受的迫害中解放出來。

別忘了，當時還是「宗教戰爭」的時代，但他們所提出的補救手段十分激烈，藉由炸毀「議會大廈」（Houses of Parliament），將詹姆士一世、皇后、他的長子以及多名國會議員一舉殲滅，他們希望趁著這場混亂，天主教徒能夠接管國家。

一六〇五年三月，密謀者設法租用了一個地窖，就在「上議院」（Lords）的正下方。到了五月，他們已經將多達三十六桶的火藥運入地窖之中，並把這些火藥藏在煤炭與柴火裡。

福克斯和其他人去歐洲大陸的其他天主教國家以爭取支持，而在英國，他們告知了天主教仕紳貴族中所挑選出來的特定成員，要他們保持警覺，並準備在十一月五日國會開幕典禮大爆炸發生之後配合起義。

這些陰謀者所面對的問題之一，就是這場爆炸會使天主教的貴族和新教徒一樣遭受池魚之殃，而這些貴族當中，有些是他們的親朋好友。

一位天主教的貴族收到一封匿名信，警告他在指定的日期，避開英國議會所在的西敏區（Westminster），他把這封信拿給國王的幾個部長看過，他們表現得很沉著，決定不馬上展開搜索地窖的行動，以免打草驚蛇。

至於在密謀者這方面，有些人已經得到風聲說政府看過了密告的信，所以懇求卡茨比取消這起行動，但卡茨比因有關當局沒有進行任何搜索而消除了疑慮，認為他們一定是對那份信件有所懷疑故不予以採信。

因此，當有關當局終於在十一月四日晚間突襲搜索地窖時，福克斯正守著那批火藥被逮個正著，並在嚴刑拷問下供出了其他共謀者。其中有些人逃出倫敦，仍然期望反抗國王的天主教徒起義能夠成功，但是並沒有。

十一月八日，他們被圍困在史丹佛郡（Staffordshire），在試圖殺出重圍時，卡茨比和另外兩人都犧牲了，福克斯和另外七人則被處決。至於英國的羅馬天主教徒，在這起陰謀敗露之後，他們所受到的壓迫便更甚以往。

英國國王喬治三世

喬治三世的統治時期長達六十年，比英國歷史上其他任何國王都來得長久。

一七八六年，當時他已經在位二十六年，一個名叫瑪格麗特・尼科爾森（Margaret Nicholson）的女子試圖用一把小摺刀刺殺他，英國樞密院（Privy Council）檢視了這名女子，宣稱她精神錯亂。

八年之後，有個叫詹姆斯・哈德菲爾德（James Hadfield）的人，在為英國奮戰對抗法國時，頭部遭到重創，離開軍隊後，他被一個千禧年的邪教組織吸收，並說服他去暗殺國王。

哈德菲爾德相信基督正在與他交流，而殺了喬治則有助於促成「耶穌再臨」（His Second Coming）。同時，這名退伍軍人說，他已經厭倦了人生，希望能被處決。

於是在一八〇〇年，哈德菲爾德掏出他的手槍對國王開了槍，國王當時在一間倫敦的劇院中，因為剛好奏起國歌而站起身來，但接下來你可能也猜到了，就在那關鍵的一刻，喬治向觀

當代創作的一幅版畫「為了紀念最神聖的國王陛下喬治三世天佑的逃脫」；從一項發生於倫敦德魯里街皇家劇院（Drury Lane Theatre）的暗殺未遂行動中逃脫，一八〇〇年。

眾欠身鞠躬，子彈因此沒打中他。

當國王把這名殺手叫過來問話時，他卻對國王說：「上帝保佑你殿下，我非常喜歡你，你是個好傢伙。」

哈德菲爾德被指控叛國，但最後因精神錯亂的理由被判無罪，並被送進了瘋人院，他在那裡待了四十年，才於一八四一年過世。

諷刺的是，喬治自己的精神疾病也會定期發作，最後，他的兒子也因為如此而被任命為攝政王（Prince Regent）。雖然有些現代學者認為，他其實是罹患了「紫質症」（porphyria），一種遺傳性的血液疾病。

維多利亞女王

聽到亞伯拉罕．林肯遇刺的消息，維多利亞女王的評論是：「從來沒聽說過這樣的事，我只希望它不會傳染到其他地方。」

愛德華．牛津（Edward Oxford）

事實上，這位在英國歷史上在位時間第二長的女王，已經逃脫了好幾次針對她的暗殺。在她整個在位期間，她至少遇過八次的暗殺。

一八四〇年六月十日，懷了孕的維多利亞女王與艾伯特親王（Prince Albert）才剛搭著四輪馬車離開白金漢宮（Buckingham Palace），親王注意到「一個樣子有點兇惡的男人拿著不知什麼東西對著我們」。

娃娃臉的愛德華．牛津（Edward Oxford）是個十八歲的酒保，而他拿在手裡指著他們的「不知什麼東西」，正是一把決鬥手槍（Duelling Pistol）。

他從大約六碼遠的距離朝他們開槍，但沒有擊中，於是，他用另一把手槍開了第二槍，但女王迅速伏低身子閃避，他還是沒有擊中。

接下來，一群人把牛津按倒在地上，而這對皇室夫妻則坐著馬車繼續前進，彷彿什麼事也

在所有的英國君主中，維多利亞女王肯定是被槍擊最多次的一位，她在一八四〇年白金漢宮附近逃脫了愛德華・牛津的暗殺行動。

沒發生。艾伯特寫道，他們這麼做的目的是要證明，他們並未對他們的人民「全然失去信心」。

當警察搜索牛津的房間，發現了明顯與一個叫「年輕英格蘭」（Young England）的秘密會社有關的文件，但沒有任何證據顯示這樣的一個組織確實存在。

從這位年輕人的審判中得知，他酒喝得很兇，行為往往難以預測，有時甚至有威脅性。他的母親患有妄想症，而他的父親則是個瘋子，有次還騎著一匹馬在客廳裡踱步。

當他被問到，他是否知道對女王開槍是錯誤的行為，他回答：「就向對她開槍一樣，我可能會對任何人開槍。」牛津被認定是精神失常，並被送到瘋人院，最後被放逐到澳洲，在那裡當一名房屋油漆工。

約翰．弗朗西斯（John Francis）

兩年之後的一個周日，當維多利亞與艾伯特從教堂返回白金漢宮的路上，就在和牛津朝他們開槍幾乎一模一樣的地點，艾伯特又看到「一個黑黝黝、面有病容的小流氓」，手持一把小燧發手槍對著他們。

這個人扣了扳機，但什麼事也沒發生，然後他把槍藏進外套底下，像沒事般溜進了綠園（Green Park）。

維多利亞不願表現出受到威嚇的膽怯模樣，於是第二天傍晚，他們又乘坐著敞篷馬車外出。「你可以想像我們的心情不怎麼輕鬆。」艾伯特寫道，「我們仔細看著每棵樹後頭，我睜大眼睛四處搜尋那個流氓的臉。」

如往常一樣，這對皇室夫妻吸引了一群圍觀的群眾，便衣警察混跡其中以尋找那名槍手。但儘管在如此嚴密的監護下，他還是從幾公尺外的距離，再次朝馬車方向開了槍，但射偏了。

這一次，一名警察逮住了他。

攻擊者是個名叫約翰．弗朗西斯（John Francis）的木匠，聲稱他的槍並未裝填子彈，這整件事只是一樁惡作劇。他原本被判處死刑，後來應女王要求，減輕為終身流放。

威廉・比恩（William Bean）

五個星期之後，在同一個地區，又有一名十七歲的駝子試圖開槍射殺維多利亞女王，但他的槍沒能成功發射子彈。那天晚上，據說警方圍捕了倫敦所有的駝子，終於找到名叫威廉・比恩（William Bean）的肇事者。

比恩的父親說他想要成名，並受到愛德華・牛津的啟發，而比恩聲稱，他的手槍裝填的多是菸草，絕對不會危及女王的性命。最後，他被判處了十八個月的監禁苦役。

一八四九年，一名剛逃離愛爾蘭大饑荒的愛爾蘭人對維多利亞開槍，他是因為厭倦了失業而想被關進監獄。他說，他的槍裡只裝了火藥，沒有子彈，他被判流放七年。

而在另一起攻擊事件中，一名前軍官用手杖的黃銅杖頭擊中了維多利亞的頭部，也被判處了相同罪刑。一八七二年，一名愛爾蘭人拿著手槍正要對女王開槍，隨即被女王知名的僕人約翰・布朗（John Brown）按倒在地，這名愛爾蘭人說，他只是試圖要為愛爾蘭的政治犯爭取自由，他的槍無法擊發。

愛德華八世

如果維多利亞女王是英國歷史上任期最長的君主之一，那麼她的曾孫愛德華八世（Edward

VIII），就是英國歷史上任期最短的君主之一。直到他退位之前，只統治了十個月，但儘管任期這麼短，仍發生了一起暗殺未遂的事件。

一九三六年七月十六日，在一場白金漢宮的遊行中，愛德華八世正騎在馬上，當時群眾中有個人用槍指著他，一名特種警察衝過去把那個人的槍打掉，並且逮捕了他。那把槍飛到路上，剛好落在國王騎乘的馬兒腳邊。

根據愛德華的官方傳記，他以為那是一枚炸彈，隨即俯身抱頭、等著它爆炸。愛德華的王室侍從約翰．艾爾德（John Aird）一向覺得他有點兒膽小，十分驚訝地看到他這時表現得相當冷靜，「極其淡定地騎著馬，甚至沒有加快馬兒的步伐。」

傑若米．班尼根（Jerome Bannigan）

目擊者說，稍早時候，有人看見這名槍手和一個衣冠楚楚的人在遠處交談，後來，這個人被認出是喬治．安德魯．麥克馬洪（George Andrew McMahon）。這名槍手說，他並無意傷害國王，他「這麼做只是作為一種抗議」。

經過簡短的訊問後，「蘇格蘭場」（Scotland Yard）回報皇宮，說麥克馬洪是一名失意的新聞記者，他深信是英國政府阻撓了他的職業生涯，這次的行動就是他試圖吸引大眾關注不公正現象的方式。

但後來他們又發現，麥克馬洪其實是個看門人，他的真名是傑若米・班尼根（Jerome Bannigan），而且他被懷疑是納粹的支持者。

在他接受審判時，他說了一個相當複雜的故事，關於他如何與「某個外國勢力」接觸，他們說會付他一百五十英鎊去暗殺國王，但他已經通知了「軍情五處」（MI5）。班尼根暗示，那個「外國勢力」就是納粹德國，但他提供的聯繫人姓名，和任何已知的德國人（不管是與德國政權有關的，或是住在英國的德國人）都不相符。他被判處了十二個月的監禁苦役。

至於愛德華，他相當惱怒班尼根嘩眾取寵的噱頭占據了各大報紙的頭條新聞，而他在當天發表的關於戰爭恐怖的演說，卻完全無人聞問。

這位國王安全返回白金漢宮之後，所收到的頭幾則電報，其中之一就是來自阿道夫・希特勒的問候：「我剛剛接獲消息，得知那起對殿下性命的惡劣企圖，獻上我對你的逃脫最衷心的祝賀。」

後來，愛德華自己甚至被多方懷疑是納粹的同情者。

伊莉莎白二世

馬庫斯・薩吉安（Marcus Sarjeant）

那些試圖槍殺英國君主的人所持有的槍枝，似乎總沒能發揮作用。

一九八一年，一個名叫馬庫斯．薩吉安（Marcus Sarjeant）的十七歲男孩，對女王伊莉莎白二世（Elizabeth II）連開了好幾槍的空包彈。

當時，女王在皇家軍隊閱兵儀式（Trooping the Colour ceremony）中騎馬走下皇城大道（the Mall）。法官說，薩吉安想用真槍，但他無法取得。

他顯然是自三個月前教宗若望保祿二世（Pope John Paul II）與雷根總統的遇刺得到靈感，他的日記彷彿是在呼應刺殺約翰．藍儂的馬克．查普曼，他寫道，他「就要使全世界目瞪口呆、大吃一驚」，並且「成為全世界最出名的青少年」。

薩吉安被判處五年的有期徒刑，出獄之後，他改名換姓重新開始。

隱藏了四十年的秘密

另一項不利於女王的陰謀，將近四十年來始終是個秘密。

它發生於一九七〇年，在新南威爾州（New South Wales）利斯戈（Lithgow）的一座澳洲小鎮。當時，載著女王與菲利普親王的皇家列車正經過這座小鎮，在列車軌道安檢與皇家列車出現之間的短暫間隔，有人在鐵軌上放了一根木頭，打算讓火車出軌，結果，火車的前輪撞上了木頭，把它卡在輪子底下，但駕駛員設法讓車廂保持在鐵軌上，所以沒有人受傷。

專家說，如果火車開得再快一點，就會出軌，然後撞上鐵路旁的路堤。

二〇〇九年，這整件事才真相大白，一位本地記者聲稱，是警察要求媒體配合新聞封鎖，然而從沒有人因這起事件被逮捕。

英國首相

瑪格麗特·柴契爾（Margaret Thatcher）

史賓塞·珀西瓦爾仍是唯一被暗殺的英國首相，但如果愛爾蘭共和軍得逞的話，那就至少還會有兩位首相身亡，更別提會有多少位內閣大臣了。

一九八四年，他們在布萊頓（Brighton）的格蘭德酒店（Grand Hotel）引爆了一枚炸彈，當時，首相瑪格麗特·柴契爾（Margaret Thatcher）與許多重要的保守黨黨員（Conservative）都在保守黨會議期間待在這間酒店，而在將近一個月之前，炸彈客就已將這項裝置藏在柴契爾的套房正上方的一間浴室中，設定好時間，要在會議期間引爆。

炸彈在十月十二日凌晨快三點時爆炸，當時，首相還在忙著那份當天稍晚她將發表演說的稿子。

爆炸的威力導致一大部分的建築物崩塌，柴契爾的浴室也遭到嚴重損壞，但她毫髮無傷。

這場爆炸造成五人死亡，但其中並沒有內閣閣員，只有一位保守黨的國會議員，此外，貿易大臣諾曼．泰比（Norman Tebbit）受了重傷。為了首相的安全著想，眾人敦促她立刻返回唐寧街（Downing Street），她不但拒絕了，還在會議中發表了一場慷慨激昂的演說，宣稱：「這場攻擊失敗了，所有試圖以恐怖主義摧毀民主政體的行動終將失敗。」這番演說贏得所有與會人員起立為她熱烈鼓掌。

愛爾蘭共和軍的回應則是：「今天我們不走運，但別忘了，我們只需要走運一次，而妳必須走運一輩子。」

那名炸彈客被逮捕，並在牢裡待了十四年，後來因《耶穌受難日協議》被釋放。

摧毀證據：愛爾蘭共和軍從一輛廂型貨車中，對約翰．梅傑與他的內閣閣員發射迫擊砲，並在攻擊之後立即將該輛貨車焚毀；倫敦，一九九一年。

約翰・梅傑（John Major）

一九九一年二月七日一個下雪的早晨，愛爾蘭共和軍又做了另一次嘗試。

他們在「白廳」（Whitehall）的中心靠近國防部（Ministry of Defence）的位置，棄置了一輛廂型貨車，車裡安裝了一座自製的迫擊砲，對唐寧街十號（英國首相官邸）發射了三枚砲彈，當時，柴契爾的繼任者約翰・梅傑（John Major）正在主持戰時內閣（War Cabinet）會議，討論第一次波斯灣戰爭（Gulf War）的最新發展。

一枚炮彈在唐寧街十號的庭院爆炸，距離會議室僅三十碼之遙，內閣閣員們紛紛彎身伏低躲到桌子下方，防彈窗的保護使他們免於受傷，但包括兩名警官在內的四個人，則因飛濺的砲彈碎片而受了輕傷。

如果這枚砲彈擊中建築物則後果不堪設想，約翰・梅傑與他的閣員們就算不被炸死，也必然身受重傷。

在最後一枚砲彈發射之後，警方還沒能仔細檢查那輛廂型貨車，車子就被預先設定的引爆裝置摧毀了。警方反恐部門（Anti-Terrorist Branch）的一位要員如此評論愛爾蘭共和軍的運作：「以技術的觀點來說，這場攻擊相當出色。」

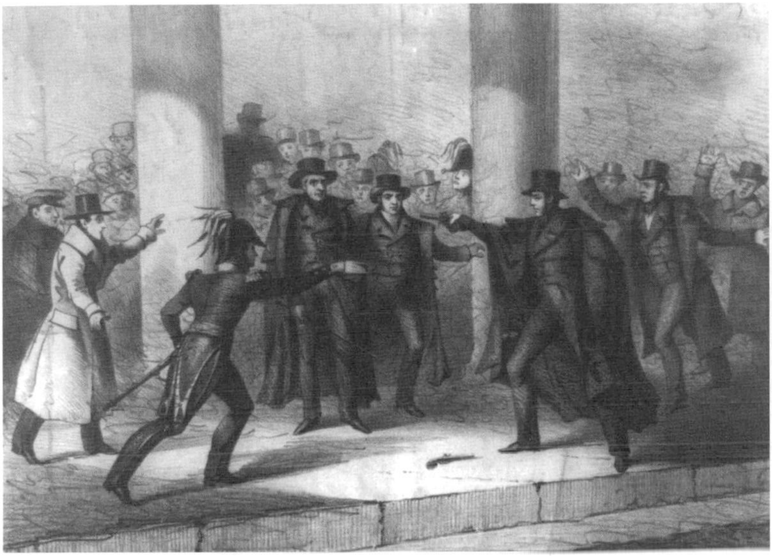

一幅蝕刻版畫，據說是「以一名目擊者描述的素描圖再加以繪製而成」，畫中描繪了一八三五年在華盛頓特區所發生的暗殺安德魯．傑克森總統未遂事件。

美國總統

安德魯．傑克森（Andrew Jackson）

只有四位美國總統被暗殺，但據估計，至少有三十位曾是可能的暗殺目標。

一八三五年，對安德魯．傑克森（Andrew Jackson）發動美國史上第一次暗殺總統攻擊事件的人，萬萬沒有預料到結果會是如此。

理查．勞倫斯（Richard Lawrence）是一名失業的房屋油漆工，試圖在總統參加葬禮後離開國會大廈（Capitol building）時射殺他，但在緊要關頭，勞倫斯的槍卻無法擊發。

六十七歲的傑克森是一位民族英雄，多虧了他在一八一五年的「紐奧良戰役」

小約翰·欣克利對隆納·雷根總統的暗殺行動餘波盪漾，華盛頓特區，一九八一年。

（Battle of New Orleans）擊敗了英國人，一戰成名，但也使他負了傷，日後得用手杖行走。

勞倫斯試圖用第二把槍再試一次，但這一把槍仍然無法擊發。幫忙抓住這名槍手的人當中，有一位就是號稱「荒野之王」（King of the Wild Frontier）；後來成為眾議院議員的戴維·克羅基特（Davy Crockett）。

傑克森認為這起攻擊的幕後主使是他的政敵，但勞倫斯被判定是精神失常，並被送進一所精神病院度過餘生。

一個世紀之後，研究人員測試了勞倫斯的兩把手槍，發現這兩把手槍在他們第一次試射時都成功地擊發了。

隆納·雷根（Ronald Reagan）

在所有針對美國總統的暗殺未遂攻擊中，唯一受傷的總統是隆納·雷根。

一九八一年三月三十日，雷根在華盛頓希爾頓飯店（Washington Hilton）發表演說，聚集在飯店外的人群當中，有一名披頭四樂團的歌迷、二十五歲的小約翰·欣克利（John Hinckley Jr），在三個月前約翰·藍儂遇刺後，他就一直納悶這世界怎能繼續如常運轉，當雷根出現時，欣克利從大約三公尺（十英呎）外對他開了六槍。

以經過精心排練的固定程序來說，遇上攻擊時，一名特勤局探員會火速將總統推入車內，另一名探員則會盡可能展開身體為總統擋了彈，因此，這名探員腹部中了彈，另一名警察也受了傷，而雷根的新聞秘書吉姆·布雷迪（Jim Brady）則被擊中頭部，傷勢相當嚴重。

一枚射中禮車的子彈被彈飛後，擊中了總統的肺部，子彈的位置距離心臟不到一英吋。

群眾抓住了欣克利，另一名特勤局探員趕緊撲向他，以免他遭遇和李·哈維·奧斯華一樣的命運，還有另一名探員則抓起一把衝鋒槍，以掩護雷根迅速上車逃離險境。

七十歲的雷根被緊急送往醫院，他復原得相當神速，繼續做完了美國總統的兩個任期，並結束了與蘇聯的冷戰。當他被推入手術室時，他還抬起氧氣面罩對妻子說：「親愛的，我忘了要閃子彈！」他也不忘跟手術團隊開玩笑，說他希望他們都是共和黨員。

雷根後來透露，他為那個對他開槍的「迷途的羔羊」祈禱。不到兩週，他就帶著如日中天的人氣與聲望返回了工作崗位。這或許有助於讓國會通過他的若干較具爭議性的政策，譬如削減社會計畫預算以增加國防開支。

但這些完全不會對那個試圖暗殺他的人造成任何困擾，因為對這類刺客來說，這項行動只是他們自己心理劇的一部分而已。

小約翰·欣克利（John Hinckley Jr）

欣克利的父親是丹佛一間石油公司的高階主管，他是這個「優良基督教家庭」中最年幼的孩子。欣克利在校時表現得相當優異，但是到了大學，他發現自己很難適應課業，逐漸變得孤僻，並開始在餐廳與酒吧做些粗活，後來更退學跑去好萊塢想成為一名作曲家，但沒能如願，最後流落街頭，還得靠他的父母來保釋他。

他逐漸執迷於《計程車司機》（Taxi Driver）這部電影，尤其是電影中的女主角茱蒂·佛斯特（Jodie Foster），他開始把自己塑造成電影中的英雄，這位英雄原本打算暗殺一位總統候選人。

欣克利捏造出一位虛構的女朋友，以及一個虛構的右翼政黨，而他正是該黨的「國家領導人」（National Director）。他買了一把槍，開始服用「地西泮」（Valium）與抗憂鬱藥物。一九八〇年，他在納許維爾國際機場（Nashville Airport）因非法攜帶三把槍械而被逮捕，當時，吉米．卡特（Jimmy Carter）總統正路過此處。

後來，欣克利逐漸用藥過量，他半認真地考慮在約翰．藍儂遇刺地點自殺，同時也開始研究起暗殺，並跟蹤繼任卡特成為總統的隆納．雷根。

一九八一年三月二十九日，他在報上發現雷根第二天的行程，決定要刺殺他。他寄了最後一封信給茱蒂．佛斯特（事實上，他已經寄了無數的信件、明信片、詩作給她），要求她「給我機會以這項歷史性的行動，來贏得妳的尊重與愛」。

暗殺未遂之後，欣克利接受審判，卻以精神錯亂的理由被判無罪釋放。二〇一六年，在嚴格的條件下，他終於從精神病治療院所被釋放出來。

當欣克利槍殺雷根時，據估計，美國的安全部門監控了四百個最可能成為刺客的人，加上另外的兩萬五千個被認為風險較低的人，然而，欣克利並不在其中。

富蘭克林．德拉諾．羅斯福（Franklin D. Roosevelt）

其他成為暗殺目標的總統，還有赫伯特．胡佛（Herbert Hoover）、理察．尼克森、傑拉德．福特、老布希與小布希、比爾．柯林頓（Bill Clinton），以及巴拉克．歐巴馬（Barack Obama）。

富蘭克林．德拉諾．羅斯福（Franklin D. Roosevelt）是美國最重要的領導人之一，也是羅斯福新政（New Deal）與第二次世界大戰勝利的締造者，險些出師未捷身先死。

一九三三年二月十五日，當羅斯福當選總統而尚未就職時，他前往邁阿密訪問。成千上萬的人到場歡迎他，一群民主黨的顯貴要人也都來了。就在羅斯福在車上做了一場即席演講之後，突然槍聲大響，一個名叫朱塞佩·贊加拉（Giuseppe Zangara）的義大利移民朝他們開槍。

贊加拉是一名失業的泥水匠，長期為慢性腹痛所苦，用的是他花了八美元從當舖買來的一把槍。

群眾旋即將他按倒在地，但他已給了芝加哥市長安東·瑟馬克（Anton Cermak）致命的一槍，另外有四人也受了傷，但羅斯福毫髮無傷。

當贊加拉被關進監獄時，這名自詡為「無政府主義者」聲稱：「我先殺國王與總統，然後是所有的資本家。」他經審判後被判有罪，並於三月二十日被送上電椅，但他顯然對沒有新聞媒體到場捕捉這個關鍵時刻深感惱怒。

如果羅斯福被殺了，歷史可能會從此改寫，對於幫助美國從經濟大蕭條（Great Depression）中復甦的羅斯福新政，他的副總統約翰·南斯·加納（John Nance Garner）可說是興趣缺缺。

哈里·杜魯門（Harry Truman）

跟羅斯福幾乎同樣重要的一個人物，就是他的繼任者哈里．杜魯門（Harry Truman），正是他下令用核武對付日本，見證第二次世界大戰的最終勝利，也是他幫助成立了北大西洋公約組織，並實施了「馬歇爾計劃」（Marshall Plan）重建西歐。

一九五〇年，當時白宮正在進行全面的整修與翻新，杜魯門暫住在華盛頓特區的布萊爾賓館（Blair House）。十一月一日，兩名波多黎各的民族主義者奧斯卡．柯拉佐（Oscar Collazo）與格里塞利奧．托雷

泰然處之：一九五〇年十一月一日，哈里．杜魯門總統在險些被暗殺之後，隨即在阿靈頓國家公墓發表演說。

索拉（Griselio Torresola），試圖開槍闖入布萊爾賓館，喧鬧聲響驚醒了總統，他來到窗邊想看看是怎麼回事，但一名警衛大聲叫他去找掩護躲起來。

在激烈槍戰中，托雷索拉被殺了，柯拉佐則受了傷，三名警察也掛了彩，其中一名當天就因傷重而身亡。

這兩名刺客跟「豺狼類型」的殺手剛好相反，他們從沒來過華盛頓特區，而且柯拉佐從來沒開過槍，他說，他們並不是要殺害一個人，而是要除去一個體制的象徵，希望此舉能在美國引發革命，為波多黎各帶來自由。

攻擊發生後的半個小時，杜魯門出席了阿靈頓國家公墓（Arlington National Cemetery）的一場儀式，說道：「一個總統必得預期到這些事情會發生。」柯拉佐被判處死刑，但杜魯門將他的刑罰減輕為無期徒刑，他後來在一九七九年被釋放。

教宗若望保祿二世

對伊莉莎白女王開槍的馬庫斯・薩吉安，說他是自隆納・雷根與教宗若望保祿二世的遇刺事件得到靈感。

事實上，在歐洲的「黑暗時代」（Dark Ages），至少有四位教宗被謀殺，在那之後，雖然

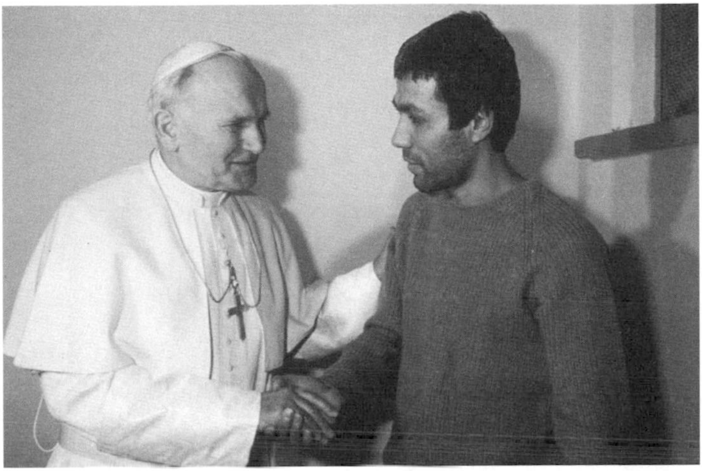
羅馬，一九八三年：教宗若望保祿二世會見試圖行刺他的莫梅特．阿里．阿加。

沒有真正遇刺死亡的事件，但並不意味著沒有人企圖暗殺。

若望保祿二世或許是現代最知名的教宗了，也是四百五十多年來第一位來自斯拉夫國家的教宗，也是第一位由非義大利人出任的教宗。他身為教會領袖的任期，與他的波蘭祖國試圖從蘇聯統治下解放的時期不謀而合。

莫梅特．阿里．阿加（Mehmet Ali Agca）

一九八一年五月十三日，若望保祿搭乘一輛敞篷車行經羅馬的聖彼德廣場（St Peter's Square）附近時，一名二十三歲的土耳其人莫梅特．阿里．阿加（Mehmet Ali Agca）近距離地對他開了兩槍，他身受重傷，因為有一發子彈剛好擦過他的心臟。

這起攻擊剛好發生在法蒂瑪聖母（Virgin of

Fátima）瞻禮日，教宗說，是聖母讓子彈避開了他的要害，拯救了他的性命。

阿加的動機成謎。在土耳其，他曾是右翼極端民族主義組織「灰狼」（Grey Wolves）的成員，但有些人相信他是被某個東歐共產主義情報部門（或許是保加利亞人）雇用來攻擊教宗，他們可能認為教宗對波蘭團結工會（Solidarity）的反共運動提供了過多的支持。蘇聯國家安全委員會主席（後來的蘇聯領導人）尤里・安德洛波夫（Yuri Andropov）將若望保祿描述成「我們的敵人……由於他的非凡能力與豐富的幽默感，使他成為危險人物。」但是，阿加的共產黨關係從來沒有得到證實。一九八三年，若望保祿前往監獄探視這名土耳其人，並原諒了他對自己的攻擊。

阿加在義大利的監獄待了十九年，直到教宗赦免他。後來，他被引渡回他的祖國，在土耳其又因一名人權活動人士的謀殺案而被通緝，並再次入獄。

阿加常常聲稱自己是「彌賽亞」，當他在二〇一〇年從土耳其的監獄中被釋放出來時，他寫了一份聲明，宣稱「世界末日來臨，全世界都將在這個世紀被摧毀，每個人都會死……我是永生的基督。」

在阿加的攻擊滿一周年時，若望保祿前往葡萄牙的法蒂瑪聖母聖殿朝聖，在那裡，他又遇到一名反改革的比利時牧師，試圖持刀行刺他未果。這名刺客相信教宗是一名蘇聯間諜，後來在監獄服了三年刑期。

若望保祿於二〇〇五年離世，於二〇一一年經宣福禮被封為「真福者」。

斐代爾．卡斯楚

「如果逃脫暗殺是奧運會的一個比賽項目，」斐代爾．卡斯楚說，「那我一定會贏得金牌。」這項聲明可以從一部電視紀錄片《暗殺卡斯楚的六百三十八種方法》（638 Ways to Kill Castro）得到確認。根據卡斯楚的特勤局局長說法，「六百三十八」就是這位古巴領導人曾經遭遇暗殺的次數。

美國國防部長勞勃．麥納馬拉（Robert McNamara）也承認：「我們對古巴的反應很歇斯底里。」

卡斯楚與美國中情局

一九五九年，卡斯楚肅清了富爾亨西奧．巴蒂斯塔（Fulgencio Batista）腐敗的獨裁政權。剛開始，美國展現出相當贊同與支持的態度，但是後來，當這位新的古巴領導人開始將美國擁有的土地與企業國有化，並且關閉了由美國黑幫擁有的賭場與妓院，美國的敵意漸增，因此，卡斯楚也逐漸往蘇聯靠攏，這使得華盛頓特區驚慌了起來，擔憂共產主義會從哈瓦內蔓延開來，並汙染整個中美洲。

到了一九五九年十二月，美國中情局局長艾倫．杜勒斯（Allen Dulles）指示「考慮除去卡斯楚」，有人暗示，艾森豪總統比杜勒斯更熱衷於除去這位古巴領導人，因此，一連串充滿異國情調名稱的陰謀策畫隨之而來，包括了「貓鼬」（Mongoose）、「zr/步槍」（zr/Rifle）、「am/鮮血」（am/Blood），這些陰謀涉及了或許更充滿異國情調的暗殺方法：會爆炸的雪茄、有毒的手帕、充滿毒氣的收音機、在貝殼裡安裝炸彈放在卡斯楚最喜愛的浮潛地點、以結核菌感染他潛水用的呼吸器材；諸如此類，不勝枚舉。

有次，中情局提供了毒藥給他的情婦，而她將這些毒藥藏在一罐冷霜當中，結果毒藥溶解了，於是她想趁卡斯楚睡著時，把冷霜硬擠進他的嘴巴。但是到最後，她不但沒有這麼做，還滿懷懊悔地向卡斯楚坦承了這一切，於是卡斯楚把自己的槍拿給她，讓她可以射殺他。這時她大哭了起來，說：「我做不到，斐代爾。」

剛開始，美國政府的觀點是，只有在古巴入侵的情況下，暗殺卡斯楚才顯得合情合理，否則，他可能會被某個他們認為更糟的人取代，譬如他的兄弟勞爾（Raul，他最後的確接替了卡斯楚的位子）或是切．格瓦拉。

後來，約翰．甘迺迪入主白宮，接著一九六一年，就發生了失敗的「豬玀灣入侵」（Bay of Pigs Invasion）事件。中情局局長杜勒斯因而下台，但沒有了入侵的這個選項，並不意味著暗殺陰謀也就此告一段落。

有時候，中情局會雇用地下組織的罪犯來從事暗殺工作；譬如某個黑手黨頭子，就曾經供應毒藥給卡斯楚的私人秘書胡安．奧爾塔（Juan Orta），但事跡敗露後，他就被關入了監獄。

一九六二年，美國不同情報部門間的競爭也介入了此事。聯邦調查局局長約翰．埃德加．胡佛，向當時的司法部長巴比．甘迺迪爆料，揭發了中央情報局陰謀對付卡斯楚的行動。

對甘迺迪來說，這項揭發尤其令人尷尬，因為他備受矚目的競選活動正是以打擊有組織的犯罪為訴求，這使得這位司法部長嚴厲斥責中情局與「惡棍暴徒」不法共謀。儘管如此，暗殺陰謀仍然持續進行。

一九六三年九月七日，卡斯楚在一場訪談中被問到有關那些對付他的謀叛行動，他的回答是：「我們準備……以牙還牙。」

在約翰．甘迺迪遇刺的同一天，一樁使用毒筆暗殺卡斯楚的行動失敗了。

或許這種無可救藥、根深蒂固的美國暗殺積習，也是林登．詹森始終深信卡斯楚和甘迺迪遇刺脫不了關係的原因，儘管華倫委員會（Warren Commission）調查的結果並非如此。

一九七五年，丘奇委員會表示他們發現了「在一九六〇年至一九六五年之間，至少有八起暗殺卡斯楚的陰謀，與中情局有關的確切證據」。目前已知的最後一次暗殺嘗試是發生於二〇〇〇年，當時這位古巴領導人正造訪巴拿馬，一名古巴的前中情局探員在一座講臺下安裝了兩百磅的強力炸藥，因為卡斯楚預定要到此處演講。不過，炸藥最後被他的安全小組發現，並拆除了。

安迪．沃荷

卡斯楚的革命同袍切．格瓦拉，是安迪．沃荷（Andy Warhol）的作品中所突顯的眾多名人之一，其他名人還包括了艾維斯．普里斯萊（Elvis Presley）、瑪麗蓮．夢露（Marilyn Monroe）、賈桂琳．甘迺迪（Jackie Kennedy）、毛澤東等。

在塑造名人崇拜的推波助瀾過程中，安迪．沃荷自己也成了一個名人。迄今為止，他是美國最知名的藝術家，也是在藝術圈之外辨識度極高的一位「不可一世的頑童」（Enfant Terrible）。他是一名公開的同性戀者，經常在時尚前衛的氛圍中，與變裝皇后及各式各樣的波希米亞人混在一起。

一九六八年，他死於一名刺客之手，至少死了一分半鐘。

美國最令人厭惡的藝術家

沃荷的作品由他位於曼哈頓的「工廠工作室」（The Factory）大量生產，新潮前衛的作品一出廠即可被掛在牆上。這位藝術家說道：「瘋狂的人總是讓我著迷，因為他們充滿了創意。」似乎果真如此。

每個人都很清楚，沃荷可不是那種窮困潦倒的藝術家，他顯然荷包滿滿，他的藝術也很前衛，包括了以絹印方式創作的濃湯罐頭畫作，也執導了一部改編自安東尼·伯吉斯（Anthony Burgess）充滿爭議性的暴力小說《發條橘子》（A Clockwork Orange）的實驗電影（比史丹利·庫柏力克（Stanley Kubrick）改編成電影早了六年），以及另一部關於約翰·甘迺迪遇刺的電影。

沃荷有時被描述為「美國最令人厭惡的藝術家」。

瓦萊麗·索拉納斯（Valerie Solanas）

一九六七年的某一天，一個名叫瓦萊麗·索拉納斯（Valerie Solanas）的三十一歲女子走進了沃荷的生命，試圖說服沃荷把她所寫的一部劇作《滾你媽的》（Up Your Ass）搬上舞台。沃荷很感興趣，但這齣劇本「太下流了」，因此他懷疑索拉納斯會不會是一名「女警」。

索拉納斯形容自己是個「厭男者」，因為她曾經被她父親虐待，十五歲就生下一個孩子並且被帶走了。後來她只能靠賣淫來完成她的心理學學位，之後在偶然的機會中，她加入了女同性戀團體。她自己也成立了一個名叫「人渣」（SCUM）的組織，意為「除滅男人協會」（Society for Cutting Up Men），而她是唯一的成員，因為她刊登在《村聲》（Village Voice）週報上徵求追隨者的廣告，沒有得到半點回應。

索拉納斯在街上販售她的「人渣宣言」（SCUM Manifesto），宣言裡寫道：「男人無法愛人，世上所有的罪惡皆源自於男性沒有能力去愛。」因此，消滅男性對於世界和平來說極為必要，在施行的階段，有些男性可被饒恕，並組成一個「男性的附屬」（Men's Auxiliary）組織，也就是一群「支持」該性別的成員所組成的團體，他們會努力「不懈地消滅他們自己」。加入該團體的人當中，特別不受歡迎的包括了「『偉大的藝術家』、騙子、偽冒者」。

儘管如此，索拉納斯仍然邀請沃荷成為她的會員。此外，嬰兒將會在實驗室中被製造出來，所以男人不再為繁殖所需，一旦衰老、死亡，就會被消滅，甚至有一天，我們也不再需要實驗室製造出來的嬰兒了。加入「人渣」組織的女性必須具備多項特質，包括「下流、暴力、自私」。

當沃荷表現出完全沒有興趣將索拉納斯的劇本搬上舞台演出時，她要求沃荷歸還她的原稿，但沃荷的回答是，他已經「丟失了」這份稿件。因為這位藝術家不斷收到各種提案，而大部分的提案，最終都被丟進辦公室裡一大疊未回覆的信函文件當中。

始終處於破產狀態的索拉納斯開始向沃荷要求金錢賠償，因此，沃荷為她提供了一個角色，在他的《我，一個男人》（I, A Man）這部電影中露臉，並支付她極為受用的二十五美元。這部電影是關於一個男人的性愛探索之旅，在電影中，這名男主角勾引了八位女性。

索拉納斯的確吸引了某些評論家的目光，她扮演一名「強悍的女同性戀者」，不讓電影中的英雄越雷池一步，越過她和她女朋友分享的公寓外牆樓梯；她蠻橫的演出搶盡了鋒頭。

儘管索拉納斯滿懷革命熱情，她仍迫切地想要成名，聲稱：「我想在這時髦的世界裡分一杯羹。」

她設法和充滿爭議的「奧林匹亞出版社」（Olympia Press）的莫里斯・吉羅迪亞斯（Maurice Girodias）簽下了撰寫自傳小說的合約。吉羅迪亞斯代表了通往「時髦世界」的一張入場券，而沃荷似乎代表了另一張。

但是到了一九六七年底，索拉納斯仍然一貧如洗，而且無家可歸。她向沃荷抱怨吉羅迪亞斯，向吉羅迪亞斯抱怨沃荷，說藝術家都是禿鷹跟小偷，她不斷糾纏沃荷，要求知道她的劇本在哪裡，並且對沃荷口出威脅。因此，沃荷不再接聽她的電話。

死亡了九十秒

一九六八年夏天是個動盪不安的多事之夏。

馬丁・路德・金恩在四月被暗殺；越戰使得美國四分五裂；新聞媒體也不斷報導歐洲各地發生的學生暴動。

六月三日，索拉納斯提著放了兩把手槍的洗衣袋，前往吉羅迪亞斯的辦公室。這位出版商剛好不在，因此她改去到沃荷的總部外頭遊蕩。

當沃荷在下午稍晚時候出現時，索拉納斯硬拉住他，然後隨同他一起進入大樓，人們注意到索拉納斯似乎非常焦躁不安，後來沃荷在講電話時，索拉納斯突然對他開了兩槍，兩槍都沒擊中他，他躲在桌子下哀求索拉納斯別再對他開槍，但索拉納斯走向他，更仔細地瞄準並開槍擊中了他的腹部，子彈直接貫穿了他的身體。

接著，索拉納斯也對沃荷的一位訪客開槍，還打算給他的業務經理頭上來一槍，但她的槍剛好卡住，這名業務經理說服她離開。

幾個小時之後，她向一名警察自首，說她射殺了沃荷，因為沃荷「嚴重控制了我的生活」。當記者詢問她動機為何，她叫他們去讀她的宣言。

被送往醫院的沃荷，在臨床上算是已經死亡了，但醫生們設法在他死了九十秒之後將他搶救回來。因此，沃荷餘生都得穿著手術後專用的胸衣，永遠無法回復到和以前一樣。事實上，他的健康受到了永久性的損傷，也變得更恐懼畏縮、不敢冒險，根據他自己的評估是變得較為缺乏「創造力」。雖然沃荷繼續活到一九八七年，但人們常說，真正的沃荷已經在他中槍那天死去了。

這場攻擊也讓沃荷變得害怕去醫院，可能從而縮短了他的肉體壽命以及藝術生命。

在一場膽囊手術之後，他因心臟驟停而死亡，享年五十八歲。他的膽囊手術因為拖延了數年，使得他的健康狀況愈發惡化。

索拉納斯向警方自首之後，吉羅迪亞斯問她，如果她有機會，是否也會射殺他，她咯咯地笑說她不會了：「我現在已經釋懷了……我不必再做一次。」

她被保釋出來接受精神病測試，但在威脅沃荷與吉羅迪亞斯時又被關了起來。雖然被診斷為偏執型精神分裂症，索拉納斯仍接受了審判，她承認攻擊沃荷，但聲稱她這麼做，只是為了引起沃荷的注意。

索拉納斯被監禁了三年，警方告訴沃荷，如果他願意作證，索拉納斯被判處的刑期會更長，但這位仍然病重的藝術家決定不出席作證。這項顯然過於寬宏大量的判決，嚇壞了沃荷管理的「地下絲絨」（Velvet Underground）實驗搖滾樂團歌手盧・里德（Lou Reed），他的評論是：「偷車的刑罰都比這還重……但社會針對他的憎惡與敵意，明顯反映於這項判決。」

索拉納斯被某些激進的女權主義者與具備革命精神的嬉皮譽為英雄，「全國婦女組織」（National Organization for Women, NOW）的提－格蕾絲・阿特金森（Ti-Grace Atkinson）說，索拉納斯將以擁護女權的傑出戰士身分留名青史。

吉羅迪亞斯出版了索拉納斯的「人渣宣言」，但她出獄之後就什麼也沒寫了，儘管她還是不斷對人們口出瑣碎但殺氣騰騰的威脅惡言。

索拉納斯比沃荷多活了一年，於一九八八年死於肺炎。她射殺沃荷是件轟動一時的大事，在這起攻擊發生之後出刊的那一期《生活》（Life）雜誌，原本安排了八頁的跨頁要報導這個事件，但是才過了一天，比這起攻擊更驚天動地的大事發生了：巴比．甘迺迪遇刺！因此這篇特別報導就被擠掉了。

在一九六八年的狂熱氛圍中，有些人說沃荷被槍殺是他最偉大的藝術作品，但其他人，就像《時代》（Time）雜誌，認為他是咎由自取：「多年來，他歌詠鼓吹各種形式的肆意放蕩……拍攝墮落腐敗，然後稱其為真理。」

沃荷本身倒是很豁達地看待這件事：「我明白，若說迄今並無任何糟糕的事發生在我們身上，那只是時間問題而已……我想，這就是在對的時間出現在錯的地方，暗殺就是這麼回事吧！」

精選書目

書籍

- Ahmed, Dr Nazeer,《Islam in Global History》, vol. i (Bloomington, in, 2001)
- Aiton, William,《A History of the Rencounter at Drumclog, and Battle at Bothwell Bridge》(Hamilton, 1821)
- Antiphon,《On the Murder of Herodes》, www.perseus.tufts.edu, accessed 2 February 2020
- Aristotle,《The Athenian Constitution》[330 bc], www.onemorelibrary.com
- Armstrong, Karen,《Islam: A Short History》(London, 2001)
- Azoulay, Vincent,《Pericles of Athens》, trans. Janet Lloyd (Princeton, nj, 2014)
- Barker, F., and P. Jackson,《London: 2000 Years of a City and Its People》(London, 1983)
- Barrett, Anthony A.,《Agrippina》(London, 1996)
- Boardman, John, and I.E.S. Edwards, eds,《The Cambridge Ancient History》, vol. iii, pt 2 (Cambridge, 1991)
- Bockris, Victor,《Warhol》(London, 1930)

● Breasted, J. H., ed., 《Ancient Records of Egypt》, vol. iv (Chicago, il, 1906)
● Briant, Pierre, 《From Cyrus to Alexander: A History of the Persian Empire》, trans. Peter T. Daniels (Winona Lake, in, 2002)
● Burstein, Stanley, 《Outpost of Hellenism: The Emergence of Heraclea on the Black Sea》, University of California Publications: Classical Studies, vol. xiv (Berkeley, ca, 1974)
● Cassius Dio, 《Roman History》, http://penelope.uchicago.edu, accessed 2 February 2020
● Constantino, Renato, with Letizia R. Constantino, 《A History of the Philippines》 (New York, 1975)
● Cook, David, 《Martyrdom in Islam》 (Cambridge, 2007)
● Crompton, Louis, 《Homosexuality and Civilization》 (London, 2006)
● Deutscher, Isaac, 《Stalin》 (Harmondsworth, 1966)
● Donald, David Herbert, 《Lincoln》 (New York, 1995)
● Duka, Cecilio D., ed., 《Struggle for Freedom》 (Manila, 2008)
● Dumas, Alexandre, 《Celebrated Crimes》 [1841], www.gutenberg.org
● Falk, Avner, 《Franks and Saracens: Reality and Fantasy in the Crusades》 (London, 2010)
● Fletcher, Catherine, 《The Black Prince of Florence: The Spectacular Life and Treacherous

World of Alessandro de' Medici》(Oxford, 2016)
● Forsyth, Frederick,《The Day of the Jackal》(London, 1975)
● Garmonsway, G. N., trans. and ed.,《The Anglo-Saxon Chronicle》(London, 1975)
● Gascoigne, Bamber,《A Brief History of the Dynasties of China》(London, 2003)
● Geyl, Pieter,《The Revolt of the Netherlands》(London, 1966)
● Gibbon, Edward,《The Decline and Fall of the Roman Empire》(London, 1912)
● Grimal, Nicholas,《A History of Ancient Egypt》(London, 1992)
● Henderson, Peter V. N.,《Gabriel García Moreno and Conservative State Formation in the Andes》(Austin, tx, 2008)
● Hibbert, Christopher,《The French Revolution》(London, 1988)
● Hillsborough, Romulus,《Samurai Assassins: 'Dark Murder' and the Meiji Restoration, 1853–1868》(Jefferson, nc, 2017)
● John of Fordun,《Chronicle of the Scottish Nation》[1872], www.archive.org
● Josephus, Flavius,《The Wars of the Jews or The History of the Destruction of Jerusalem》, trans. William Whiston, 2009, www.gutenberg.org
● Kanawati, Naguib,《Conspiracies in the Egyptian Palace: Unis to Pepy i》(London, 2002)

● Kautilya, 《Arthashastra》, trans. R. Shamasastry (Bangalore, 1915), www.archive.org

● Kee, Robert, 《The Green Flag》, vol. iii: Ourselves Alone (London, 1976)

● Keeley, Lawrence H., 《War Before Civilization: The Myth of the Peaceful Savage》 (New York, 1996)

● Keene, Donald, 《Emperor of Japan: Meiji and His World, 1852–1912》 (New York, 2002)

—, 《Yoshimasa and the Silver Pavilion: The Creation of the Soul of Japan》 (New York, 2003)

● Kitto, John, 《Palestine:The Bible History of the Holy Land》 (London, 1841)

● Knecht, Robert J., 《Hero or Tyrant? Henry iii, King of France, 1574–89》 (Abingdon, 2016)

● Laqueur, Walter, 《Terrorism》 (London, 1978)

● Lauderbaugh, George M., 《The History of Ecuador》 (Santa Barbara, ca, 2012)

● Lewis, Kevin James, 《Sons of Saint-Gilles: The Counts of Tripoli and Lebanon in the Twelfth Century》 (Abingdon, 2017)

● Love, Dane, 《Scottish Covenanter Stories: Tales from the Killing Times》 (Glasgow, 2000)

● Lynch, Michael, 《Scotland: A New History》 (London, 1992)

● Lynn, John A., 《Battle: A History of Combat and Culture》 (Philadelphia, pa, 2003)

● Machiavelli, Niccolò, 《The Prince》, www.gutenberg.org, accessed 2 February 2020

- McKisack, May, 《The Fourteenth Century》 (London, 1959)
- Malraux, André, 《La Condition humaine》 (Paris, 1946)
- Manetho, 《The Fragment of Manetho》, http://penelope.uchicago.edu, accessed 28 February 2020
- Marsden, P., 《Roman London》 (London, 1980)
- Meredith, M., 《The State of Africa》 (London, 2006)
- Montefiore, Simon Sebag, 《Monsters: History's Most Evil Men and Women》 (London, 2008)
- Mookerji, Radha Kumud, 《Chandragupta Maurya and His Times》 (Delhi, 1988)
- Motley, John Lothrop, 《The Rise of the Dutch Republic》 (London, 1883)
- Myers, J.N.L., 《The English Settlements》 (Oxford, 1998)
- Newton, Michael, 《Age of Assassins: The Loners, Idealists and Fanatics who Conspired to Change the World》 (London, 2012)
- Newton, Michael, 《Famous Assassinations in World History: An Encyclopedia》, 2 vols (Santa Barbara, ca, 2014)
- Nicholas, David M., 《Medieval Flanders》 (Abingdon, 2014)
- Onon, Urgunge, trans., 《The History and the Life of Chinggis Khan》 (Leiden, 1990)

- Plutarch, 《The Parallel Lives》, vol. vii: 《The Life of Julius Caesar》, http://penelope.uchicago.edu, accessed 2 February 2020
- Poe, Edgar Allan, 《Hymn to Aristogeiton and Harmodius》 [1903], https://etc.usf.edu
- Porter, Lindsay, 《Assassination: A History of Political Murder》 (London, 2010)
- Poulsen, C., 《The English Rebels》 (London, 1984)
- Prebble, John, 《The Lion in the North: A Personal View of Scotland's History》 (London, 1981)
- Prescott, William H., 《History of the Conquest of Peru》 (Mineola, ny, 2005)
- Robinson, John J., 《Dungeon, Fire and Sword: The Knights Templar in the Crusades》 (Lanham, md, 2009)
- Röhl, John C. G., 《Wilhelm ii: Into the Abyss of War and Exile, 1900–1941》, trans. Sheila de Bellaigue and Roy Bridge (Cambridge, 2014)
- Roskam, Geert, 《Plutarch's 'Maxime cum principibus philosopho esse disserendum': An Interpretation with Commentary》 (Leuven, 2009)
- Runciman, Steven, 《A History of the Crusades》 (Harmondsworth, 1971)
- Salmon, Edward T., 《A History of the Roman World from 30 bc to ad 138》 (London, 1972)
- Salway, P., 《Roman Britain》 (Oxford, 1988)

● Schama, Simon, 《Citizens: A Chronicle of the French Revolution》(London, 2004)

● Scobbie, Irene, 《The A to Z of Sweden》(Lanham, md, 2006)

● Smedley, E., 《The History of France: From the Final Partition of the Empire of Charlemagne, ad 843, to the Peace of Cambray, ad 1529》(London, 1836)

● Sommerstein, Alan H., 《The Tangled Ways of Zeus: And Other Studies In and Around Greek Tragedy》(Oxford, 2010)

● Stenton, F. M., 《Anglo-Saxon England》(London, 1971)

● Suetonius, 《The Lives of the Twelve Caesars》, http://penelope.uchicago.edu, accessed 2 February 2020

● Sun Tzu, 《The Art of War》, www.suntzusaid.com, accessed 2 February 2020

● Tacitus, 《The Annals》, http://penelope.uchicago.edu, accessed 2 February 2020

● Taylor, A.J.P., 《The First World War: An Illustrated History》(Harmondsworth, 1966)

● Thant Myint-U, 《The Making of Modern Burma》(Cambridge, 2012)

● Thucydides, 《The History of the Peloponnesian War》, http://classics.mit.edu, accessed 2 February 2020

● Vaughan, Richard, 《John the Fearless: The Growth of Burgundian Power》, vol. ii (London,

1966)

● Vieusseux, André, 《The History of Switzerland: From the Irruption of the Barbarians to the Present Time》 (London, 1840)

● Walsh, Michael, and Don Jordan, 《The King's Revenge: Charles ii and the Greatest Manhunt in British History》 (London, 2012)

● Watson, J. Steven, 《The Reign of George iii, 1760–1815》 (London, 1960)

● Whitehorne, John, 《Cleopatras》 (London, 2001)

● Williams, Anne, and Vivian Head, 《Terror Attacks》 (London, 2006)

● Withington, John, 《A Disastrous History of the World: Chronicles of War, Earthquake, Plague and Flood》 (London, 2008)

● Worthington, Ian, ed., 《Alexander the Great: A Reader》 (London, 2011)

● Ziegler, Philip, 《King Edward viii: The Official Biography》 (London, 1990)

文章與小冊子

● Alberge, Dalya, 'Plot to Kill Napoleon Linked to British Cabinet Minister', 27 September 2014, www.theguardian.com

- Alexander, Harriet, 'John Lennon's Killer Revealed Details of Shooting as He Was Denied Parole for the Ninth Time', 16 September 2016, www.telegraph.co.uk
- 'Alleged Assassination Plots Involving Foreign Leaders: An Interim Report of the Select Committee to Study Governmental Operations with Respect to Intelligence Activities', United States Senate, 20 November 1975, intelligence.senate.gov
- 'Anarchist Kills Spain's Premier', 《New York Times》, 13 November 1912
- Andrews, Evan, '6 Assassination Attempts on Adolf Hitler', 29 April 2015, www.history.com
- 'Armoured Cars: Essential Kit for Presidents', 18 November 2003, www.bbc.co.uk
- 'The Assassination of Reinhard Heydrich', cia Historical Review Program, 22 September 1993, www.cia.gov
- 'The Average Number of Bodyguards the President and Deputy President Have–81 Each,' 11 July 2018, www.mybroadband.co.za
- 'Barry George Not Guilty of Jill Dando Murder', 1 August 2008, www.belfasttelegraph.co.uk
- Black, Ian, 'Rise and Kill First: The Secret History of Israel's Targeted Assassinations – Review', 22 July 2018, www.theguardian.com
- Brincat, Shannon K., '"Death to Tyrants": The Political Philosophy of Tyrannicide', academia.edu,

accessed 2 February 2020

● Bronner, Ethan, 'Intelligence Correspondent Ronen Bergman Persuades Mossad Agents, Shin Bet and Military Personnel to Disclose their Stories on State-sponsored Killings', 28 January 2018, www.independent.co.uk

● Brown, Adrian, 'Osama Bin Laden's Death: How it Happened', 10 September 2012, www.bbc.co.uk

● Burnett, Amy Nelson, 'Randolph C. Head. 《Jenatsch's Axe: Social Boundaries, Identity, and Myth in the Era of the Thirty Years' War》. Changing Perspectives on Early Modern Europe', 《Renaissance Quarterly》, lxii/1 (2009), www.cambridge.org

● Cameron, Rob, 'Czech Pride in Jan Kubis, Killer of Reinhard Heydrich', 27 May 2012, www.bbc.co.uk

● Campbell, Duncan, Richard Norton-Taylor and Conal Urquhart: 'They Say Why Attack a Tiger When There Are So Many Sheep?', 8 July 2005, www.guardian.com

—, '638 Ways to Kill Castro', 3 August 2006, www.theguardian.com

● Cavendish, Richard, 'Claudius Died on October 13th, ad 54: Roman Opinion Was Convinced that Agrippina Had Poisoned Him', 《History Today》, 10 October 2004

—, 'The Duke of Orleans Was Assassinated on November 23rd, 1407', 《History Today》, 11 November 2007

● 'Chilean Agent Convicted over Prats' Killing', 21 November 2000, www.bbc.co.uk

● Cook, Andrew, 'The Plot Thickens', 3 January 2003, www.theguardian.com

● Corera, Gordon, 'Licence to Kill: When Governments Choose to Assassinate', 17 March 2012, www.bbc.co.uk

● Dall'Aglio, Stefano, 'History's Coldest Case: The Assassination of Lorenzino de' Medici', 29 October 2015, http://blog.yalebooks.com

● Dash, Mike, 'The Ottoman Empire's Life-or-death Race', 22 March 2012, www.smithsonianmag.com

● David, Dr Saul, 'Mary, Queen of Scots and the Earl of Bothwell', 17 February 2011, www.bbc.co.uk

● Dearden, Lizzie, 'Osama Bin Laden could "Absolutely" Have Been Captured Alive, says u.s. Military Commander', 18 July 2017, www.independent. co.uk

● Ekinci, Ekrem Buğra, 'The History of Fratricide in the Ottoman Empire', pts 1 and 2, 6–7 August 2015, www.dailysabah.com

- 'The Empress of Austria Assassinated', Los Angeles Herald , 11 September 1898
- Everitt, Anthony, 'Empress of Rome: The Life of Livia, by Matthew Dennison', 23 April 2010, www.independent.co.uk
- Fawthrop, Tom, 'Major-General Khattiya Sawasdipol Obituary', 17 May 2010, www.theguardian.com
- Fein, Robert A., and Bryan Vossekuil, 'Assassination in the United States: An Operational Study of Recent Assassins, Attackers, and Near-lethal Approachers', 《Journal of Forensic Sciences》 , March 1999, www.secretintelligenceservice.org
- 'Findings of the Select Committee on Assassinations in the Assassination of President John F. Kennedy in Dallas, Tex. November 22, 1963', www.archives.gov
- Fisk, Robert, 'My Conversation with the Son of Soghomon Tehlirian, the Man who Assassinated the Organiser of the Armenian Genocide', 20 June 2016, www.independent.co.uk
- Fitterman, Lisa, 'Troubled Loner Killed Ottawa Sportscaster', 8 July 2017, www.theglobeandmail.com
- Gallagher John, review of 'Killers of the King: The Men Who Dared to Execute Charles i', 31 October 2014, www.theguardian.com

- Green, David B., 'This Day in Jewish History 1948: Stalin's Secret Police Murder a Yiddish Actor', 13 January 2013, www.haaretz.com
- Harding, Colin, 'Enrique Gorriaran Merlo: Argentine Revolutionary', 26 September 2006, www.independent.co.uk
- 'He Took a Shot at a President-elect, and Could Have Changed History', 6 February 2017, miamiherald.com
- Hersh, Seymour M., 'The Killing of Osama bin Laden', 21 May 2015, www.lrb.co.uk
- Holder, Eric H. Jr, Letter to Patrick Leahy, 22 May 2013, www.justice.gov
- Holmquist, Kate, 'Dallas Then: "Nut Country"', 22 November 2013, www.irishtimes.com
- Hopkins, Nick and Steven Morris, 'Obsessive Whose Life of Fantasy Ended in Deadly Reality', 3 July 2001, www.theguardian.com
- Hosken, Andrew, 'The Mafia Murders that Brought Down Slovakia's Government', 22 July 2018, www.bbc.co.uk
- Hoyle, Ben, 'Reopen Bobby Kennedy Case File, Urges Son', The Times , 29 May 2018
- Huggler, Justin, 'Tamil Tigers Apologise for Suicide Bomber's Murder of Rajiv Gandhi', 28 June 2006, www.independent.co.uk

- Hughes-Hallett, Lucy, 'The Woman Who Shot Mussolini by Frances Stonor Saunders', 27 February 2010, www.theguardian.com
- 'Istanbul Court Orders Release of Two Suspects in Murder of Turkish-Armenian Journalist Hrant Dink', 21 December 2018, www.dailysabah.com
- Jacobson, Gavin, '"By Now, There Was No Way Back for Me": The Strange Story of Bogdan Stashinsky', 19 January 2017, www.newstatesman.com
- 'Japan Socialist Party Leader Assassinated at Political Rally – Archive', 13 October 2016, www.theguardian.com
- Jernigan, Kelly Diane, 'Political Conspiracy in Napoleonic France', PhD Thesis, Louisiana State University and Agricultural and Mechanical College, 2015, digitalcommons.lsu.edu
- Jones, Benjamin F., and Benjamin A. Olken, 'Hit or Miss? The Effect of Assassinations on Institutions and War', National Bureau of Economic Research, May 2007
- Jones, Owen Bennett, 'Benazir Bhutto Assassination: How Pakistan Covered Up Killing', 27 December 2017, www.bbc.co.uk
- Keys, David, 'Britain Tried to Kill Kaiser Wilhelm ii in 1918 with Secret raf Bombing Raid, Reveals Archives', 30 May 2018, www.independent.co.uk

- Klein, Christopher, '8 Times Queen Victoria Survived Attempted Assassinations', 30 May 2017, www.history.com
- Knapton, Sarah, 'Face of Lord Darnley Revealed – Mary Queen of Scots' "Lusty and Well Proportioned" Husband', 15 August 2016, www.telegraph.co.uk
- Kubie, Jiri, 'How to Foil an Assassin', 3 April 1993, www.newscientist.com
- Leitenberg, Milton, 'Deaths in Wars and Conflicts in the 20th Century', 2003, www.clingendael.org
- Lennon, Troy, 'Blind Female Anarchist Executed for Lenin Assassination Plot', 30 August 2018, www.themorningbulletin.com.au
- 'The Life and Legend of the Sultan Saladin by Jonathan Phillips', The Economist, 1 June 2019
- Lucas, Peter, 'King Zog Not Afraid to Open Fire', 23 November 2012, www.lowellsun.com
- Lunacharsky, Anatoly, 'Revolutionary Silhouettes: Comrade Volodarsky' [1965], www.marxists.org
- Lusher, Adam, 'Martin Luther King Jr Assassination: Did James Earl Ray Really Kill the Civil Rights Leader in Memphis?', 4 April 2018, www. independent.co.uk
- Lynch, Patrick, '10 Brilliant Military Commanders You've Probably Never Heard Of ', 18 March 2018, www.historycollection.com

- Lynch, Suzanne, 'jfk Files: Seven Things We Now Know after Secret Papers Released', 27 October 2017, www.irishtimes.com
- Macdonald, Cheyenne, 'The Gruesome Murder of Ramesses iii', Daily Mail , 22 March 2016
- Macintyre, Donald, 'Israel's Forgotten Hero: The Assassination of Count Bernadotte – and the Death of Peace', 18 September 2008, www.independent.co.uk
- McKeown, Rory, 'Shock Claim: "John Lennon Murdered by the cia"', 9 October 2017, www.dailystar.co.uk
- Maclean, William, 'Dubai Cameras Shine Light on Killers' Dark Arts', 26 February 2010, www.reuters.com
- MacNamee, Terence, 'dna Tests Aim to Identify 17th Century Figure', 17 April 2012, www.swissinfo.ch
- McPhee, Rod, 'Was Lee Harvey Oswald's Killer Jack Ruby Injected with Cancer to Stop Him Revealing Who Really Shot jfk?', 6 January 2017, www.mirror.co.uk
- Malkin, Bonnie, 'Plot "to Kill Queen and Duke of Edinburgh" Kept Secret by Media for 38 Years', 28 January 2009, www.telegraph.co.uk
- Manzoor, Novo, '5 Absurdly Hard to Kill Historical Figures', 8 October 2015, www.thedailystar.

net

- Martin, Paul, 'Lincoln's Missing Bodyguard', 7 April 2010, www.smithsonianmag.com
- Milton, John, 'The Tenure of Kings and Magistrates' [1650], www.dartmouth.edu
- 'No Safe Haven: Iran's Global Assassination Campaign', Iran Human Rights Documentation Center, 2008, www.iranhrdc.org
- Noyes, C. Lee, 'Custer's Conspirator Charles DeRudio led a Stranger-thanfiction Life', 6 April 2018, www.truewestmagazine.com
- O'Neil, Des, 'Mercenary Conduct – An Irishman's Diary on Two Wild Geese and the Murder of Albrecht von Wallenstein', 20 February 2017, www.irishtimes.com
- Osborne, Samuel, 'Lee Harvey Oswald's Killer Jack Ruby told fbi Informant to "Watch the Fireworks" Hours before jfk's Assassination', 19 November 2017, www.independent.co.uk
- Partos, Gabriel, 'Analysis: Marathon Djindjic Trial', 23 May 2007, www.bbc.co.uk
- Persio, Sofia Lotto, 'How the Mafia's Murder of an Italian Prosecutor Became a Turning Point in Italy's Fight Against the Mob', 23 May 2017, www.newsweek.com
- Petersen, Daniel C., and William J. Hamblin, 'Who Were the Sicarii?', 7 June 2004, www.ldsmag.com

- Preston, Richard, 'First World War Centenary: The Assassination of Franz Ferdinand, As it Happened', 27 June 2014, www.telegraph.co.uk
- Protzman, Ferdinand, 'Head of Top West German Bank Is Killed in Bombing by Terrorists', 1 December 1989, www.nytimes.com
- Pruitt, Sarah, 'Andy Warhol Was Shot By Valerie Solanas. It Killed Him 19 Years Later', 31 May 2018, www.history.com
- 'Revenge of the 47 Ronin', www.historychannel.com.au
- Rodgers, Garry, 'Five Ways the jfk Assassination Changed the World', 20 November 2015, www.huffingtonpost.com
- 'Russian Spy Poisoning: What We Know So Far', 8 October 2018, www.bbc.co.uk
- Ryan, Jason, 'aclu Sues u.s. Government Over Awlaki's Hit List Designation', 19 July 2010, abcnews.go.com
- Saha, Abhishek, 'The Politics of an Assassination: Who Killed Gandhi and Why?', 28 May 2017, www.hindustantimes.com
- Schindler, John R., 'Who Murdered Olof Palme?', 16 November 2016, www.observer.com
- 'Sheikh Mujibur Rahman had Ignored raw Alert Ahead of Bloody 1975 Coup', 12 July 2018,

www.economictimes.indiatimes.com

- 'Slovak Officials say Ex-police Officer Killed Reporter Jan Kuciak', 1 October 2018, www.dw.com
- Sofaer, Abraham D., 'Responses to Terrorism: Targeted Killing is a Necessary Option', 26 March 2004, web.archive.org
- 'The St Neots Assassin', www.bbc.co.uk
- 'This Day in History: 30 January 1835: Andrew Jackson Narrowly Escapes Assassination', www.history.com
- Thomas, Gordon, 'Mossad's Licence to Kill', 17 February 2010, www.telegraph.co.uk
- Timm, Leo, 'Desperate Measures in Ancient China: Assassins of the Eastern Zhou Dynasty', 5 February 2015, www.theepochtimes.com
- Tran, Mark, 'Man who Shot Pope John Paul ii Gets Out of Prison', 18 January 2010, www.theguardian.com
- 'Trump Blocked Release of Hundreds of jfk Records at Last Minute', 27 October 2017, www.irishtimes.com
- Turak, Natasha, 'More than 100 Politicians Have Been Murdered in Mexico Ahead of Sunday's Election', 26 June 2018, www.cnbc.com

- 'Turkish Ambassador to Vatican is Slain', 10 June 1977, www.nytimes.com
- 'Turkish Court Hands Prison Sentences for 9 Suspects in Dink Assassination', 17 July 2019, www.ahvalnews.com
- 'Turkish Police Chiefs on Trial Over Murder of Journalist Hrant Dink', 19 April 2016, www.theguardian.com
- 'u.s. Secretary of State Honors Slain Activist Munir Said Thalib', 8 September 2014, www.jakartaglobe.id, accessed 2 December 2019
- van Rensburg, Alet Janse, 'The Man who Killed Apartheid: New Book Sheds Light on Verwoerd's Assassin', 5 November 2018, www.news24.com
- Warren Commission Appendix 7: A Brief History of Presidential Protection, www.archives.gov/research
- Weaver, Matthew, 'Poisoned Umbrellas and Polonium: Russian-linked uk Death', 6 March 2018, www.theguardian.com
- Welch, Frances, 'The Sexual Obsession that Drove Rasputin to his Death', 7 February 2014, www.dailymail.co.uk
- 'Who Killed Georgi Markov?', www.yesterday.uktv.co.uk, accessed 3 February 2020

- 'Who Murdered Jill Dando? Six Theories on the Killing', 23 August 2018, www.theweek.co.uk, accessed 19 September 2018
- Withington, John, 'Prime Minister Assassinated!', Scottish Portrait , May 1984
- Withington, John, 'Sarajevo', London Portrait , August 1984
- 'The World's Most Unusual Assassinations', 16 February 2017, www.bbc.co.uk
- Zink, Dr Albert, 'Study Reveals that Pharaoh's Throat Was Cut during Royal Coup', 《British Medical Journal》 , 17 December 2012, www.bmj.com

照片授權謝辭

作者與出版者希望對以下提供作為例證的說明性素材以及／或複製許可之來源致謝。

Alamy: P.117 (Heritage Image Partnership Ltd), P.119 (Chronicle), P.369 (Archive pl), P.371 (Niday Picture Library), P.393 (Mugshot)

British Library: P.262

"The Trustees of the British Museum, London: P.104, P.205, P.300, P.460

Condé Museum, Chantilly: P.166

Danish State Archives: P.139

Gallica Digital Library: P.115, P.167, P.453

Getty Images: P.329 (Apic)

Getty Museum, Los Angeles: P.37

Leopold Museum, Vienna: P.200

Library of Congress, Washington, dc: P.189, P.257, P.259, P.293, P.296, P.469

National Archives and Records Administration (nara), Washington, dc: P.325, P.470, P.475

National Gallery of Modern and Contemporary Art, Rome: P.59

National Library of Ireland on The Commons: P.322

National Palace Museum, Taipei: P.153

National Portrait Gallery, London: P.169

Portland Art Museum, Oregon: P.195

Rätisches Museum, Chur: P.203

Royal Museums of Fine Arts of Belgium: P.220

Shutterstock: P.342 (Tolga Bozoglu/epa), P.366, P.390, P.442 (ap), P.406 (Udo Weitz/ap), P.467 (Tele-Search), P.477 (sipa)

Stockholm City Museum: P.225

Tokyo National Museum: P.229

Victoria and Albert Museum, London: P.458

Wikipedia: P.47(Shakko cc by-sa3.0), P.60 (Marie-Lan Nguyen (2006)), P.80 (VladoubidoOo cc by-sa4.0), P.82 (Twlywyth Eldar), P.101 (Ablakok cc by-sa4.0), P.148 (Karl-Heinz Meurer–Charlie1965nrw cc by-sa3.0 de), P.316 (Cassowary Colorizations cc by-sa2.0), P.332 (Allan Warren cc by-sa3.0), P.392(Ingfbruno cc by-sa3.0), P.438 (Lienhard Schulz cc by-sa3.0).

從四千年的暗黑殺手行動，
窺探人性中的陰謀算計，
歷史也因此改變

暗殺世界史

作者約翰・維辛頓 John Withington
譯者林資香 Ann Lin
主編趙思語
責任編輯朱月華（特約）
封面設計羅婕云
內頁美術設計李英娟

發行人何飛鵬
PCH集團生活旅遊事業總經理暨社長李淑霞
總編輯汪雨菁
主編丁奕岑
行銷企畫經理呂妙君
行銷企劃專員許立心

出版公司
墨刻出版股份有限公司
地址：台北市104民生東路二段141號9樓
電話：886-2-2500-7008／傳真：886-2-2500-7796
E-mail：mook_service@hmg.com.tw
發行公司
英屬蓋曼群島商家庭傳媒股份有限公司城邦分公司
城邦讀書花園：www.cite.com.tw
劃撥：19863813／戶名：書虫股份有限公司
香港發行城邦（香港）出版集團有限公司
地址：香港灣仔駱克道193號東超商業中心1樓
電話：852-2508-6231／傳真：852-2578-9337
製版・印刷漾格科技股份有限公司
ISBN978-986-289-582-5・978-986-289-579-5（EPUB）
城邦書號KJ2015 **初版**2021年06月
定價599元
MOOK官網www.mook.com.tw
Facebook粉絲團
MOOK墨刻出版 www.facebook.com/travelmook

國家圖書館出版品預行編目資料

暗殺世界史：從四千年的暗黑殺手行動,窺探人性中的陰謀算計,歷史也因此改變/約翰.維辛頓(John Withington)作；林資香譯. -- 初版. -- 臺北市：墨刻出版股份有限公司出版：英屬蓋曼群島商家庭傳媒股份有限公司城邦分公司發行, 2021.06
512面；14.8×21公分. -- (SASUGAS；15)
譯自：Assassins' deeds : a history of assassination from Ancient Egypt to the present day.
ISBN 978-986-289-582-5(平裝)
1.世界史
711　　110009087